Silicon Valley Illustrated

지은이

김혜진 ｜ 연세대학교에서 교육학과 영어영문학을 전공하고, 유전자 분석 바이오테크 회사인 카운실(Counsyl)에서 Executive assistant로 일하고 있다.

박정리 ｜ 연세대학교 영어영문학과를 졸업하고 한국 삼정회계법인과 미국 KPMG에서 근무했다. 2012년부터 실리콘밸리 IPO 전문 회계 컨설팅 회사인 코너 그룹(Connor Group)에서 스타트업 IPO 자문 업무를 하고 있다.

송창걸 ｜ 연세대학교에서 기계공학을, 포드햄대학교에서 비즈니스를 공부했다. 항공기, 반도체 장비, 온라인광고 플랫폼 등 다양한 개발 사업에 참여했다. 현재 오라클에서 소프트웨어 품질 시험 자동화 일을 하고 있다.

유호현 ｜ 연세대학교에서 영어영문학과 문헌정보학을 전공했다. 텍사스주립대학교에서 정보학 박사 과정 중 스타트업이었던 트위터에 자연어처리 엔지니어로 입사해서 오픈소스 한국어 처리기(openkoreantext.org)를 만들어 공개했다. 현재 에어비앤비 페이먼츠팀 엔지니어로 일하고 있다.

이종호 ｜ 연세대학교 영어영문학과를 졸업하고 카네기멜론대학교에서 인터랙션 디자인 석사를 취득했다. 링크드인을 거쳐, 현재 페이스북에서 UX 디자이너로 근무하고 있다.

특별기고

김진영 ｜ 스냅 데이터 과학자   서준용 ｜ 디지털 노마드 작가, 개발자   유운연 ｜ 트위터 소프트웨어 엔지니어

캐리커처

최우형 ｜ 개발자, 디자이너(seanchoe.com)

실리콘밸리를 그리다

1쇄 발행 2018년 8월 20일
4쇄 발행 2019년 12월 18일

지은이 김혜진 박정리 송창걸 유호현 이종호
그린이 이종호
펴낸이 유해룡
펴낸곳 ㈜스마트북스
출판등록 2010년 3월 5일 ｜ 제2011-000044호
주소 서울시 마포구 월드컵북로 12길 20, 3층
편집전화 02)337-7800 ｜ **영업전화** 02)337-7810 ｜ **팩스** 02)337-7811
원고투고 www.smartbooks21.com/about/publication
홈페이지 www.smartbooks21.com

ISBN 979-11-85541-83-9 13320

실리콘밸리를 그리다

Silicon Valley Illustrated

김혜진 박정리 송창걸 유호현 이종호 지음

실리콘밸리를 그리다

'실리콘밸리를 그리다' 팀을 소개합니다

———

실리콘밸리는 혁신을 만든다. 그리고 그 혁신을 통해 새로운 시장을 만들고, 전 세계의 돈을 끌어모은다. 그러면서도 이곳 사람들은 저녁이 있는 삶을 보장받고, 각자의 일정에 따라 자유롭게 일한다. 자신의 꿈을 위해 양껏 일할 수도, 쉬엄쉬엄 일하면서 가족과 많은 시간을 보낼 수도 있다.

그들은 왜 대학을 갓 졸업한 엔지니어에게 1억이 넘는 연봉을 줄까?
그들은 왜 직원들에게 무제한 휴가를 줄까?
그들은 왜 다른 곳보다 많은 혁신을 만들어낼까?
그리고 그들은 어떻게 혁신을 통해 전 세계의 돈을 끌어모을까?

실리콘밸리에서 살아가는 다섯 친구가 모여 그 답을 생각해보고, 글로 써보고, 그림으로 그려보았다.

_Chili 이종호

미국 서부 캘리포니아 북쪽의 샌프란시스코 주변을 샌프란시스코베이 에어리어 San Francisco Bay Area 라고 부른다. 북쪽 샌프란시스코부터 남쪽 산호세까지 많은 테크 기업들이 모여 실리콘밸리를 이루고 있다.

이곳에서 일하고 가족을 이루어 살면서 경험한 것들을 공유하고 이야기하고자 '실리콘밸리를 그리다'를 시작했다. 이 책에서 다루는 이야기가 실리콘밸리 전체를 대표하지는 않는다. 하지만 우리가 이해한 실리콘밸리를 하나의 큰 그림으로 그려보기 위해 각자가 경험한 퍼즐 조각들을 모아보았다.

Aiden  송창곤

엔지니어링 디렉터. 데이터 수집을 통한 프로세스 개선에 관심 많음.

Chili 이종호

디자이너. 생각을 그림으로 요약하는 데 관심 많음.

Erin  김혜진

바이오테크 회사의 Executive Assistant. 우리나라의 임원 비서와는 하는 일이
사뭇 다르다. 조직 문화, 커뮤니케이션, 워킹맘 관련 정보에 관심 많음.

Sarah  박정리

IPO 재무회계 컨설턴트. 실리콘밸리식 스타트업 자본 구조와
주식보상제도에 관심 많음.

Will 유호현

소프트웨어 엔지니어. 기업 문화와 조직에 관심 많음.

'실리콘밸리'를 소개합니다

———

실리콘밸리는 샌프란시스코에서 남쪽으로 60킬로미터 정도 떨어진 스탠퍼드대학이 있는 팰로앨토에서 시작되었다. 1939년 이곳에 둥지를 튼 휴렛팩커드를 비롯해 반도체와 컴퓨터 하드웨어 등을 만드는 회사들이 자리를 잡으면서 '실리콘밸리'라는 이름이 붙었다.

1년 내내 좋은 날씨, 스탠퍼드대학의 인재들, 그리고 아름다운 도시 샌프란시스코에 가깝다는 이유 등으로 수많은 테크 기업들이 실리콘밸리에 세워졌다. 2000년대에는 하드웨어에서 소프트웨어로 테크 산업의 축이 옮겨가면서 구글이 들어선 마운틴뷰와 페이스북, 링크드인, 애플 등이 들어선 산타클라라 카운티로 영역이 넓어졌다.

최근에는 젊은 사람들이 더 매력적으로 여기는 샌프란시스코에 트위터, 에어비앤비, 우버 같은 소프트웨어 회사와 스타트업이 세워지면서 북쪽으로 확장되었다.

역동적인 투자, 혁신, 인재 유입 등으로 실리콘밸리는 현재 미국에서 가장 빠르게 변하는 곳이자 땅값이 가장 비싼 곳이 되었다. 또한 빈부 격차가 가장 심한 곳이 되었다. 이곳에서 일상을 보내는 우리는 '실리콘밸리에 산다는 것'에 대해 이렇게 생각한다.

자동차나 기계를 만드는 데 쓰이는 도구나 로봇 시장을 일본과 독일이 독점하는 것을 보고 부러워했다. 지금은 소프트웨어를 만드는 데 쓰이는 소

프트웨어 도구를 만드는 곳에 살면서 뿌듯함을 느낀다. 우리나라 기업들이 보안에 집중할 때 테슬라는 배터리 특허를 공유하고, 구글은 머신러닝(Machine Learning) 기술을 집약한 텐서플로(Tensor Flow)를 공개했다. 이곳 기업들은 "기술은 모두의 것"이라 당당히 외치고, "독특한 기업 문화를 통해 개개인의 창의력을 최대한 끌어내는 것이 경쟁력"이라 생각하는 것 같다. 그리고 나에게 실리콘밸리는 "인류가 다음 단계의 진화를 준비하는 현장"이다.

Chili 이종호

캘리포니아는 남쪽의 할리우드와 북쪽의 실리콘밸리가 주요 산업과 라이프 스타일을 보여준다. 할리우드로 대표되는 영화와 엔터테인먼트 산업은 '현실 같은 환상' 창조에 주력하고, 실리콘밸리로 대표되는 테크놀로지 산업은 '환상 같은 현실'을 만들어나간다. 꿈을 현실로 만든다는 대의명분에 나 또한 작게나마 기여한다는 점을 늘 영광스럽게 생각하며, 오늘도 힘차게 노트북을 열어젖힌다.

Erin 김혜진

실리콘밸리에서의 삶은 매 순간이 생존경쟁이다. 스타트업 성공 신화가 수없이 만들어지는 한편, 세상에 전혀 알려지지 않은 채 문을 닫는 스타트업도 많다. 엄청난 연봉으로 스카우트 제의를 받는 인재들이 있는가 하면, 한편에서는 이력서를 수십 군데 넣었는데도 면접의 기회조차 주어지지 않는 사람들이 넘쳐난다. 직장에서 잘리면 당장 신분이 불안정해서 미국을 떠나야 하는 일도, 비싼 월세 탓에 집값을 내지 못하는 경우도 있으니 항상 긴장하며 살아야 한다. 혁신의 선두에 있는 것이 기쁘고 열정을 쏟을 수 있는 기회가 널려 있는 것에 설레고 즐겁지만, 그만큼 자신만의 탁월한 장점을 개발하는 데 늘 힘써야 하는 곳이기도 하다.

Sarah 박정리

과거에 내가 살았던 뉴욕이나 서울과 비교하면, 실리콘밸리는 에너지가 넘치는 대도시라기보다 각자 삶의 해답을 찾아 정진하는 구도자들이 모인 수도원 같다. 사생활을 극단적으로 존중하다 보니 서로에게 무관심해 보일 정도다. 일, 운동, 명상의 순환으로 이루어진 일상에 매 순간 몰입하고 즐길 수 있어야 살아남을 수 있다고나 할까? 예술과 유희가 넘치는 도시 생활이 맞는 사람들에게는 낙이 없는 곳이다. 하지만 깨끗한 자연과 혼자 노는 것을 좋아하는 사람이라면 천국처럼 느껴질지도 모르겠다.

Will 유호현

1848년 이전 캘리포니아에 살았던 이주민은 1,000명 미만이었다. 1848년 금이 발견되면서 불과 1년 사이에 인구가 10만 명으로 늘었고, 20억 달러, 우리 돈으로 2조 원에 달하는 금이 채굴됐다. 2000년 닷컴 버블 이후 실리콘밸리는 정보로 금을 만드는 또 다른 골드러시의 시대를 맞았다. 금을 찾아 고향을 떠나온 200년 전 사람들처럼, 전 세계의 수많은 정보를 금으로 바꾸는 재능이 있는 사람들이 모여 다양하고 창의적인 방법으로 금을 만들고 있다.

실리콘밸리는 세계 최고의 인재와 자본이 모여 혁신을 만드는 매우 특수한 곳이다. 실리콘밸리의 방식을 배워서 실리콘밸리처럼 행동하는 모든 기업과 모든 사람이 성공한다고 담보할 수는 없다.

그럼에도 이 책을 펴내는 이유는 누군가가, 어떤 회사가 변화를 모색할 때 하나의 데이터를 제공하기 위해서다. 실리콘밸리를 깊이 이해하고 나면 지금까지 알았던 회사와 직원 간의 관계, 회사와 세상과의 관계에 새로운 인사이트가 생길 것이다.

또한 이곳에 와서 일하는 사람 중에도 실리콘밸리를 오해하거나 회사에서 왜 억대 연봉을 주고 워크-라이프 밸런스를 지향하는지 잘 모르는 경우가 많다. 이 책은 실리콘밸리에 오고자 하거나 와서 하루하루를 살아가는 사람들에게도 실리콘밸리를 이해할 수 있는 틀을 제공할 것이다.

1장 실리콘밸리를 그리다

전 세계 인재가 모이는 이유

────

2장 실리콘밸리를 움직이는 힘

혁신과 성공은 어디서 오는가

─────

3장 누구와 일하는가
실리콘밸리 인재와 대기업 인재의 차이

4장 어떻게 일하는가

일하는 방식이 혁신과 성과를 가져온다

———

5장 나는 오늘도 실리콘밸리로 출근한다

실리콘밸리의 일상

무엇보다 일하는
사람이 행복해야 한다

_Chili 이종혁

"Are you happy?"

실리콘밸리에 와서 매니저와 처음으로 일대일 미팅을 할 때였다. 매니저가
대뜸 이렇게 물었다.

"Are you happy?"

응? 이게 무슨 말이지? 나는 이 말이 몹시 어색했다. 회사 생활은 누구나 그렇듯 늘 바쁘고 힘들고 정신없는 것이고, 그렇지 않으면 뭔가 찜찜함과 함께 죄책감을 느끼던 나에게 그것은 정말 이상한 질문이었다. 잠시 숨을 고른 나는 안부를 묻는가 보다 하고 형식적으로 답했다.

"Yeah, I am. How are you today?"

매니저는 인사를 받고 또다시 물었다.

"I'm good. Are you really happy?"

응? 진짜 행복하냐고? 나는 그냥 생각나는 대로, 회사를 사랑하며 충성심을 가지고 있다고 대답했다.

"Yeah, why not? I think I'm quite happy. I love this place."

그런데 매니저가 웃으면서 또 이렇게 물었다.

"Are you really really happy?"

뭐지? 장난하나? 그러다 문득 전날 코드 리뷰(개발자가 작성한 코드를 다른 개발자가 검토하는 것) 때 다른 엔지니어와 갈등이 있었던 것이 생각났다.

그래서 "Well, I am generally happy."라고 한 뒤 그 일을 간략하게 말했다.

매니저는 더 하고 싶은 말이 있냐고 물었고, 나는 더 자세하게 이야기했다. 대화는 꼬리에 꼬리를 물어, 내가 회사에서 느끼는 어려움과 불편한 점을 모두 털어놓기에 이르렀다. 대화 내내 매니저는 진짜 내가 행복한지를 신경 썼으며, 내 행복을 방해하는 것이 무엇인지 세심하게 살폈다.

그 뒤로도 매니저와 나는 일대일 미팅 때 종종 "Are you happy?"로 대화의 문을 열었다.

나는 회사에 있는 것이 행복하다

누구나 행복하게 사는 것이 인생의 목표이자 목적일 것이다. 건강을 챙기는 것도, 돈을 열심히 모으는 것도, 사랑하는 것도, 아기를 낳아 기르는 것도, 사회에 기여하는 것도, 권력을 잡는 것도 모두 행복하게 살기 위해서다. 행복이라는 것은 그냥 순간적으로 느끼는 기분일 뿐이지만, 인간은 불행하게 살 수 없도록 프로그래밍되어 있다. 불행하게 사는 것은 큰 비극이다. 사람은 순간순간 행복감을 느끼지 못하면 계속 고통스러워하다가 스스로 목숨을 끊기도 한다.

실리콘밸리 회사에 다니는 사람들은 일도 잘하지만, 근무 시간은 짧고 연봉은 엄청나게 높아서 만족도와 행복도가 높은 것으로 유명하다. 실리콘밸리에 사는 사람들이 다 행복한 것은 아니겠지만, 적어도 나는 행복한 사람들 중 하나다. 그런데 실리콘밸리 직원들이 왜 행복한지를 잘 살펴보면 회사에서 행복한 것이 이상한 것이 아니고, 오히려 회사에서 불행한 것이 이상한 것이라는 생각이 든다.

직장인의 행복 피라미드

에이브러햄 매슬로Abraham H. Maslow 의 욕구 단계 이론은 어떤 욕구가 충족되어야 사람이 행복하게 살 수 있는지를 보여준다.

생리 욕구

사람은 우선 배가 고프지 않아야 하고 화장실에도 갈 수 있어야 한다. 회사는 음식, 물, 휴식을 반드시 제공해야 한다. 실리콘밸리 회사들은 늘 먹을거리를 풍족하게 갖추어놓는 것으로 유명하다. 물론 실리콘밸리만 그런 것

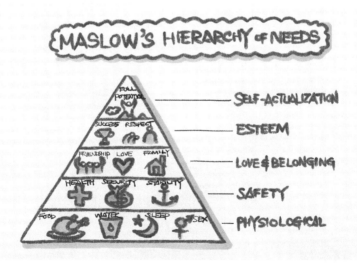

매슬로의 욕구 단계 이론

은 아니다. 음식과 음료수를 제공하고, 화장실을 깨끗하게 유지하는 것은 회사 환경의 기본이다. 배고프고 목마른 사람은 제대로 일할 수 없다.

또 충분한 휴식은 행복의 기본 조건이다. 회사에서도 일하는 사이사이 적절히 쉬어야 한다. 제대로 쉬지 못하는 사람은 행복하기 힘들다. 물론 직원이 원해서 쉼 없이 일하며 그 자체로 행복을 맛보기도 하고, 몇 날 며칠 밤을 샌 결과 성과를 올려 수억 원의 보상이 주어진다면 그때까지의 수고가 큰 행복감으로 바뀔 수도 있다. 하지만 이는 오래가지 않는다.

실리콘밸리의 삶에는 충분히 쉴 수 있는 저녁이 있다. 정부에서 저녁이 있는 삶을 보장해주어서가 아니라, 저녁에는 집에 가는 것이 당연하다고 생각해서 아무도 놀아주지 않기 때문이다. 회사에서도 저녁까지 계속 일하는 것은 이상하고 무리한 일이라고 생각한다. 일이 남았거나 급한 사고가 생겨 수습해야 하는 경우에도 회사에 남아 있기보다는 되도록 집에 가서 회사 네트워크에 접속해 한두 시간 정도 일하여 해결한다. 그 이상 일해야 한다면, 당연히 다음 날 회사에 가서 처리한다.

프로페셔널은 배고프고 힘든 상황에서 불가능한 임무를 해내는 사람이 아니다. 일해야 할 때 컨디션을 최상으로 끌어올려놓고 있는 사람이다. 세계적인 축구 천재 리오넬 메시라 할지라도 밤새 술을 마시고 정신이 몽롱한 채로 경기장에 나선다면, 프로페셔널하지 못하며 구단과의 계약을 성실하게 이행하고 있지 않은 것이다. 반대로 그의 매니저와 구단이 그를 경기 전날 경기가 아닌 다른 일로 혹사시킨다면 메시의 가치를 제대로 활용하지 못하는 것이다.

일하는 시간에 컨디션을 최상으로 유지하는 것은 가치를 최대한 생산하기 위해 직원과 회사 모두가 추구해야 하는 일이며, 직원 행복의 기본 조건이기도 하다.

안전 욕구

생리 욕구가 충족되면 사람은 이를 빼앗기지 않으려고 안전 욕구를 느낀다. 신체적, 생리적 안전도 중요하지만, 지금 자신이 가진 사회적 지위와 회사 내 역할에 대한 안정성도 중요하다.

실리콘밸리에서는 직원을 시키는 일을 하는 사람이 아니라 미션을 함께 이루어가는 프로페셔널 파트너라고 생각한다. 같은 맥락에서 언제든 직원을 해고할 수 있지만, 직원들이 잘릴까 걱정하면서 회사를 다니는 경우도 거의 없다. 많은 비용을 들여 힘들게 검증하고 데려온 프로페셔널 파트너를 해고하고 싶어 하는 회사는 없다. 한 사람, 한 사람 기나긴 면접을 거쳐 뽑은 경우, 이를 통과할 다른 인재를 만나기란 쉽지 않기 때문이다.

회사에서 해고된다 해도 큰 걱정은 없다. 이미 다른 회사들이 스카우트하려고 줄을 서 있기 때문이다. 실리콘밸리에서는 해고된 사람을 무능하다거나 적응을 잘 못한다고 보지 않는다. 오히려 실력이 검증된 사람으로 여긴다.

반면 직원을 프로페셔널 파트너로 보지 않고 시키는 일을 잘하는 일꾼이라고 생각하는 회사는 안전 욕구를 위협하여 일을 시키려는 경향이 있다. 이는 직원 행복을 위협하는 가장 큰 요인이다. "잘리고 싶어?", "너 아니어도 일할 사람 많아!", "영원히 휴가 가고 싶어?" 같은 메시지로 안전 욕구를 끊임없이 위협한다. 이런 회사에서 행복을 느낄 수 있는 사람은 결코 없을 것이다.

애정·소속 욕구

건강하고, 배도 부르고, 휴식도 충분히 취했고, 회사에서 때리는 사람도 없고, 잘리는 것도 두렵지 않다면 일단 행복을 느낄 기본 요소는 다 갖추었다고 볼 수 있다. 과거 이러한 행복의 요소를 갖추지 못한 채로 긴 세월을 살아온 전후 세대와 산업화 세대는 요즘 젊은 세대가 행복하지 않다고 말하는 것을 이해할 수 없을 것이다. 그러나 행복은 생리 욕구와 안전 욕구를 갖춘다고 느낄 수 있는 것이 아니다.

애정과 소속의 욕구는 주로 가정에서 충족되는 욕구다. 그렇지만 회사에서도 팀 안에서 소속감을 느낄 수 있으며, 서로 존중하는 문화 가운데 각 직원의 성취가 높아진다. 회사 일을 애정을 가지고 할 수 있다.

직원은 로봇이 아니라 사람이다. 에너지를 공급하고 일을 시키면 결과가 나오는 로봇과 달리, 소속감을 가지고 팀원들과 좋은 팀워크를 이룰 때 더 큰 성과를 낼 수 있다.

실리콘밸리에서는 분기별로 평일 하루 날을 잡아 야외 활동을 하면서 팀 빌딩을 하고, 일대일 미팅으로 한 사람, 한 사람 존중하려고 노력한다. 분기별 야외 활동은 도보 여행, 자전거 타기, 자동차 경주, 세그웨이 경주, 탈출 게임 등 팀원들끼리 친해질 수 있는 것으로 한다.

존경 욕구

누구나 존경받는 사람이 되고 싶어 한다. 존경은 부차적인 욕구로 느껴지기 쉽지만 행복에 큰 영향을 미칠 뿐 아니라, 낮은 자존감은 우울증의 원인이 된다.

존경 욕구는 외부의 평가보다 스스로의 평가가 훨씬 더 중요하다. 자존감이 낮은 사람은 상을 받는 등 다른 사람보다 자신이 낫다고 인정받기 위해 끊임없이 노력하지만, 그것은 존경 욕구를 채우는 데 별 도움이 되지 않는다. 오히려 자신을 있는 그대로 받아들이는 것이 존경 욕구를 채우는 데 좋다.

내가 지금껏 만난 매니저 대부분은 내 존경 욕구를 채워주려 노력했지만, 그렇지 않은 경우도 있었다.

한 매니저는 내가 어떠한 성과를 내는 사람이 되어야 하는지 강조했다. 그렇지 않으면 승진하지 못하거나 잘릴 수 있다면서 늘 긴장감을 조성했다. 나를 다른 엔지니어들과 비교하면서 더 뛰어난 엔지니어가 될 수 있도록 노력하라고 했다. 이 매니저와 함께 일할 때 나는 좀처럼 행복을 느낄 수 없었다. 더 나은 사람이 되어야 한다는 자책과 불안함으로 많은 시간을 허비했다. 또 내 단점을 다른 사람들이 알아챌까 봐 늘 두려워했다. 내가 이해하지 못하거나 실수한 부분을 다른 사람이 볼까 봐 숨기려고 노력했다. 그러다 작은 잘못이 큰 사고로 돌아오는, 좋지 않은 경험도 몇 번 했다. 그럴수록 자신감은 더 바닥으로 떨어졌다.

다행히 그 뒤에 다른 매니저를 만나면서 나는 자존감을 회복했다. 그는 내가 하는 일이 회사에 얼마나 중요한지, 내가 있는 것이 팀에 얼마나 도움이 되는지를 구체적으로 이야기해주었다. 다른 엔지니어와 비교하여 내가 우위에 있다는 뜻은 아니었다. 엔지니어들마다 장단점이 있고 내게도 분명 단점이 있지만, 내 장점이 팀과 회사에 어떻게 기여하고 있는지, 내가 더 많이 기여하려면 뭘 보완하면 좋을지를 정확히 피드백해주었다.

나는 내가 회사에 기여하고 있다는 사실이 자랑스러웠다. 내 단점 때문에 회사에서 잘리거나 쓸모없는 존재가 되지는 않을 것이라는 메시지를 지속적으로 받은 나는 당당해졌고, 일을 찾아서 하기 시작했다. 그러는 동안 내 단점이 그리 크게 보이지 않게 되었다. 단점은 누구나 가지고 있는 것, 보완해야 할 것으로 인식하게 되었다. 그래서 내 단점이나 잘못을 숨기기보다 동료들에게 당당히 밝혔고, 그들에게 조언이나 도움을 받을 수 있었다. 사실 팀원들이 내 단점을 보완해주고 도와주면 그들의 실적 평가에도 도움이 되므로 그들에게도 기회였다.

늘 부족하니 더 나은 무언가가 되라는 말은 내 행복에도, 내 일에도 오히려 역효과만 가져왔다. 반면 회사가 있는 그대로의 나를 가치 있게 생각하며, 앞으로 더 성장하리라 기대한다는 말을 듣는 것은 정말 행복한 일이었다.

자아실현 욕구

자아실현 욕구는 자신이 꿈꾸어온 무언가가 될 때 채워지는 욕구로, 위키피디아에 따르면 다른 욕구와 달리 충족되면 될수록 더욱 커진다고 한다.

사람은 다른 모든 욕구가 충족되어도 자아실현 욕구가 채워지지 않으면 행복할 수 없다. 최고로 좋은 기업에 다녀도 '나는 회사에 다닐 게 아니라 스타트업을 해야 하는데 여기서 뭐 하고 있는 거지?'라고 생각한다면 당연히 행복할 수 없다.

나는 내 자아를 실현했고, 실현해나가고 있다고 생각하면서 산다. 나는 아주 어렸을 적부터 프로그래머가 되고 싶었다. 수학도 못하고 대학도 영문과를 나왔지만, 프로그래밍이 재미있었고 내가 잘할 수 있는 것이라고 생각하면서 살았다. 그리고 내가 세계 최고의 엔지니어는 아닐지 모르지만, 실리콘밸리에서 제품을 만드는 이 하루하루는 내가 꿈꾸었던 자아실현의 모습 그 이상이다.

꿈이 이미 이루어져서, 행복해서 가끔 불안하기도 하다. 나는 회사에서의 일과를 만족스럽게 끝내고, 매일 저녁 아기를 돌보고, 아내와 저녁을 먹고, 그리고 자기 전에 온라인 게임을 한 판씩 한다. 그러다 문득 더 큰 발전을 이루지 않아도 되는지, 공부를 더 해야 하는 것은 아닌지 등 답답한 생각이 들 때가 있다. 다행히 자아실현 욕구는 충족되면 될수록 더 커지는 경향이 있다고 하니, 그냥 안심하고 행복하게 살기로 했다.

나는 사는 것이 재미있다, 하루하루 즐겁다

왜 실리콘밸리에서 일하는 많은 사람들이 행복하다고 말할까? 복지, 저녁이 있는 삶, 자아실현의 기회 등 여러 가지 이유가 있겠지만, 한마디로 정리하면 '회사가 직원을 전문가 또는 프로페셔널 파트너로 대하기 때문'이다.

에릭 슈미트Eric Schmidt는 『구글은 어떻게 일하는가How Google Works』에서 구글 직원들을 "창의적인 인재Smart creatives"라고 칭하며, "그들에게 일을 시키는 것이 아니라, 각자 자신이 꿈꾸는 자아를 구글을 통해 실현하도록 하면 구글은 세계 최고의 기업이 될 것"이라고 했다. 그리고 구글은 그의 말대로 세계 최고의 기업이 되었다.

회사에서 행복하게 지내는 것은 그리 어렵지 않고 오히려 당연하다. 다음과 같은 욕구가 충족되기만 하면 된다.

행복한 직장인을 만드는 욕구 단계

1. 생리 욕구: 잘 먹고 잘 쉰다.

2. 안전 욕구: 협박이나 괴롭힘을 당하지 않는다.

3. 애정·소속 욕구: 팀원들과 원만한 관계를 갖는다.

4. 존경 욕구: 회사로부터 가치를 인정받고 기대받는다.

5. 자아실현 욕구: 자신의 장점과 전문성을 살려 자발적으로 기여한다.

즉 회사가 직원을 일꾼이 아닌 프로페셔널 파트너로 대하고, 회사 미션에 직원이 기여한 바를 회사와 직원이 함께 기뻐하면 된다.

반면 이러한 욕구를 충족하지 못할 경우에는 회사에 있는 것이 불행해진다.

불행한 직장인을 만드는 욕구 단계

1. 생리 욕구: 늘 피곤하고 힘들다.

2. 안전 욕구: 일 못하면 잘린다고 협박당하거나 폭언을 듣는다.

3. 애정·소속 욕구: 팀원들끼리 경쟁한다.

4. 존경 욕구: 다른 사람들과 늘 비교당하고 가치를 인정받지 못한다.

5. 자아실현 욕구: 싫어하는 일을 해야만 한다.

즉 회사가 직원을 프로페셔널 파트너가 아닌 미덥지 못한 일꾼으로 대하면서 온갖 협박으로 직원에게 일을 강요하면 된다. 협박이나 강요 속에서 일하면 좋아하는 일도 싫어지게 마련이다.

실리콘밸리에서 직원의 행복은 매니저의 역할이 절대적이다. 회사가 직원을 전문가이자 동등한 파트너로 여긴다면, 매니저는 직원을 연예인이나 프로스포츠 선수 대하듯 할 것이다. 즉 최고의 성과를 낼 수 있도록 업무 관련 문제는 물론 인간관계나 비자 문제 등을 해결할 수 있도록 도와주고, 일에 집중할 수 있게 해줄 것이다. 있는 그대로의 개인을 인정하고 재능을 마음껏 키우고 활용할 수 있도록 도와줄 것이다.

직원을 파트너로 대하고, 그의 전문 기술과 재능을 활용하는 것은 일의 효율과 기업 실적, 또 개인 행복을 위하여 훨씬 나은 방식이다. 나는 우리나라 기업들 또한 필요해서라도 이미 그러한 방식으로 바뀌고 있다고 생각한다. 개개인이 행복한 마음 상태로 업무에 어느 정도 거리를 두고 사색할 수 있을 때 전문성과 창의성을 발휘할 수 있고, 회사에 '+10'이 아닌 '×10'으로 기여할 수 있기 때문이다.

1장

실리콘밸리를 그리다

전 세계 인재가 모이는 이유

실리콘밸리에는
4차 산업혁명이 없다?

Will 유호현

_Chili 이종호

실리콘밸리 회사들이 세계를 제패한 원동력은 클라우드, 인공지능, 빅데이터,
블록체인 등의 첨단 기술이 아니라 '사용자 경험'이다. 기술은 단지 거들 뿐이다.

"4차 산업혁명? 그게 뭔데?"

얼마 전 한국에 다녀와서 실리콘밸리의 직장 동료에게 4차 산업혁명에 대하여 물어보았다.

"4차 산업혁명이라고 들어본 적 있어?"

"응? 산업혁명이 네 번 있었다고? 내가 알기로는 한 번뿐인데?"

기술의 대한민국 vs. UX의 실리콘밸리

우리나라는 단연 기술 선진국이다. 반도체, 가전제품, TV 등을 만드는 기술력은 실리콘밸리가 도저히 따라잡을 수 없다. 하지만 우리가 선두에 서 있지 않은 기술도 많다. 실리콘밸리가 주도하고 있는 기술로는 인공지능, 블록체인, 공유 경제, 소셜 네트워크 등이 있다. 우리는 이런 기술들을 묶어 '4차 산업혁명 기술'이라 부른다.

그런데 실제로 실리콘밸리 회사가 시작하는 과정을 살펴보면 뛰어난 기술이 보이지 않는다. 그나마 구글은 박사과정 학생들이 고안한 검색 기술로 회사를 세웠다. 그렇지만 페이스북은 누구나 만들 수 있는 PHP 웹 기술을 기반으로 만든 장난 같은 웹사이트에 불과했다. 트위터는 많은 프로그래밍 교육 과정에서 연습 문제로 쓸 만큼 만들기 쉬운 앱이다. 에어비앤비, 우버에도 특별한 기술은 없다. 인공지능이나 블록체인 기술을 쓰는 것도 아니다. 웬만한 엔지니어라면 누구나 만들 수 있는 앱으로 시작했다.

그들은 어떻게 별것 아닌 기술로 IT 및 관련 업계에서 세계를 제패했을까? 역시 아이디어가 답일까? 사실, 그것도 정답은 아니다. 비슷한 아이디어를 가지고 제품을 만든 회사가 전 세계에 수도 없이 많다. 실리콘밸리 회사들이 세계를 제패한 이유는 바로 '사용자 경험'UX, User Experience 이다.

실리콘밸리 회사들은 고객에게 이제껏 경험하지 못한 새롭고 편리한 경험을 제공한다. 아이폰을 만든 애플을 시작으로 구글, 페이스북, 트위터, 테슬라, 에어비앤비, 우버 같은 회사들은 그때까지 불가능했던 새로운 경험을 제공했다. 물론 새로운 기술들이 큰 역할을 했지만, 실리콘밸리 회사들에게 기술은 도구일 뿐 추구의 대상이 아니다.

실리콘밸리 회사들은 오직 자신의 제품을 발전시키는 데만 관심이 있다. 어떤 신기술이 나오든, 자사 제품을 만들거나 발전시키는 데 도움이 되면 활용하고 아니면 무시한다. 그렇다 보니 실리콘밸리에 있는 대기업 중 관련 기업 일부만 인공지능을 연구하여 발전시킨다. 또한 제품과 직접적인 관련성을 찾기 힘든 블록체인에는 별 관심을 두지 않는다.

기술 기반 제조업 시대가 끝나가고 있다

요즘 우리나라에서 가장 관심이 높은 기술은 단연 블록체인이다. 블록체인의 활용 가능성은 무궁무진하다. 중앙 서버 없이도 신뢰할 수 있는 방식으로 데이터를 공유할 수 있어 전 세계 금융 시스템을 바꿀 수도 있고, 전 세계 인공지능이 서로 대화하게 할 수도 있다.

빅데이터도 마찬가지다. 빅데이터 처리는 세상을 바꾸었다. 많은 기업이 더 많은 인사이트를 얻었다. 인류는 이제껏 처리할 수 없었던 어마어마한 데이터로 인공지능을 학습시키고 미래를 예측할 수 있게 되었다.

그런데 어느 회사도 빅데이터 기술을 독점하여 큰돈을 벌지는 못했다. 빅데이터 기술이 이미 오픈소스 형태로 모두에게 공개되었기 때문이다. 빅데이터 기술은 조용히 전 세계 모든 기업의 경쟁력을 높여주었지만, 오픈소스인 빅데이터 기술을 추구하는 것은 의미가 없다. 빅데이터로 무엇을 할지가 중요하다.

블록체인은 태생부터 오픈소스Open Source이다. 블록체인 기술을 독점할 수도 없고, 블록체인을 잘한다고 큰돈을 벌 수도 없다. 블록체인을 이용하여 무엇을 하느냐가 중요하다. 그것이 새로운 세상을 여는 기회를 줄 것이다.

실리콘밸리 회사들은 블록체인에 별 관심이 없다. 블록체인이 돈을 벌어들이거나 제품의 사용자 경험을 개선해주는 기술이 아닌, 기업이 가진 중앙집중적 기득권을 해체하는 기술이기 때문이다. 실리콘밸리 회사들이 블록체인을 활용한다면, 그것은 생존과 부의 창출이 아니라 오히려 부가 독점되는 구조를 막고 사용자들과 이익을 공유하여 사회에 공헌하기 위해서일 것이다.

마찬가지로 인공지능도 오픈소스를 기반으로 발전하고 있다. 기술 자체가 기업의 생존을 보장하는 시대가 끝나가고 있는 것이다.

앞으로의 혁신은 기술이 아니라 제품이다

❝ 제품을 개발할 때 우리가 가지는 첫 질문은 '사용자들이 제품을 접했을 때 어떤 감정을 느꼈으면 하는가'다. 그러고 나서 그 의도에 맞게 제품 설계와 개발에 착수한다. **❞** _2013년 WWDC(Worldwide Developers Conference), 애플의 기조연설 중에서

삼성 갤럭시와 애플 아이폰의 경쟁을 자세히 보면 재미있는 점이 정말 많다. 갤럭시는 세계 1위 기술 기업인 삼성의 기술 집약체다. 반면 아이폰은 세계 최고의 기술을 집약한 제품이 아니다. 카메라 화소 수, CPU 속도, 심지어 OS와 인공지능 품질도 갤럭시에 뒤진다.

아이폰은 태생부터 사용자 경험에 초점을 맞춘 작품이다. 스티브 잡스가 만든 것은 기술 집약체가 아니라, 이미 있는 휴대폰과 아이팟, 인터넷 브라우저를 합해 새로운 사용자 경험을 제공하는 기계였다.

그래서 애플은 사용자 경험을 더 높이는 기술이 아니면 아이폰에 넣을 생각을 하지 않는다. 갤럭시가 동공 스크롤을 비롯한 수십 가지 기술을 구현한 데 반해 아이폰은 불필요한 기술은 과감히 버린다. 애플의 혁신은 사용자 경험의 혁신이지, 기술의 혁신이 아니기 때문이다.

실리콘밸리가 만드는 것은 이제껏 인류가 경험해보지 못한 새롭고, 신기하고, 삶을 편하게 하는 선물 같은 경험이다. 실리콘밸리 회사에서 기술은 도구일 뿐이다. 그래서 개인 휴대전화와 카메라를 회사에서 마음대로 써도 되고 회사 컴퓨터를 집에 가져가서 일해도 된다. 또한 모든 소스 코드에 모든 엔지니어가 접근할 수 있다. 그런가 하면 최신 기술의 흐름에도 큰 관심을 두지 않는다. 어떻게 하면 사람들에게 더 좋은 경험을 제공하는 제품을 만들 수 있을까, 어떤 기술을 사용하면 더 쉽고 빠르게 사람들에게 다가갈 수 있을까를 고민한다.

제조업에서는 기술이 중요하다. 무한 경쟁 세계인 레드오션에서는 자사 제품을 다른 제품과 차별화하는 것이 기술인 경우가 많기 때문이다. 그래서 우리나라는 새로운 기술에 집중한다. '4차 산업혁명'이라는 개념이 중요한 의미를 갖는 것도 이와 맥락을 같이한다. 새로운 기술들을 통칭할 개념으로 아주 유용하기 때문이다.

　실리콘밸리가 가진 것은 세계 최고의 기술이 아니다. 사람들의 삶을 즐겁고 편하게 하는 신기한 제품들이다. 그들에게 기술은 다양한 꿈을 실현하기 위해 공유되어야 할 도구다. 그래서 기술을 모두가 쓸 수 있는 오픈소스라는 도구 상자에 넣어두는 것이다. 그리고 각 회사는 저마다의 미션에 따라 인류의 생활을 재미있고 편하게 할 선물 같은 제품을 만든다.

우리나라 기업들이
실리콘밸리를 배워야 할까

Will 유호현

투입 시간에 따라 노동 산출량이 단선적으로 늘어나는 조직은 일사불란하게
위에서 결정한 것을 수행하는 데 최적화되어 있지만 각 직원의 전문성은
살리기 어렵다. 직원 한 사람, 한 사람이 전문가로서 종합적인 판단을 하고
결정권을 가질 때 각자의 전문성을 최대한 활용하여 혁신을 만들어낼 수 있다.

"실리콘밸리식 기업 문화와 워크-라이프 밸런스? 그래서 어쩌라고?"

자본주의 역사를 통틀어, 거의 모든 기업이 최소 비용으로 최고의 생산성을 뽑아내기 위해 직원에게 연봉은 최소한으로 주고 노동 시간은 최대한 확보하려고 노력했다. 대부분 사람들이 이를 자본주의의 속성이라고 생각했다. 그렇게 세상을 가혹한 곳으로 만드는 자본주의는 필시 자멸할 것이라는 확신 속에 공산주의와 사회주의가 대두되기도 했다.

그런데 자본주의의 극한에 있는 실리콘밸리가 어찌 보면 이상적이라고 할 수 있는 체제를 만들었다. 구글, 페이스북, 애플, 에어비앤비, 우버 등 전 세계의 돈을 엄청난 속도로 빨아들이는 기업을 만들었다. 이들 회사에 다니는 직원들은 입사할 때부터 억대 연봉과 주식을 받으면서 회사의 이윤을 직접적으로 공유한다. 실리콘밸리에는 20~30대 백만장자 직원이 드물지 않다. 그렇다고 그들이 매일 야근하는 것도 아니다. 여유롭게 일하고, 저녁에는 가족과 시간을 보내고, 주말에는 회사 일 따위 조금도 신경 쓰지 않는다.

위계 조직도 처음에는 모두가 평등했다

위계질서가 중요한 제조 회사든, 역할 중심으로 돌아가는 첨단 기술 회사든 처음에는 모든 직원이 존중받고 수익을 비슷하게 분배받는다. 다섯 명 내외의 창업자들이 다 회사의 주인이고, 회사가 대박 나면 그들 모두가 큰 수익을 올린다. 당연히 서로 존중하고 많은 것을 배려한다. 그런데 창업 다음 단계부터 회사에 따라 일 문화가 상당히 달라진다.

전통적인 제조 회사는 교육 수준이 높지 않아도 되는 다수의 노동력을 필요로 한다. 단순하고 반복적인 일을 잘할 사람을 원한다. 비슷비슷한 제조 회사들과의 경쟁에서 이기려면 최소한의 임금으로 최대한의 노동 효과를 얻어야 한다. 창업자들은 수천 명이나 되는 노동자들과 직접 이야기하지 않아도 된다. 오히려 그 많은 노동자들과 이야기를 나눈다면 각자의 귀한 시간만 낭비할 뿐이다. 그래서 오직 '착한' 임원만 직원들의 이야기에 귀를 기울인다. 그렇지만 이러한 소통으로 회사의 중요한 의사 결정이 바뀌는 일은 거의 없다.

실리콘밸리의 첨단 기술 기업은 그 반대다. 창업자들이 아무리 뛰어나도, 각 사업 영역별로 석사 이상의 전문가들이 필요하다. 창업자들은 자신의 제품을 발전시킬, 자신보다 뛰어난 전문가들을 모셔온다. 실리콘밸리 기업이 지원자 면접을 맡은 직원에게 늘 하는 말이 "당신보다 뛰어난 사람만 합격시켜주세요."이다. 나 다음에 들어오는 사람은 나보다 뛰어나야 한다. 나보다 실력이 부족한 사람은 입사하기 어렵다.

이런 환경에서는 신입 사원을 무시하거나 그들에게 이래라저래라 하기 어렵다. 각자가 다 뛰어난 전문가이기에 최상으로 대우하고, 각자의 전문성을 최대한 활용하기 위해 일을 시키는 것이 아니라 맡아달라고 부탁한다. 신입 직원일지라도 누구의 지시보다는 스스로의 결정에 따라 일하는 것이 더 자연스럽다. 전문가가 자신이 맡은 일을 하는 것이기에 출퇴근 시간 조정이나 재택근무, 심지어 전 세계를 돌아다니면서 원격 근무를 하는 디지털 노마드도 가능하다.

우리나라 기업 문화가 왜 문제로 떠올랐을까

2000년대 들어서면서 우리나라 기업 채용 담당자들도 더 이상 자신보다 교육 수준이 낮은 사람을 뽑을 수 없게 되었다. 세계적인 기업이 된 우리나라 기업들은 세계 최고의 전문가를 뽑기 시작했다. 기존 임직원이 신입 사원보다 뛰어난 사람이 아니게 된 것이다. 위계질서를 중시하는 우리나라 문화에서 이러한 변화는 많은 문제를 불러일으켰다.

위에서는 지금까지 해오던 대로 정보를 제한했다. 신입 사원은 아는 것이 가장 적다. 임원은 자신이 아는 모든 정보를 다른 직원들에게 전달해 각자가 결정을 내리기 쉽게 해주는 대신 정보를 독점하고 그 흐름을 제한해 비교 우위의 지위를 유지한다. 그런데 아무리 똑똑한 사람도 정보를 공유받지 못하면 자신의 역량을 발휘할 수 없다.

한 회사에서 사장이 오라클과 데이터베이스 독점 계약을 체결하면서 직원들에게는 아무것도 알려주지 않았다고 치자. 뛰어난 엔지니어가 새로 들어와서 마이에스큐엘MySQL 데이터베이스(가장 널리 쓰이는 오픈소스 데이터베이스)를 이용해 프로젝트를 훌륭하게 수행했어도 오라클 데이터베이스를 사용하지 않았기 때문에 이것은 오히려 큰 실수가 되어버린다. 그래서 그다음부터는 위에서 이야기해준 대로만 일하게 된다. 사내에서 표준화된 방식으로만 일하고, 그 결과 그의 전문성이 크게 낭비된다. 결국 정보를 다 공개하고 전방위로 소통하지 않으면, 아무리 뛰어난 사람을 뽑아도 그저 그런 결과물밖에 얻지 못한다.

냉장고, 반도체, TV 등을 만드는 제조업에서는 정보 공유가 그리 중요하지 않다. 설계자는 따로 있고, 만드는 사람들은 설계를 그대로 따르면 된다.

설계도는 아주 세밀해 모든 부품의 위치를 정확하게 알려준다.

그런데 소프트웨어는 이런 방식으로 만들어서는 좋은 제품이 나오기 어렵다. 소프트웨어 최적화는 기획자가 미처 다 알 수 없는 부분이다. 기획자가 아무리 잘 설계해도 소프트웨어 엔지니어가 제품을 만드는 과정에서 다양한 알고리즘과 데이터 구조를 활용하여 더 빠르고 좋은 사용자 경험을 제공할 수 있기 때문이다.

소프트웨어 엔지니어와 UX 디자이너, 프로덕트 매니저가 각각 전문가로서 제품 최적화를 꾀하다 보면 제품이 끊임없이 변해 애초의 설계와는 다르게 만들어지기 일쑤다. 그래서 실리콘밸리 기업에는 기획자라는 직업이 아예 없다.

엔지니어 문화에서 출발한 실리콘밸리에서는 맨 처음의 설계를 구현하는 방식으로 제품을 만들지 않는다. 끊임없이 진화하여 어디로 튈지 모르는 제품을 가정하고 시작한다. 위에서 설계하고 아래에서 구현하는 방식으로는 실리콘밸리식 소프트웨어의 발전을 도저히 따라갈 수 없다. 또한 실리콘밸리에서는 소프트웨어를 만들면서 아웃소싱을 하는 경우가 드물다. 아웃소싱 구조에서는 설계를 바꾸기가 너무나 어렵기 때문이다.

우리나라 기업 문화는 기술 집약 제조업에 최적화되어 있다. 반도체 분야에서 세계 1위를 유지하는 이유가 여기에 있다. 반면 제품이 설계의 산물이 아닌, 계속 변해가며 만드는 과정인 애자일 프로세스Agile Process에 충실한 결과물인 경우, 제조업에 최적화된 기업 문화는 치명적인 약점이 된다.

대기업을 비롯해 우리나라의 많은 기업들이 기술 변화에 대처하기 위해 실리콘밸리식 기업 문화를 도입했다. 사내에 훌륭한 식당을 만들고 정시 퇴근을 강제하거나 근무 시간에 자율성을 주고, 복장을 자율화했다. 사무실에서 벽을 없애는 등 부서(팀) 간 소통 활성화를 위한 노력도 하고 있다. 그 과정에서 어떤 기업은 '우리와는 안 맞아'라고 결론을 냈고, 또 어떤 기업은 '변해가는 과정'이라 생각하며 계속 변화를 추구하고 있다.

하지만 제조 분야 대기업이 실리콘밸리 문화를 그대로 적용하는 것은 효율적이지도, 효과적이지도 못하다. 실리콘밸리에서 흔히 쓰이는 '소프트웨어 개발의 딜레마 삼각형'을 보면, 설계를 먼저 하는 제조업 문화가 왜 품질

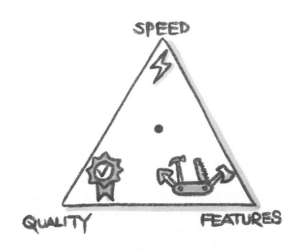

소프트웨어 개발의 딜레마 삼각형

낮은 소프트웨어와 야근이 잦은 업무 형태를 만드는지 알 수 있다. '속도', '품질', '기능'의 세 점으로 이루어진 삼각형에서 중심에 있는 점을 속도 쪽으로 옮기면 품질과 기능에서 점점 멀어진다. 중심에 있는 점을 품질 쪽으로 옮기면 속도와 기능에서 점점 멀어진다.

제조 분야 기업에서는 설계가 먼저 이루어지기 때문에 기능과 품질이 고정되어 있다. 때문에 속도를 높이면 제조가 빨라지고, 속도를 낮추면 제조가 늦어지는 단순한 공식이 생긴다. 기업 입장에서는 속도를 줄일 이유가 없다. 또한 아웃소싱을 하든, 엔지니어를 추가로 고용하든 결과에 별 차이가 없다.

그런데 이 방식은 끊임없이 진화하는 소프트웨어를 만들 때는 효과적이지 않다. 가령 에어비앤비는 하루에도 수십 번씩 웹페이지를 바꾼다. 엔지니어들이 각자의 코드를 완성하면 바로 웹페이지를 업데이트한다. 설계하고 그에 따라 제작이 끝날 때까지 기다렸다가 몇 주에 한 번씩 업데이트하는 회사와는 개발 속도도, 피드백을 수집하여 적용하는 속도도 완전히 다르다.

실리콘밸리에서는 제품을 만들 때 계속 설계를 바꾸면서 품질을 향상시키고 기능에 변화를 준다. 따라서 엔지니어들은 끊임없이 세 가지 요인을 생각한다. 설계를 바꾸어 품질을 좋게 할지, 기능을 추가하거나 바꾸어 사용자를 만족시킬지, 시간을 단축하여 개발을 완료할지를 늘 저울질한다. 자연스레 생각을 많이 하고, 코딩을 하지 않는 시간도 업무에 중요한 영향을 미친다. 그래서 저녁이 있는 삶과 자유로운 업무 환경이 매우 중요하다. 엔지니어가 곧 개발자이자 설계자이고 제품 품질까지 책임지기에, 충분히 쉬어서 최상의 컨디션으로 일하지 않으면 오히려 큰 문제가 생길 수 있다.

급하게 프로젝트를 진행하다 품질과 기능이 부족한 제품이 나오면 모두에게 손해다.

실리콘밸리 기업들이 직원 복지에 힘쓰는 것은 시혜가 아니다. 전문가들의 능력을 최대한 끌어내 끊임없이 혁신하기 위한 체제다. 전문가 한 사람, 한 사람을 최대한 활용하기 위해 그들에게 자유로운 시간과 많은 돈을 제공하는 환경이 조성된 것이다.

미리 설계를 마쳐 품질과 기능을 고정시켜놓고 개발을 진행하는 기업이 실리콘밸리 기업 문화를 무조건 받아들이는 것은 손해다. 소수가 제품의 품질과 기능에 대한 설계를 결정하기에, 이들과 전 직원을 똑같이 대우하는 것은 회사 입장에서 큰 리스크다. 반면 실리콘밸리에서 몸값 높은 전문가들에게 개발과 설계, 품질을 결정할 권리를 주지 않는 것은 회사 입장에서 자원 낭비이자 큰 리스크다. 억대 연봉과 시간의 자유를 보장하는 것도 리스크를 막기 위한 조치다.

우리는 실리콘밸리에서 무엇을 가져와야 할까

기업 문화는 그 기업이 무엇을 원하느냐에 따라 달라진다. 제조 분야 기업이라면 우리나라만큼 기술과 인재를 잘 운용하는 곳이 없다. 우리나라 기업 문화는 무한 경쟁 시장에서 소수가 기술과 정보를 독점하여 설계하고, 그 설계에 맞추어 다수가 빠르고 정밀하게 제품을 만드는 데 최적화되어 있다. 이러한 회사에서는 열린 공간, 수평적 질서, 자유로운 출퇴근 시간이 적절하지 않고, 오히려 위험할 수도 있다.

그러나 소프트웨어를 만드는 기업이라면, 예컨대 경쟁이 치열한 시장에서 앱을 만드는 회사라면 '기획자의 설계→개발자의 구현→피드백을 통한 개선'을 빠르게 순환시킬 수는 있지만, 그러다 보면 제품이 끊임없이 진화하기보다 단계별로 발전하게 된다. 설계와 구현을 따로 하는 것은 사냥터에서 한 사람은 사냥감을 지켜보면서 총을 쏠 시점을 결정하고, 또 한 사람은 신호에 따라 총을 쏘기만 하는 것과 같다. 당연히 효과적으로 사냥하기 어렵다. 엔지니어, 디자이너, 프로덕트 매니저가 끊임없이 상호 작용을 하면서 진화시켜나가는 애자일 방법론이 오히려 소프트웨어 제작 속도를 높여 시장에서 우위를 점할 수 있게 한다.

회사가 특정 미션 아래 새로운 영역을 개척하려 한다면, 즉 혁신을 이루려 한다면, 애자일 방법론에 더해 정보를 최대한 공유하고 소통하는 것이 필수다. 직원들 각자가 전문가로서 매일 크고 작은 결정을 내리고, 다른 팀원들과 꾸준히 소통하는 조직이 혁신적인 결과물을 내기 쉽다. 모든 직원이 어떻게 하면 자신의 전문 분야에서 최고의 제품을 만들지 꾸준히 고민하는 경우에만 혁신할 수 있다. 한두 사람이 모든 결정권을 가진 회사에서는 직원들의 잠재력을 최대한 끌어내기 어렵고, 혁신 또한 충분히 이루어낼 수 없다.

어떤 회사든 실리콘밸리 기업 문화만 도입한다고 최고의 효율과 직원 행복을 얻을 수 있는 것이 아니다. 실리콘밸리 기업 문화는 혁신을 만들어가는 소프트웨어 산업에 최적화되어 있다. 그 과정에서 전문성을 갖춘 직원들이 최고의 효율을 내도록 높은 연봉과 워크-라이프 밸런스를 위한 환경을 보장하게 된 것은 세상을 바꾸어가면서도 이윤을 극대화하기 위한 노력의 결과라고 볼 수 있다.

구글과 애플의
가장 큰 차이점은?

Will 유호현

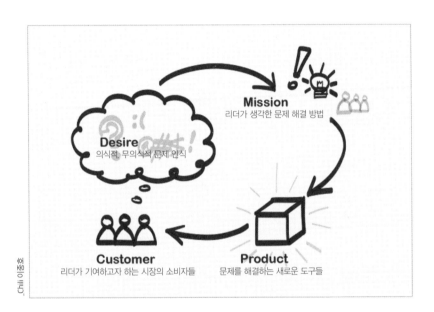

Chili 이종호

실리콘밸리의 기업들은 사람들이 가진 문제들 가운데 하나를 골라
해결하는 것을 미션으로 삼아 제품이나 서비스를 만든다.

생존하는 회사 vs. 미션을 이루어가는 회사

실리콘밸리 기업은 '대중이 의식적, 무의식적으로 가지고 있는 문제를 해결'하기 위한 미션에서 출발한다. 그리고 그 미션을 수행하는 과정에서 혁신적 제품을 만들어 대중에게 제공한다. 실리콘밸리 기업들의 가장 중요한 특징은 명확한 '미션 스테이트먼트'Mission Statement를 가지고 혁신을 만들어 간다는 것이다.

모든 테크 기업들의 역할은 크게 두 가지로 나뉜다. '혁신을 만들어내는 역할'Innovator과 '혁신을 빠르게 확산하는 역할'Fast follower이 그것이다. 혁신을 만들어내는 기업은 사람들이 가진 문제를 해결하려고 노력한다. 혁신을 확산하는 기업은 이미 이루어진 혁신을 모방하여 더 싸고 품질을 좋게 만들려고 노력한다. 한 기업이 혁신의 시작과 확산을 모두 이룰 수도 있다. 하지만 혁신을 만들어내는 데 적합한 스타트업형 조직과 혁신을 확산하는 데 적합한 대기업형 구조는 서로 매우 다르기 때문에 한 기업이 둘 다 잘하기는 쉽지 않다.

아이디어와 혁신을 중요시하는 실리콘밸리 회사들은 대부분 사람들이 의식적, 무의식적으로 느끼는 문제를 찾아내어, 그 문제를 해결하고자 미션을 세우고, 그 미션에 맞는 제품을 만들려고 노력한다. 제로투원Zero to One, 즉 기존에 없던 새로운 제품을 만들어내어 블루오션을 개척한다. 애플의 아이폰이나 구글의 검색 기능, 테슬라의 전기 차는 물론이고 페이스북, 트위터, 에어비앤비, 우버 등은 사람들의 다양한 문제를 해결해주는 새로운 방법을 제시했다.

제조업 위주인 기업들에서는 더 싸고 좋은 제품을 만들기 위해, 즉 고객이 최대한 만족하는 제품을 만들어서 판매를 증진시키려고 노력한다. 삼성은 애플의 혁신으로 만들어낸 스마트폰을 더 싸고 좋게 만들어 대중화하는 데 성공했다. 또 지금은 중국의 수많은 기업이 기존의 혁신 제품들을 모방하여 더 싸고 품질 좋은 제품을 만들어낸다. 이들은 무한 경쟁의 레드오션 시장을 만들지만, 소비자들이 더 싼 값에 혁신을 누릴 수 있도록 해준다.

물론 모든 회사에 적용되지는 않겠지만, 혁신을 만들어내는 기업은 어떠한 문제를 해결할지, 즉 '무엇'을 하는 회사인지 명확히 하는 미션 스테이트먼트를 가지고 있다. 반면 혁신을 빠르게 확산하는 기업은 '어떻게'를 강조하는 미션 스테이트먼트를 가진다. 또한 세계 시장에서의 위치와 고객 만족 등을 중요시한다.

스티브 잡스와 애플의 미션

지금은 달라졌지만 스티브 잡스의 애플은 다음과 같은 미션을 가지고 있었다.

"인류의 진보를 가져오는 사람들이 쓰는 도구를 만들어 인류의 발전에 기여한다."

어떻게 하면 인류의 진보를 가져오는 똑똑한 사람들이 편하게 쓸 수 있는 도구를 만들까 생각하던 스티브 잡스는 인류가 전에 보지 못했던 새로운 제품들을 내놓았다. 아이폰, 아이패드, 맥북 등의 제품과 그 생태계를 만들어 혁신의 아이콘이 되었다.

그런데 지금 애플의 미션은 혁신의 확산에 초점을 두고 있다.

> **"**애플은 세계 최고의 개인용 컴퓨터인 맥과 그에 따르는 OS X, iLife, iWork,
> 전문가용 소프트웨어를 만든다. 애플은 아이팟과 온라인 스토어인 아이튠즈로
> 디지털 음악 혁명을 이끈다. 애플은 아이폰과 앱스토어로 휴대폰을 재발명하고
> 아이패드로 미래의 모바일 미디어와 기기를 선도한다.**"**

이러한 미션 스테이트먼트는 '관리의 팀 쿡'으로 알려진 팀 쿡 체제의 애
플이 스티브 잡스의 애플과 어떻게 다른지를 단적으로 보여준다. 세계 시
장 선도를 목표로 다른 기업들과의 경쟁에서 승리하여, 스티브 잡스가 미션
에 대한 깊은 고민 끝에 내놓았던 혁신적 제품들을 '어떻게' 한 단계 더 발전
시키고 확산하려는지 보여준다.

테슬라의 전기 차 vs. 포드의 자동차

일론 머스크가 최고경영자로 있는 테슬라모터스는 다음과 같은 미션을 가
지고 있다.

> **"**지속 가능한 에너지로의 전 지구적 전환을 가속화한다.**"**

이러한 목표 아래 개발한 세계 최고의 전기 자동차는 많은 사람들에게 감
동을 주면서 높은 가격에도 불구하고 사업적으로도 큰 성공을 거두었다.
테슬라의 전기 차는 자동차 시장에서 이기려는 미션이 아닌, 에너지 문제를

해결하려는 미션을 가지고 만든 제품이다. 또 일론 머스크는 태양광 발전 시설을 개발하는 솔라시티를 창업했으며, 지구에 에너지가 고갈되었을 때 이주할 화성을 탐사하기 위해 우주 산업 회사 스페이스X도 세웠다. 전기차, 태양광 발전, 우주 산업을 각각 떨어뜨려놓으면 도저히 이해가 가지 않는 사업 행보다. 하지만 '미션'을 보면 왜 그런 선택을 했는지, 그리고 그 미션이 어떻게 혁신으로 이어졌는지 명확히 알 수 있다.

한편 미국의 자동차 회사 포드는 2013년 다음과 같은 미션을 발표했다.

" 하나의 팀: 가볍고 글로벌한 조직으로 세계 자동차 시장을 선도한다.

하나의 플랜: 변화하는 시장에 유연하게 대처하고 이윤을 내기 위해 조직을 공격적으로 변화시켜나가고, 고객 만족을 위한 새 제품을 개발한다.

하나의 목표: 일하기 즐거운 포드를 만들어 모두에게 이윤과 성장을 가져다준다. **"** (요약하여 번역)

이 미션을 보면 포드는 경쟁을 통해 혁신을 확산하는 기업임을 알 수 있다. 가벼운 조직 등을 도입하여 어떻게 세계 시장을 선도하며 경쟁에서 이기고 이윤을 창출할지 제시하고 있다.

물론 미션이 좋다고 해서 혁신을 만들어낼 수 있는 것도 아니고, 혁신을 확산하는 조직이 혁신을 추구하는 미션을 가질 수 없는 것도 아니다. 다만 미션은 한 기업이 어느 방향을 향하고 있는지, 블루오션과 레드오션 중 어떤 시장에서 더 적합한지를 보여주는 단면이 될 수 있다.

실리콘밸리의 혁신은 어디서 오는가

실리콘밸리 기업들 대부분은 그들의 존재 이유를 드러내는, '무엇'을 하는 회사인지에 대한 명확한 미션을 가지고 있다.

> 66 구글: 세상의 정보를 조직하여 모든 사람이 접근하고 활용할 수 있도록 하자.
>
> 에어비앤비: 낯선 도시에서 우리 집을 만나다.
>
> 우버: 교통수단을 수돗물처럼 어디서나 누구나 쓸 수 있게 한다. 99

미션은 실리콘밸리 기업들의 존재 이유이자 혁신이 생길 수 있는 근본적인 이유 중 하나다. 미션이 무엇인가에 따라 회사는 전에 없는 혁신을 만들어내기도 하고, 레드오션으로 나아가 가격과 품질 경쟁을 할 수도 있다. 또한 미션을 구성원이 얼마나 이해하고 공유하는지에 따라 한 팀으로서 목표를 향해 나아갈 수도 있고, 오합지졸 조직으로 무너질 수도 있다.

수직적 기업에서는 명령하는 사람만 회사의 미션을 잘 이해하고 있으면 된다. 다른 사람들은 결정권이 없으며, 시키는 일만 하기 때문이다. 그러므로 이러한 회사에서는 미션이 유명무실하거나 미사여구에 그치기 쉽다. 미션이 무엇이든 간에 맨 윗사람의 결정이 모든 것을 좌우하기 때문이다. 혁신을 확산하는 기업은 엑스큐션execution, 즉 효율적인 생산이 중요하기 때문에 이러한 체제가 더 잘 어울린다.

반대로 각 역할의 전문성을 중시하는 실리콘밸리 기업에서는 전 직원이 미션을 제대로 이해하는 것이 매우 중요하다. 각 영역의 전문가들이 각자의 판단에 따라 자율적으로 움직이기 때문에, 회사가 어떠한 방향으로 가고

자 하는지에 대한 명확한 이해가 없으면 서로 다른 방향으로 결정하여 배가 산으로 갈 수가 있기 때문이다. 혁신을 만드는 기업은 각 전문가들이 자율적으로 새로운 것을 만들어내는 것이 중요하다. 다만 생각의 가이드라인과 목표가 없다면 그들의 생각이 어디로 튈지 모른다. 그래서 혁신을 만드는 기업들은 미션을 명확히 제시하고, 전 직원에게 이해시키고자 전체 회의와 콘퍼런스 등을 마련한다.

실리콘밸리에서 스타트업을 시작할 때는 다음과 같은 질문을 한다.

❝ 지금까지 살아오면서 겪었던 문제들을 하나씩 생각해보자.
그 문제들을 어떻게 해결할까?**❞**

내 삶의 문제를 해결해나가는 것, 그것이 혁신의 시작이다. 전 세계 사람들이 겪는 삶의 문제를 하나씩 해결해나가는 것, 그것이 혁신을 만들어내는 회사들의 미션이다. 그리고 혁신을 만들어내는 실리콘밸리 기업들의 미션이다.

수평, 수직으로는
설명할 수 없는 기업 문화

Will 유호현

위계 조직에서는 위에서 내려오는 지시에 따라 조직이 한 몸처럼 움직여
목표 달성에 기여한다. 역할 조직에서는 하나의 미션을 정해놓고 각자가 맡은
역할에 따라 자신의 재능을 활용해 목표에 개별적으로 기여한다.

실리콘밸리 회사에도 위아래가 있을까

실리콘밸리 회사에도 '위아래'가 있다. 엔지니어인 나는 엔지니어링 매니저에게 리포트report를 한다. 보고서를 공들여 작성해 제출한다는 뜻이 아니다. 내가 뭘 했는지 앞으로 뭘 할지 알리고, 언제 휴가를 쓸 것인지, 언제 아기를 낳고 육아휴직을 할지 이야기한다. 그러면 매니저는 그 일과 휴가가 다른 사람들의 일과 균형을 맞출 수 있도록 피드백을 준다. 내 엔지니어링 매니저는 디렉터에게 리포트를 한다. 디렉터는 바이스프레지던트(부사장, 부회장)에게 리포트를 한다. 상하 관계가 분명하다. 그런데 실리콘밸리에는 수직적인 상하 관계가 없다고들 한다. 모두가 동등하고 평등하다고 한다. 나 또한 그렇게 느낀다.

회사의 누구도 나에게 '갑질'을 하지 않는다. 내 출퇴근 시간에 대해 눈치 주지 않고, 심지어 내 성과에 대해서도 눈치 주지 않는다. 눈치를 보지도 않는다. 나는 매해 1월과 7월에 지난 반년간 내가 무엇을 했는지 쓰고, 나와 함께 일한 동료들과 매니저는 내 레벨에 비추어 내가 어떠한 성과를 거두었는지를 절대평가한다. 내가 내 레벨보다 더 많은 성과를 냈으면 승진할 것이고, 레벨에 맞는 성과를 냈으면 그 레벨에 머물 것이고, 레벨보다 못한 성과를 냈으면 내 레벨을 낮추거나(이런 일은 거의 없다.) 잘릴 것이다.(차라리 이렇게 된다.)

한국 기업과 다른 점은, 10년간 같은 레벨에 머물러 있다고 해서 한심한 사람으로 취급받거나 퇴직하라는 눈치를 받지는 않는다는 것이다. 다만 연봉은 최소한으로 오를 테고, 자신보다 늦게 입사한 사람들이 더 빨리 승진하는 경우를 자주 보게 될 것이다. 그러나 개인주의가 기본인 이곳에서는 나중에 시작한 사람들보다 뒤처져도 별로 상관하지 않는다.

처음에는 이곳 사람들이 개인주의적이고 서로의 인격을 존중하여 이런 시스템이 생긴 줄 알았다. 그런데 오래 살면서 깊이 들여다보니, 기업의 지향점과 조직 구조가 완전히 다른 데서 오는 시스템의 차이였다.

위계 조직과 역할 조직

의사 결정 권한은 회사에서 가장 중요한 권력으로, 가장 적합한 사람이 가져야 한다. 의사 결정권자는 회사를 전체적으로 아우르는 큰 그림을 보면서 실무적인 문제들까지 고려해야 한다. 그렇지 않으면 탁상공론이 되어버려 비현실적인 결정을 하거나, 반대로 실무에만 치우쳐서 전체 사업에 도움이 되지 않는 결정을 내릴 수도 있다.

상하 관계를 중시하는 회사에서는 '우리'의 과장님, 부장님, 팀장님, 사장님이 의사 결정을 한다. 엔지니어는 의견을 낼 수 있지만, 그것을 받아들이는 것은 '윗사람'의 절대적 권한이다. 그래서 덜 권위적인 윗사람은 아랫사람의 이야기를 경청하면서 현명한 결정을 내리기도 하고, 스티브 잡스처럼 식견이 뛰어난 사람은 혼자서 그린 비전을 향해 전 조직이 달려가게 만든다. 애플과 전통적인 미국 기업들, 그리고 삼성을 비롯한 한국 대기업들이 선택한 기업 모델로, 이를 '위계 조직'Rank-driven organization 이라고 하자.

위계 조직의 장점은 윗사람의 결정에 따라 최대한 빠르게 움직일 수 있다는 것이다. 군대처럼 일사불란하게 움직여야 할 때 활용된다. 위계 조직의 단점은 한 방향으로 달려가던 차의 방향을 바꿀 때 많은 마찰이 발생하는 것처럼 변화에 약하다는 것이다.

구글, 페이스북, 트위터, 에어비앤비 등 비교적 최근에 생긴 실리콘밸리 기업들이 선택한 것은 '역할 조직'Role-driven organization 이다. 각자가 자신의 역할에 따라 책임감을 가지고 의사 결정을 하고, 업무를 수행한다. 최고경영자는 회사의 비전을 제시하고 전체를 경영한다. 엔지니어는 코드를 작성하며 시스템을 설계한다. 엔지니어링 매니저는 엔지니어가 최대한 효율적으로 일할 수 있도록 무엇이 필요한지, 무엇을 배워야 하는지, 다른 팀과 문제는 없는지를 끊임없이 물어보고 조율한다. 프로덕트 매니저는 자신이 맡은 프로덕트가 사용자에게 어떻게 비치는지, 프로덕트를 개선하려면 무엇을 해야 하는지에 대해 의사 결정을 한다.

역할 조직의 장점은 모두에게 의사 결정권이 있기 때문에 민주적이고, 개개인의 능력을 최대한 발휘할 수 있으며, 혁신하고 변화하는 데 용이하다는 것이다. 반면 권한과 책임이 분산된 만큼 크게 주의해야 할 점이 두 가지 있다. 첫째, 각자가 추구하는 비전이 맞지 않으면 팀 간, 개인 간 분쟁이 걷잡을 수 없이 커진다. 그래서 이러한 회사에서는 핵심 가치Core value와 미션 스테이트먼트Mission statement가 매우 중요하다. 둘째, 모든 구성원이 뛰어나야 한다. 직원 모두에게 결정권이 주어지기 때문에 한 사람의 잘못된 결정으로 회사가 무너질 수도 있다.

위계 조직에서 이상적인 구성원은 시키는 일을 별 질문 없이 가장 효율적으로 해내는 사람이다. 반면에 역할 조직에서 이상적인 구성원은 항상 묻고 의견을 내고 제대로 의사 결정을 하는, 잘못된 의사 결정을 할 위험을 최소화하면서 일하는 사람이다.

그렇기 때문에 위계 조직에서는 성적을 중심으로 사람을 뽑으면 잘못된 선택을 할 가능성이 적다. 그들은 이미 주어진 일을 잘 해내는 사람들이기 때문이다. 반대로 역할 조직에서는 각각이 특정 분야에서 능력이 뛰어나고 시야가 넓어야 한다. 실리콘밸리 회사들이 직원 한 사람을 뽑기 위해 기존 직원 10여 명을 투입하여 입사 지원자의 역할 업무 능력과 회사 문화에 대한 이해도를 검증하는 이유이다.

위계 조직과 역할 조직의 차이를 정리하면 다음과 같다.

위계 조직

특징	중앙집권적 의사 결정
호칭	과장, 부장, 사장 등 직급에 따른 호칭
장점	빠른 의사 결정과 수행
단점	변화와 혁신에 취약, 소수의 의사 결정권자의 능력에 따라 조직의 퍼포먼스가 좌우됨
이상적 구성원	주어진 일을 효율적으로 하는 사람

역할 조직

특징	각 구성원에게 분산된 의사 결정, 개인의 역할에 따른 의사 결정
호칭	엔지니어, 프로덕트 매니저, 엔지니어링 매니저, 최고경영자, 최고운영책임자, 최고재무책임자 등 역할을 반영하는 호칭
장점	변화에 빠르게 대처
단점	각 구성원의 목표와 가치관이 일치하지 않을 경우 많은 혼란 야기
이상적 구성원	자신의 역할을 정확히 인지하고 의사 결정을 하는 사람, 전문성을 바탕으로 창의적이고 혁신적인 방법으로 일하는 사람

일을 분배하고 수행하는 방법의 차이

위계 조직에서는 위에서 모든 것을 결정하여 일을 시킨다. 그래서 한국 소프트웨어 회사에는 미국에는 없는 '기획자'가 있다. 모든 것을 설계하여 일을 시키기 위해서는 종합적으로 설계할 사람이 필요하기 때문이다. 그리고 그 설계도에 맞추어 엔지니어, 특히 외주 엔지니어들이 코드를 짠다. 이러한 방법은 기존 제품을 빨리 만드는 데 최적화되어 있다. 자동차 공장이라면 문을 다는 라인에서는 설계도대로 차에 문을 다는 일만 잘하면 된다. 전체 프로젝트에 대한 이해는 별로 의미가 없다.

하지만 역할 조직에서는 개개인에게 프로젝트를 맡긴다. 자동차에 문을 다는 사람에게도 "이 설계도에 맞추어 나사 다섯 개로 문을 달아주세요."라고 말하는 것이 아니라 "차에 문을 달고 싶은데 어떻게 해야 할까요?"라고 물어본다. 문을 다는 엔지니어가 그 역할의 결정권자고 전문가이므로 기존 설계도보다 더 좋은 방법으로 문을 달 수도 있기 때문이다. 차의 디자인과 다른 제품들과의 호환성을 생각하면서 나사 개수를 바꿀 수도 있고, 문을 닫을 때의 무게감과 소리 등을 세세하게 조절할 수도 있다. 이렇게 개인의 창의력과 전문성에 기대어 문을 달도록 하면 엔지니어는 신기술을 활용하여 문을 더 잘 다는 방법을 찾아낼 것이고, 그것이 그의 커리어가 될 것이다. 다른 여러 회사들이 혁신적으로 자동차에 문을 다는 그를 빼앗아오기 위해 갖은 노력을 할 것이다.

이것이 실리콘밸리에서 일하는 직원들의 몸값이 높은 이유다. 실리콘밸리의 엔지니어는 단순히 코드를 빨리 짜는 사람이 아니다. 어떤 프로젝트가 시작되면 엔지니어, 디자이너, 프로덕트 매니저 등이 한자리에 모여 두

세 장짜리 기획서를 만든다. 이 과정에서 개발자는 최신 기술을 적용해볼 수도 있고, 새로운 접근 방식을 생각해볼 수도 있다. 기획자가 설계한 것을 구현할 때 다른 혁신적인 시도를 해볼 수 있는 것이다.

한 사람이 기획하고 설계하는 것이 아니라 여러 사람이 기획하고 설계하기 때문에 전체 프로젝트와 회사의 미션 등을 잘 이해하고 있지 않으면 옳은 결정을 내릴 수가 없다. 그래서 위계 조직에서 '좋은 말씀' 정도로 여기는 미션과 핵심 가치, 비전을 역할 조직에서는 전 직원이 제대로 이해하고 있어야 한다. 차에 문을 달 때도 전문가라면 자신이 만드는 차가 고급 차인지, 보급용 차인지, 스포츠카인지를 알아야 문이 열릴 때의 각도, 소음 등을 세밀하게 조정할 수 있을 것이다. 반면 시키는 일을 잘하는 사람이라면 나사를 단단하게 빨리 조일 텐데, 그런 그에게 큰돈을 낼 사람은 없을 것이다.

그러나 100% 위계 조직, 100% 역할 조직은 찾아보기 힘들다. 현실에서는 위계 조직적 요소가 많은 기업, 역할 조직적 요소가 많은 기업으로 나눌 수 있다.

애플—위계 조직의 좋은 예

대표적인 실리콘밸리 기업 중 하나인 애플은 위계 조직적 요소가 강하다. 엔지니어 간 협업이 제한적이고, 자신이 만드는 제품이 어디에 들어가는지 몰라도 문제가 되지 않는 경우가 많다. 특히 만드는 물건이 명확한 제조업은 일사불란한 위계 조직이 더 맞는다. 그런데 애플은 혁신의 상징이다. 어떻게 이런 일이 가능했을까?

위계 조직에서는 최고 결정권자가 모든 것을 결정한다. 애플은 운이 좋게도 스티브 잡스라는, 인류사에 손꼽히는 혁신가가 강력한 리더십으로 조직을 이끌었다. 최고 결정권자가 혁신적인 사람이면 혁신을 만들어내기가 훨씬 수월하다. 실제로 아이패드를 출시하기 전, 회사 안팎에서 실패할 것이라는 의견이 많았다. 애플이 역할 조직이었다면 아이패드는 시장조사 끝에 빛을 보지 못했을 것이다. 그런데 스티브 잡스는 "사람들은 자신이 원하는 것이 무엇인지 모른다."라고 선언한 다음 강력한 리더십을 발휘해 아이패드를 시장에 내놓았고, 그것은 혁신적 성공으로 이어졌다.

그러나 위계 조직의 최고 결정권자가 혁신적이지 못하면 그 회사는 혁신을 만들어내기 힘들다. 팀 쿡 체제에서의 애플이 세상을 놀랠 혁신적인 제품보다는 잡스가 만든 큰 틀 안에서 작은 혁신을 만들어내는 것을 목표로 하는 것은 바로 이런 이유에서다.

구글 ─ 역할 조직의 좋은 예

구글은 실리콘밸리에서 거의 처음으로 역할 조직을 성공적으로 안착시킨 회사다. 에릭 슈미트는 『구글은 어떻게 일하는가』에서 구글이란 조직이 어떻게 돌아가는지 설명했다. 그는 구글 직원들을 "똑똑하고 창의적인 인재"라고 정의하고, 그들에게 최대한 자유를 주면 스스로 강한 동기를 가지고 최고의 혁신적 제품을 만들어낸다고 했다.

무제한에 가까운 자유가 주어진 구글의 똑똑하고 창의적인 인재들은 제각기 "자신만의 방법으로 세상의 모든 정보를 조직화하여 전 세계 사람들이 쉽게 쓰도록 하자."라는 구글의 미션에 기여하기 위해 노력했다. 그 결과 수많은 혁신 제품들이 쏟아져나왔다. 지메일, 구글독스, 구글캘린더, 구글맵스, 자율주행차 웨이모 등 창의적인 제품들이 끊임없이 만들어지고 있다. 동시에 수많은 프로젝트들이 소리 소문 없이 사장되었다. 강력한 중앙 조직 리더십 없이 각 개인에게 던지는 "당신은 어떻게 전문성을 살려서 창의적인 방법으로 기업 미션 달성에 기여하시겠습니까?"라는 질문이 기업을 이끌다 보니, 자신의 전문성을 살려 미션에 기여하는 혁신은 회사의 모든 직원이 늘 생각해야만 하는 일이 되었다.

구글의 이러한 방식을 페이스북, 트위터, 에어비앤비 등이 채용하여 실리콘밸리 혁신의 표준이 되었다.

우리의 프로젝트 vs. 나의 프로젝트

'위'에서 내린 결정을 수행하는 위계 조직에서는 우리의 일을 빠르게 잘 수행하는 것이 중요하다. 그래서 한 사람이 일을 빨리 끝내면 다른 사람들을 도와 전체가 일을 빨리 끝내도록 도와주는 것이 자연스럽다. 이러한 구조에서는 개인이 빠르게 일을 마치는 것에 대한 인센티브가 적기 때문에, 회사에 대한 충성심과 애사심 등이 중요한 동기가 된다. 또한 위계질서를 깨는 것은 회사가 하나가 돼 업무를 수행하는 데 위험 요소가 되기 때문에 능력 있는 개인에게 금전적, 지위적 인센티브를 부여하기 어렵다.

반대로 역할 조직에서는 개인이 회사 미션에 맞는 프로젝트를 택하여 스스로 책임을 맡는다. 성공하면 인센티브가 주어지지만, 실패하면 오롯이 개인 책임이다. 팀을 구성할 때도 개인의 책임을 명확하게 정의하여 분배한다. 팀원 하나가 일을 빨리 끝내면 그만큼 자유 시간이 주어진다. 다른 사람의 일을 돕는 것은 상대의 책임 영역을 침해하는 것으로 매우 조심스럽다. 그렇기 때문에 일을 잘 못하고 속도가 느린 사람은 자연히 도태된다.

　역할 조직에서는 각자가 자신의 책임을 다하는 것이 중요하기 때문에 비용을 들여서라도 최고의 성과를 내는 인재를 뽑으려고 애쓰며, 또 그렇게 뽑은 인재에게 많은 연봉과 주식을 준다. 반면 위계 조직에서는 개인의 성과보다 팀 전체의 조화가 중요하기 때문에 개인에게 많은 대가를 지불할 동기가 약하다. "너 아니어도 일할 사람은 많아."라는 말을 쉽게 하는 것도 이런 이유에서다.

　또한 역할 조직에서는 매니저의 역할이 매우 중요하다. 매니저는 내 생사여탈을 쥔 우리 과장님이 아니라, 나를 매니지먼트하는 경력 많은 동료 직원이다. 그러므로 매니저가 어떤 개인에게 눈치를 주고 갑질을 하는 것은 상상하기 힘든, 너무 이상한 일이다. 윗사람이라는 의식도 없는데 윗사람처럼 행동하는 사람은 없을 것이다. 하지만 실리콘밸리에서도 위계질서가 뚜렷한 기업에서 일한 적 있는 매니저들이 팀을 그렇게 이끌려고 해서 문제가 되는 경우가 종종 있다.

누구도 나에게 일을 강요하지 않는다

위계 조직에서는 자신보다 조직을 우선하고 '우리'의 프로젝트를 위하여 일하면 회사에서 인정받는 사람이 된다. 반면 역할 조직에서는 각자가 '자신'의 프로젝트를 위하여 일하며 다른 사람의 일에 상관없이 자기 일만 끝나면 퇴근할 수 있고 상하 관계도 의미가 없다. 물론 우선순위를 어디에 두느냐에 따라 자신의 프로젝트를 더 뛰어나게 만들기 위하여 밤새 일에 매달릴 수도 있고, 가족과 시간을 더 많이 보내기 위하여 일은 적정한 선에서 마무리하고 제시간에 퇴근할 수도 있다.

일을 정의하고 시키고 감시하는 사람 밑에서 주어진 일만 해야 한다면 당연히 주도적으로 일하기 어렵다. 만약 창의적으로 어떤 일을 하면 "왜 시키지도 않은 일을 하냐?"며 핀잔을 들을 것이다.

그런데 매니저의 역할은 팀이 잘 돌아가도록 하는 것이고, 개인의 역할은 자신의 지식과 기술을 최대한 발휘하여 프로젝트를 완료하고 회사의 미션에 기여하는 것이라면 주어진 일만 하는 것은 직무 유기다. 이 경우에는 자신의 커리어를 위하여 최고의 기술을 동원하여 최고의 프로덕트를 만들어내고자 할 것이다.

역할 조직이 혁신을 만들어내는 힘이 바로 여기에 있다. 각자가 주어진 일에 갇히지 않고 전문성을 최대한 살려서 목표를 이루고자 노력하기 때문에 혁신이 일상이 된다.

실리콘밸리에서
회사를 떠난다는 것은

Aiden 송창걸

회사를 떠난다는 것, 그리고 회사에서 잘리는 것 모두
새로운 비상의 기회가 되곤 한다.

회사에서 잘리기와 떠나기

실리콘밸리 회사들은 이직률이 매우 높다. 2013년에 연봉 정보 회사 페이스케일PayScale이 내놓은 보고서*에 따르면, 『포춘』 선정 500대 기업 중에서 테크 회사들의 직원 근무 기간이 가장 짧았다. 구글, 아마존, 애플, 퀄컴의 직원 근무 기간은 1~2년 정도였다. 내가 거쳐온 실리콘밸리의 회사들도 크게 다르지 않다.

　회사를 옮기는 사람 상당수는 새로운 기회를 찾아 자발적으로 떠나는 것이지만, 회사의 결정에 의해 '잘리는' 경우도 많다. 사람들이 회사를 떠나는 이유는 무엇일까? 또 회사는 어떤 이유로 해고를 결정할까?

새로운 도전을 위하여 떠나는 사람들

내가 모 스타트업에 입사했을 때 그 회사는 직원 규모가 70명에서 300명으로 급성장하고 있었다. 모든 직원이 성장의 혜택을 누렸다. 회사는 일주일에 네 번 점심을 제공했으며, 직원들을 위한 휴식 공간에는 버튼 하나로 카페라테가 만들어지는 최신 에스프레소 머신과 함께 다양한 유기농 스낵, 유기농 음료가 놓여 있었다. 1년에 한 번씩 축제처럼 해커톤Hackathon(부서와 상관없이 어떤 아이디어에 관심 있는 사람들이 모여 프로젝트를 진행하고 프로토타입을 만들어보는 대회)을 열어 개인의 창의성을 자랑했고, 연말에는 세계 곳곳의 근무지에서 온 직원들이 다 같이 모여 파티를 즐겼다. 당시 회사는 5%

---

* 다음에서 확인할 수 있다. https://www.payscale.com/data-packages/employee-loyalty/full-list

미만의 이직률을 자랑했다.

그런데 해마다 승진을 하며 잘나가던 빅데이터 팀장이 회사를 그만두겠다고 해서 나는 적잖이 놀랐다. 알고 보니 연봉 외에 6억 원 상당의 특별 보너스를 받고 페이스북으로 스카우트된 것이었다. 직원이 이직하고자 할 때 회사의 선택지는 두 가지다. 직원이 회사에 남도록 연봉을 대폭 올려주거나 직원의 무운을 빌어주며 보내는 것이다. 회사는 후자를 택했다.

물론 회사를 자발적으로 떠나는 사람 모두가 이렇게 '거절하기 힘든 제안'을 받고 스카우트되는 것은 아니다. 하지만 회사 업무가 과도하거나 경쟁에 떠밀려 이직하는 경우는 그리 많지 않다.

자발적으로 이직하는 엔지니어들과의 퇴사 면접에서 다음과 같은 이유를 반복적으로 들을 수 있다.

- 성장Growth : 현재 위치가 편안하지만 정체된 느낌이다.
- 기여Impact : 내가 회사의 발전에 기여하는 바가 느껴지지 않는다.
- 기술Technology : 유행하는 기술을 쓰는 곳에서 일하고 싶다.
- 포부Aspiration : 열정이 생기는 새로운 분야에서 일하고 싶다.

이야기를 들어보면, 이들은 한 회사에서 성장하면서 평판을 쌓을 때 생기는 보상보다 다양한 경험을 하면서 만들어가는 전문성에서 생기는 보상이 더 크다고 믿는 듯했다.

실적이 나빠서 해고되는 사람들

자신의 길을 찾아 다른 회사로 떠나거나 창업하는 이들이 있는 반면 업무 성과가 좋지 않아 해고당하는 경우도 적지 않다. 입사를 제안할 때 서류 및 대면 면접으로 철저히 검증하는데도 이런 일이 흔하다. 돌아보면 그 사람을 고용할 당시 면접 과정에서 한두 가지 간과한 부분을 발견하기 마련이다.

내 팀에 있었던 한 엔지니어는 주어진 일에 진척을 보이지 못하는 경우가 많았다. 그와 매니저인 나, 그리고 인사 팀이 함께한 자리에서 마지막으로 성과 개선 계획을 세웠다. 이때 그에게 요구한 것은 보다 능동적인 의사소통이었다. 누구든 주어진 업무를 혼자서 다 해내기는 어렵다. 문제를 해결하기 위하여 다른 팀원들에게서 적극적으로 정보를 얻고 매니저인 나에게도 도움을 구했다면 결과가 달라졌을 것이다. 도움을 받으면서 다음 업무를 더 잘할 수 있도록 능력을 키워나가는 팀원을 싫어할 사람은 없다. 그러나 3개월 뒤에도 그의 업무 태도는 나아지지 않았고, 우리는 그를 해고했다. 한동안 마음이 아팠지만, 결과적으로 그 자리에 더 잘 맞는 사람을 찾아 같이 일할 수 있어 좋았다. 또 그가 자신의 능력을 더 잘 발휘할 수 있는 다른 회사에 들어간 것을 링크드인을 통해 보게 되어 좋았다.

모든 사람이 성장하기 위해 새로운 기회를 찾아 떠나는 것은 아니다. 개인과 회사가 역동적으로 성장통을 겪는 실리콘밸리 기업 문화에서도 안정을 추구하는 개인의 선택 역시 존중된다. 30대 매니저가 이끄는 팀에서 60대 엔지니어가 일하는 경우도 드물지 않은 이유다. 어느 직무에서든 전문가로서 자기 역할을 할 수 있다면 나이나 경험의 길이는 중요하지 않다.

실리콘밸리 기업이 높은 이직률에 대응하는 방식

실리콘밸리 테크 회사들의 높은 이직률이 바람직한 것만은 아니다. 기업 입장에서는 사람이 들고날 때마다 비용이 발생한다. 지금의 전문화, 표준화된 역할 조직과 업무 처리 흐름은 이직률이 높아도 생산성을 유지할 수 있도록 실리콘밸리 기업들이 적응한 결과다.

이직률을 낮추는 가장 효과적인 방법은 회사에 꼭 필요한 역할을 해낼 수 있고, 정착된 조직 문화에 긍정적인 변화를 가져올 수 있는 사람을 뽑는 것이다. 인재 한 명을 뽑는 데 들어가는 노력과 비용을 생각하면 리크루터들이 수임료로 '입사자 연봉의 20%'를 받는 것도 결코 과하지 않다.

매니저들은 직원들이 회사에 소속감을 가지고 열정적으로 일할 수 있도록 노력한다. 일대일 미팅을 하면서 멘토링하고, 팀에 도움이 된다면 규정에 얽매이지 않고 빠른 승진을 통해 더 큰 기여를 할 수 있도록 한다. 이직으로 자신의 커리어를 개발하고자 할 때도 열린 마음으로 조언해준다.

이렇듯 실리콘밸리 기업들은 직원들이 지속적으로 성장할 수 있도록 지원을 아끼지 않는다. 우리나라 기업 문화와 다른 점을 비교 확대하여 살펴보면 다음과 같다.

우리나라 기업 문화

• 애사심과 성실성이 강조된다.

• 한 회사에서 누적된 경험치를 다른 곳에서 인정받기 어렵다.

• 이직이 잦은 사람은 조직 생활에 잘 적응하지 못한다고 여겨진다.

• 오랫동안 한 직급에 머무른 채 승진하지 못하면 퇴사하는 것이 좋다.

- 그 회사만의 업무 처리 과정을 경험으로 배운다.

실리콘밸리 기업 문화
- 전문성과 창의성이 강조된다.
- 여러 직장에서 누적해온 경험의 가치가 더 크다고 여긴다.
- 한 회사에 너무 오래 다니는 사람은 업무 능력이 정체된 것이 아닌지 의심받는다.
- 안정적인 생활을 위해 같은 직무에 오래 머무는 것은 선택의 문제다.
- 업무 처리 과정이 표준화되어 있어 이직해도 크게 불편하지 않다.

이직을 통해 성장하는 실리콘밸리 생태계

다양한 개체와의 경쟁과 환경에 적응하면서 그 종의 생존력을 높여가는 방향으로 유전자 변이가 일어나거나 때로는 새로운 종을 탄생시키는 과정, 이 모든 것을 우리는 '진화'라고 표현한다. 실리콘밸리 기업은 꾸준히 새로운 아이디어를 실험하고, 경쟁력 있는 아이디어를 채택하는 과정에서 진화한다. 나는 스타트업에서 일하면서도 구글, 야후, 마이크로소프트에서 온 사람들을 통해 그곳에서 실험되고 선택된 아이디어를 꾸준히 접할 수 있었다. 더 크고 오래된 기업에서 일하는 지금은 그때 배운 아이디어들을 시험하고 적용하며 내 경력을 이어가고 있다. 어쩌면 이직이 쉽고 빠르게 이루어지는 실리콘밸리 기업 문화가 개인의 경쟁력뿐 아니라 실리콘밸리 기업들의 경쟁력을 높이는 힘이 아닐까 싶다.

내가 굳이 실리콘밸리로 이직할 필요가 있을까

초대 작가 유운연

_Cไlii 이종호

한국에서 잘나가는 엔지니어의 고민

한국에서 소프트웨어 엔지니어로 일하는 친구와의 통화 내용을 정리해보았다.

"한국에서 평균 이상의 임금을 받고 근로시간도 주 50~60시간 정도라면 그냥 한국에서 행복하게 지내도 되지 않아? 미국에 온다고 네가 엄청 행복해지는 것도 아니잖아. 새로운 곳을 가면 그만큼 위험과 불편함도 감수해야 하니까."

"그렇지. 지난 몇 년간 IT 업계의 근무 환경이 많이 좋아졌고, 앞으로도 더 나아진다면 한국에 있는 것도 괜찮다고 생각해. 하지만 연봉이 물가 상승률보다 더 많이 오를 것 같지도 않고, 나이가 들어서도 개발자로 계속 일할 수 있을지 모르겠어."

실리콘밸리로 이직 시 고려할 점

한국에서 소프트웨어 엔지니어로 일하는 친구가 실리콘밸리로의 이직을 고려하면서 물어본 것에 대한 답을 정리해보았다.

Ⓠ 이민 간 사람들의 이야기를 들어보면 미국 생활 힘들다던데, 그렇진 않아?

우리 부모님 세대, 그러니까 이민 1세대는 한국에서 중산층이었다가 여기 와서 자영업을 하면서 서민 생활을 겪은 사람들이 많아. 그래서 미국 생활이 힘들다는 이야기도 많이 하는 거고. 만약 이민 1세대들이 여기서 중산층의 삶을 누렸다면 다르게 이야기했을 것 같아.

생각해보면 우리 어릴 적에는 외국에 이민 가거나 유학 갔다는 사람이 주변에 하나도 없었잖아. 나도 대학을 서울에서 다니면서 그런 사람들 몇 명 만나봤어. 지금이야 어학연수도 많이 하지만, 우리 때는 형편이 안 돼서 생각조차 안 해봤잖아. 미국은 어떤 루트로 가면 되는지를 아는 사람들이 가는 거였지. 나는 한국에서 서민으로 살다가 미국에 와서 중산층에 진입한 경우라, 두 나라에서의 생활을 공정히 비교하기가 어렵네. 하지만 내 미국 중산층의 삶은 행복해.

너는 한국 중산층인 상태에서 취직을 통해 미국 중산층으로 진입하려는 거니까, 그걸 전제로 이야기하자면 장단점은 있겠지만 한국보다는 네 생활 형편이 더 나아질 가능성이 높아.

Ⓠ 인종차별이 있진 않아?

난 미국에서 8년을 생활하는 동안 한 번도 인종차별을 겪어본 적이 없어. 인종 때문에 불이익당하는 일은 거의 없고, 오히려 테크 업계에서는 아시아인들이 주류에 가까워. 같이 일하는 동료들도 다 이민자 출신이고, 중국 사람들이 특히 많아서 중국인으로 묻

어가는 경우도 있지만 내가 중국인이 아니니 누가 나에게 "니하오." 하고 놀려도 별로
반감은 안 들고.

어쩌면 소위 스카이(SKY) 대학을 나오지 않아서 한국에서 당했을지 모를 차별보다 실리
콘밸리에서의 인종차별이 훨씬 적을 것 같네.

Q H1B비자 받으면 회사 옮기기는 어때?

일단 H1B를 받고 나면 옮기기 어렵지 않아. 처음 신청할 때는 로터리(lottery) 라고, 널 고
용하려는 회사가 스폰서를 해줘도 정부의 확률 게임에 참여해야 돼서 어렵지만, 그다음
부터는 법적 절차가 까다롭지 않아. H1B비자로 회사를 옮기는 것도 그다지 어렵지 않아.
대기업이든 중소기업이든, 다 잘 받아줘. 다만 한국에서 H1B비자를 받기가 쉽지 않아.

Q 난 한국에 사니까 어떤 미국 회사들이 좋은지 잘 모르잖아. 한국에는 잡플래닛 같은
사이트가 있거든. 회사 문화도 좀 알고 싶은데, 미국에도 그런 사이트가 있어?

물론 있지. 글래스도어(glassdoor.com) 에 가면 회사 평이랑 직군별 임금이 나와 있고, 페
이사(paysa.com) 에도 임금 통계와 직군별로 취업에 필요한 기술들이 적혀 있어. 글래스
도어는 임금 통계가 전체적으로 현재 시장 상황보다 낮은 편으로 나오고, 페이사는 어
째서인지 조금 더 높게 기술해놓은 것 같아. 이런 전체 임금 통계가 큰 의미가 있는지
잘 모르겠어.

넌 해외에서 미국으로 취직하는 거니까 시장이 조금 다를 것 같아. 위의 웹사이트에 나
온 통계와 실제로 네가 제시받을 연봉 사이에는 차이가 있을 수도 있다고 생각해. 앞으
로 중·장기적으로 네가 받을 수 있는 연봉을 보여준다고 생각하면 돼.

Q 실리콘밸리는 초봉이 1억 원부터 시작한다던데 사실이야?

응. 최소 1억 원은 주지. 그리고 거기서부터 쭉쭉 올라가.

Q 초봉 1억 원으로 시작해서 10년 차 개발자가 되면 5억 원 정도 받나?

한국은 연차가 굉장히 중요하다고 들었어. 인사고과도 승진자에게 몰아주고. 미국은 처

음 취직해서 승진 한 번 할 때까지 3년이 넘게 걸리는 경우도 있고, 반년 만에 승진하는 경우도 있어서 10년 차 개발자라는 게 큰 의미는 없는 것 같다. 경력직이면서 능력이 좋은 개발자라면, 최근에는 연봉이, 주식 포함해서 3억 원에서 5억 원 사이에서 형성되는 것 같아. 지난 몇 년 사이에 경력직 임금이 많이 올랐어. 실리콘밸리가 흥하면서 개발자 수요가 늘기도 했고, 오픈소스가 많이 생겨서 개발자 한 명의 역량이 커지기도 했어.

Q 미국 회사들은 왜 이렇게 코딩 인터뷰를 힘들게 봐?

진짜 일할 수 있는 사람인지 검증해야 하니까. 전 세계 사람들이 모이는 만큼 그들의 경험이나 경력도 다양해서 이력서만으로는 실력을 짐작하기가 어려워. 비슷한 출신, 배경의 사람들을 고용하는 편향성을 줄이려는 노력 중 하나이기도 해. 여기 지인 중에 미술대학 출신인데 코딩 인터뷰 통과하고 엔지니어로 들어온 사람도 있어. 엔지니어들의 전공도 다양하고.

그리고 영어가 유창하지 않은 경우에는 코딩 인터뷰에서 진짜 실력을 보여줄 수 있으니까 오히려 더 유리한 것 같아. 만약 면접관이 예전 프로젝트에 대해 심도 있는 질문을 한다면 영어로 설명하기는 어렵잖아. 코딩 인터뷰만 너무 중점적으로 하는 건 지원자의 제한된 역량만 보는 것 같다는 비판들이 있어서, 요즘은 회사들도 다양한 면접 방법을 모색하고 있어. 하지만 어떤 회사가 코딩 인터뷰를 중점적으로 본다면, 그건 한국에서 미국으로 오려는 너에게 오히려 기회라고 생각해.

Q 영어는 어느 정도 잘해야 돼?

인터뷰를 통과할 정도로만 잘하면 되지.[*] 코딩은 만국 공통어이니, 실제로 일할 때는 영어가 엄청 유창하지 않아도 되거든. 프로그래밍을 잘하면 다들 이해해줄 거야. 물론 일하다 보면 필요하니까 영어가 빨리 늘기도 하고. 현지가 아닌 곳에서 외국어를 익히는 건 참 어려운 일인 것 같아.

---

[*] 인터뷰에서 어떤 영어를 쓰는지 알고 싶다면 다음을 참고할 수 있다. https://www.youtube.com/watch?v=XKu_SEDAykw

Q 우리 회사는 좋은 게 회식비가 무제한이거든. 비싼 소고기 엄청 많이 먹을 수 있어. 너희는 회식 같은 거 어떻게 해?

회식은 분기에 한 명당 120달러 정도씩 예산이 책정돼. 대신 집에서 비싼 소고기를 엄청 많이 먹을 수 있는 연봉을 줘. 소고기가 상대적으로 한국보다 싼 것도 장점. 회사 사람들과 회식하는 것보다는 가족이나 친구랑 맛있는 음식 많이 먹는 게 좋지 뭐. 어쨌든 그 예산으로 회식하는 팀도 있고, 승마나 페인트볼, 와인 테이스팅 같은 거 하는 팀도 있어. 회식이나 팀 행사는 물론 근무 시간 중에 하고. 팀워크를 다지는 재미있는 활동들을 하면서 업무 시간으로 인정을 받지.

Q 휴가는 많아?

예전에 마이크로소프트에서 일할 때는 1년 차였는데 휴가가 1년에 15일 나왔고, 나중에는 20일로 늘었지. 그해에 안 쓰면 그다음 해로 넘어가고 한꺼번에 몰아서 써도 돼. 난 보통 3주씩 몰아서 썼어. 퇴사할 때 남은 휴가가 있었는데, 시간이 없어서 못 쓰고 나왔더니 나중에 근무 시간으로 환산해서 수표를 보내주더라.

지금 있는 트위터에서는 휴가가 무제한이야. 아무 때나 팀에 통보만 하면 돼. 하지만 퇴사할 때 남은 휴가를 돈으로 받지는 못해.

Q 미국 의료보험 비싸다며?

걱정할 필요는 없어. 넌 미국 회사에 취직해서 올 테고, 회사가 네 의료보험을 들어주니까. 한국 의료보험처럼 개인이 부담해야 하는 부분이 소량 있는데, 그 비용만 내면 돼. 그리고 개인 의료보험을 들어도 그렇게 비싸지 않아. 의료보험을 안 들어주는 대신 돈으로 주는 회사가 있는데, 나이가 젊은 친구들은 그게 더 이득이지. 1년에 1,000만 원 정도 준다고 하더라고. 그 돈으로 자신이 원하는 보험을 들면 돼.

초대 작가 **유운연**

트위터의 스태프 소프트웨어 엔지니어

2장

실리콘밸리를 움직이는 힘

혁신과 성공은 어디서 오는가

네가 뭘 안다고
결정을 해?

Will 유호현

"자네가 나만큼 회사에 대해 아는 것이 많아지면
그런 결정을 내리지는 않을 걸세."

"누가 시키지도 않은 일을 하래"

위계 조직은 모두가 비슷한 수준의 기술과 능력을 가지고 비슷한 일을 하면서 경쟁한다. 이러한 상황에서 개인이 가질 수 있는 가장 큰 힘은 '정보력'이다. 그래서 위계 조직에서는 의도적으로 정보를 제한한다. 회장, 사장이 가장 많은 정보를 알고, 상무, 부장, 과장으로 내려가면서 그 양이 줄어든다. 실무를 보는 말단 직원들은 스스로 결정을 내릴 수 없다.

그래서 팀장이 팀원에게 "네가 뭘 안다고 결정을 해?", "누가 시키지도 않은 일을 하래?" 같은 말을 할 수 있다. 매너 있는 팀장은 "당신이 이 위치에 올라와보면 왜 그런 결정을 했는지 알 수 있을 거예요."라고 할 수도 있다.

위계 조직에서는 많은 사람들이 정보의 공유와 흐름을 방해하여 병목현상을 일으키는 보틀넥bottleneck 이 된다. 즉 "내가 없으면 우리 팀은 안 돌아가."라고 말할 수 있는 사람이 많아진다. 특히 정보를 독점하고 결정을 내리는 팀장이 자리를 비우면 많은 일이 지연된다. 그래서 마음 편히 휴가를 갈 수 없다. 장기 휴가는 더더욱 부담스럽다.

"우리 회사에서 당신은 보틀넥이다!"

역할 조직에서는 한 사람, 한 사람이 결정권자다. 아무리 말단이라도 그가 내린 결정이 최종 결정이며 책임도 그의 몫이다. 전문가들이 회사를 위하여 최선의 결정을 내릴 수 있도록 하려면 그들에게 정보를 최대한 많이 줘야 한다. 우리 회사가 어떤 회사와 독점 계약을 맺었는지, 엔지니어는 어떤 언어를 쓰는 것이 좋은지, 디자이너는 어떠한 디자인을 유지해야 하는지 등의 정보를 표준화해서 소통하여야 한다. 그렇게 해서 각각에게 선택지가 얼마나 있는지를 정확히 알려야 한다.

역할 조직에서는 업무 및 의사 결정에 필요한 정보를 모든 직원이 알기 때문에 누가 자리를 비워도 다른 사람으로 대체할 수 있다. 그리고 이를 위하여 정보의 문서화와 공유가 기본이 된다. 사내 위키(클라우드 문서)에 자신이 하고 있는 일을 잘 정리해놓으면 누구든 그 일을 대신 할 수 있다. 그래서 언제든 자신의 계획대로 휴가를 갈 수 있고, 자신의 일정대로 일을 진행할 수 있다.

위계 조직의 정보 독점 vs. 역할 조직의 정보 공유

위계 조직에서는 정보를 독점하는 것이 중요하고, 그것이 곧 권력이 된다. 역할 조직에서는 자신이 없어도 잘 돌아가고 자신이 있으면 더 잘 돌아가게 하는 것이 중요하다. 즉 팀원이 다섯 명이라고 하면 그중 한 명이 빠졌을 때는 80%의 속도로, 그 한 명이 일을 아주 잘한다면 70%의 속도로 프로젝트를 계속 진행한다. 만약 그 한 명이 빠졌을 때 속도가 0이나 50%가 되면 그에게는 '보틀넥'이라는 별명이 붙고, 팀에서 암적인 존재가 되어버린다.

그런데 역설적이게도 소통이 가장 필요한 역할 조직이 회의를 최소화하는 것에 힘을 쏟는다. 각자가 독립적으로 작업하기 때문에 혼자 일할 시간을 최대한 확보하는 것이 회사에 기여하는 또 한 가지 방법이기 때문이다. 내가 참석하는 회의는 일주일 기준으로 업무 계획 회의 1회 1시간, 스탠드업 회의 1회 30분, 그리고 결정이나 정보가 필요할 때 30분에서 1시간 정도 하는 임의 회의가 있다. 그 외에 한 달에 1회 정도 팀 회의를 하며, 전 직원이 참석하는 전체 회의도 있다.

전문가 조직일수록 소통이 중요하다

역할 조직에서는 매니저가 "네가 뭘 안다고 결정해?"라는 말은 절대로 할 수 없다. 실무자가 스스로 결정할 수 있을 만큼 충분한 정보를 받고 있지 않다면, 그것은 매니저가 가장 먼저 해결해야 하는 문제이자 임무다. 만약 실무자가 충분한 정보가 없어서 잘못된 결정을 내렸다면 매니저는 자신의 중요한 임무 중 하나인 '정보 전달'을 제대로 하지 못했다고 실무자에게 사과해야 한다.

실무자 한 사람, 한 사람이 전문가이자 결정권자인 회사에서 직원들에게 충분한 정보를 제공하는 것은 그들을 제대로 활용하는 데 매우 중요하다. 가령 장난감 공장이 있다고 해보자. 반복적으로 장난감을 만드는 위계 조직에서는 직원들이 장난감을 조립하는 방법만 알면 된다. 완제품이 어떠한 모양인지, 총 생산량이 얼마인지를 군이 알 필요가 없다. 그러나 사장이 혁신을 위해 장난감을 빠르게 많이 조립하는 기계를 개발하고 싶다면 전문가에게 완제품 모양, 현재 생산량과 원하는 생산량, 앞으로 만들 장난감들의 디자인 등 정보를 최대한 많이 주어야 한다.

또한 직원들이 시키는 일만 한다면 소통이 그리 필요 없다. 그렇지만 직원들이 자신의 재능을 회사에 활용하여 혁신을 만들어내는 전문가들이라면 소통은 회사가 가장 신경 써야 할 중요한 일이다.

내가 맞추는 회사가 아닌,
나와 맞는 회사

Sarah 박정리

_Chili 이종영

누군가 내게 실리콘밸리에서 커리어를 개발하려면 어떻게 해야 하는지
묻는다면, 각 회사가 추구하는 핵심 가치를 살펴보고 그 가치가
자신과 잘 맞는 회사에서 일을 해볼 것을 조언하고 싶다.

회사가 개인의 가치관을 바꿀 수는 없다

실리콘밸리 직원들은 각 분야에서 세계 최고의 전문가들이고 한 사람, 한 사람이 결정권자다. 그들에게 상사의 말은 명령이 아니라 제안일 뿐이다. 이런 실리콘밸리 기업들에서 사람들을 하나로 묶는 힘은 무엇일까?

내가 세계 최고의 스마트폰 디자이너라고 해보자. 새로운 스마트폰 디자인을 맡았다. 내 경험과 세계 디자인 트렌드, 사용자의 호감도 등을 조사하고 종합하여 아름다운 빨간색 디자인을 내놓았다. 이 스마트폰은 잘 팔릴 뿐 아니라 전 세계 스마트폰 디자인을 선도할 것이고, 사람들은 이 스마트폰을 들고 있는 사람을 선망의 눈길로 쳐다볼 것이다. 자연스레 "이 스마트폰을 디자인한 사람이 누구야?"라고 물을 것이고, 내 이름이 세상에 널리 알려질 것이며, 수많은 회사들이 나를 스카우트하려고 할 것이다. 하지만 만약 내 디자인이 인기를 끌지 못한다면 나는 그 책임을 오롯이 져야 할 수도 있다. 따라서 나는 내 커리어를 걸고 이 스마트폰의 디자인이 성공을 거두도록 노력할 것이다.

그런데 회장이 빨간색이 마음에 들지 않는다고 한다. 고급스러워 보이도록 어두운 남색으로 바꾸라고 한다. 내 경험과 리서치 결과에 따르면 남색 스마트폰은 대중의 선택을 거의 받지 못했다. 회장의 피드백은 이해하지만, 색을 바꾸는 것은 곤란하다.

실리콘밸리에서는 회장의 한마디에 전문가가 디자인을 바꾸는 일은 거의 없을 것이다. 자신의 전문성을 살려 만든 디자인을 전 세계에 히트시키는 것, 그리고 이런 성취를 통하여 커리어를 쌓아나가는 것이 중요하기 때문이다. 또 회장의 피드백을 참고하여 디자인을 개선할 수는 있겠지만, 그

것을 명령으로 받아들여 원하지도 않는 디자인을 해야 한다면 그 디자인은 더 이상 전문가의 작품이 아니다.

그 분야 전문가에게 회장의 말은 즉각 반응해야 할 명령이 아니다. 전문가들이 이기적이라거나 독불장군이라는 뜻이 아니다. 매니저는 전문가들을 매니지먼트하고 최고경영자는 회사 방향을 결정한다. 디자이너는 디자인을 결정하고, 엔지니어는 엔지니어링에 대한 결정권을 갖는다. 각자 자신의 커리어를 걸고 판단하여 회사의 미션에 맞는 최고의 결정을 내려 회사에 기여한다. 역할 조직에서는 각자의 역할에 맞는 결정권을 부여하고 책임을 지움으로써 전문가들을 잘 이용해야 한다.

기업의 핵심 가치와 문화 적합성

그렇다면 각기 다른 전문가들이 결정권을 갖는 실리콘밸리 회사는 어떻게 모두를 한 방향으로 움직이게 할 수 있을까? 실리콘밸리 기업들은 '회사의 미션과 가치관이 무엇인지'를 전 직원이 정확히 이해하도록 한다. 미션이 기업의 존재 이유로서 무엇을 할 것인가에 대한 대답이라면, 기업의 가치관은 미션을 어떻게 수행할 것인가에 대한 대답이다.

실리콘밸리 문화를 선도하는 구글, 페이스북, 넷플릭스 등 인터넷 서비스 기업과 소프트웨어 기업은 자신들만의 독특한 핵심 가치를 추구한다.

일례로 구글의 미션은 "세상의 모든 정보를 조직화하여 전 세계 사람들이 쉽게 쓰도록 하는 것"이고 다음과 같은 핵심 가치를 추구한다.[*]

---

[*] 전체 원문은 다음을 참조할 수 있다. http://www.askstudent.com/google/list-of-google-core-values

1. 멋진 사람들과 함께 일하자.

2. 한 가지에 집중하여 진짜 잘하자.

3. 재미있게 일하자.

4. 적극적으로 참여하자. 내가 곧 구글이다.

5. 성공 앞에 겸손하자.

6. 나쁜 짓을 하지 말자.

7. 사용자들이 구글 제품을 계속 쓰고 싶어 하도록 만들자.

8. 장기적으로 지속 가능한 성장을 이루자.

9. 사회에 기여하자.

10. 세상을 개선하고 바꾸기를 꿈꾸자. (요약하여 번역)

이러한 구글의 가치는 사용자들이 구글 제품을 쉽고 재미있고 친숙하게 느끼도록 만들었다. 예를 들어 '재미'와 '겸손'과 '사회 기여'를 지향하는 구글의 자율주행차는 정말 만만하게 생겼다. 반면에 세계 최고의 고급 자동차를 목표로 하는 메르세데스 벤츠의 자율주행차는 쉽게 범접하기 어려운 힘이 느껴지고, 정말 돈을 많이 벌어야 살 수 있다는 느낌이 든다.

전문가는 이러한 회사의 방향성이 자신과 맞는가를 고려하여 회사를 택한다. 이것이 바로 '문화 적합성'Cultural Fit 에 대한 고려로, 각 직원의 신념과 행동이 회사가 추구하는 가치 및 문화와 잘 맞을 때 개인은 물론 회사도 성장한다. 만약 호화로운 차를 만들고 싶다면 구글의 자율주행차 디자인 팀에서 일하기란 쉽지 않을 것이다. 반면 사람들이 자신의 디자인을 친숙하게 느끼길 바란다면 구글에서 꿈을 펼치고 싶을 것이다. 자신에게 문화적으로 잘 어울리는 회사를 선택하는 것은 누구에게나 정말 중요하다.

구글의 10가지 핵심 가치에는 세부 설명이 붙어 있는데, 그중 첫 번째에 해당하는 '멋진 사람들과 함께 일하자'의 부연 설명은 다음과 같다.

- 훌륭한 인재를 고용하고 그에게 높은 기대치를 유지한다.
- 인재가 늘어나고 크게 성장할 수 있는 환경을 조성한다.
- 공명정대하고 존중하는 태도로 서로를 대한다.
- 공개적으로 서로의 아이디어를 검증한다.
- 개인과 아이디어의 다양성을 중시한다.
- 객관적인 데이터로 의사 결정을 한다.

구글이 말하는 '훌륭한 인재'는 똑똑하고(우수한 학벌이나 스펙으로 검증 가능한 자질) 열심히 일하는(개인의 사생활을 기꺼이 희생할 정도로 회사 일에 몰입하는) 사람이 아니다. 구글의 10가지 핵심 가치를 공유하고, 그에 따라 행동할 수 있는 사람이다. 아무리 스펙이 뛰어난 인재라도 구글이 지향하는 것과 다른 가치를 지향한다면 구글에서 일하기 어려울 것이다.

전 세계 사람들이 모인 실리콘밸리에서는 다양성은 인정하되 회사 미션을 위해 일할 때는 같은 가치를 추구함으로써 회사 일과 개인의 가치를 동시에 존중한다. 내가 지금 다니는 회사 또한 실리콘밸리의 다른 회사들처럼 문화적 배경이 다양한 사람들이 모여 있다. 직원이 200명도 채 되지 않지만 국적은 10개 이상이다. 미국, 캐나다, 중국, 인도, 한국, 일본, 타이완, 네팔, 필리핀, 러시아, 우크라이나, 베네수엘라, 프랑스, 터키 등 정말 다양한 나라 사람들이 모여 있다. 나이도 다르고, 전공이나 교육 수준도 다양하다. 그렇지만 크게 이질감을 느끼지는 않는다. 구글이나 넷플릭스처럼 명문화되어 있지는 않지만, 사내에서 공유하는 가치가 비슷하기 때문이다.

요즘 실리콘밸리에서는 문화 적합성이라는 표현 대신 인종, 종교, 성별, 나이를 넘어 회사의 핵심 가치를 공유한다는 의미에서 '가치 적합성'Value Fit 이라는 표현을 더 즐겨 사용한다. 문화라는 말은 너무 포괄적이어서, 문화 적합성이란 표현이 자칫 다른 문화권에서 온 사람을 배척한다는 느낌을 줄 수 있기 때문이다.

나와 맞는 회사 찾기

2009년, 넷플릭스의 최고경영자 리드 헤이스팅스Wilmot Reed Hastings Jr.가 「넷플릭스의 문화Netflix Culture」라는 문서를 발표했다. 이는 실리콘밸리 임원들 사이에 회자됐고, 페이스북 최고운영책임자 셰릴 샌드버그Sheryl Sandberg는 "실리콘밸리에서 만들어진 가장 중요한 문서"로 꼽기도 했다.

이 문서는 핵심 가치가 단지 듣기 좋은 이야기가 아니라, "직원의 승진과 해고에 직접적인 영향을 주는 행동 양식"이라는 것을 분명히 하고 있다. 다시 말해, 핵심 가치에 동의하고 그것을 내면화하지 않는 사람은 넷플릭스에서 일하기 어렵다는 뜻이다.

누군가 내게 실리콘밸리에 있는 회사에 취업해 커리어를 개발하려면 어떻게 해야 하는지 묻는다면, 각 회사가 추구하는 핵심 가치를 살펴보고 그중 자신과 잘 맞는 회사를 찾아보는 데에서 시작하라고 조언하고 싶다.

열심히 일하지 말고
똑똑하게 일하자

Sarah 박정리

_Chili 이종욱

일은 열심히 하는 것이 아니라 똑똑하게 하는 것이다. 또 혼자 하는 것이 아니라
함께 하는 것이다. 그것이 실리콘밸리 기업에 다양성과 효율성,
그리고 바삐 일하는 가운데서도 즐거운 일을 도모할 수 있는 여유를 가져왔다.

가성비 낮은 실리콘밸리의 일상생활

실리콘밸리 기업에서 일하는 사람들은 임원은 말할 것도 없고 신입 사원들까지도 다른 곳에 비해 월등히 높은 연봉을 받는다. 또 회사의 복지 수준도 상당하다. 그러나 회사 밖 사정은 그렇지 못하다. 집값은 천정부지로 높고 교통 인프라나 교육 시설은 비용에 대비해 형편없다.

특히 살인적 수준의 집값은 실제로 직원들이 다른 지역의 회사로 이동하는 첫 번째 요인으로 보인다. 이렇게 집값이 높은 이유는 강력한 자연환경 보호주의와 개발 규제로 인해, 새로운 유입 인구를 감당할 수 있을 만큼 충분한 신규 주택이 공급되고 있지 않기 때문이다. 낡고 좁은 집에서 매달 수백만 원의 월세를 내며 살다 보면, 누구나 한 번쯤 다른 지역으로 눈을 돌리기 마련이다.

테크 산업의 호황으로 이들 기업의 임금 수준은 크게 올랐으나 교육 및 서비스 분야의 임금 수준이 그에 미치지 못해 일어나는 문제도 심각하다. 실리콘밸리의 집값과 물가 상승을 감당하지 못한 서비스 분야의 인력이 타 지역으로 이동하면서, 교통이나 교육 문제가 불거진 것이다. 맞벌이가 흔한 실리콘밸리의 가정에는 가사 도우미, 보모, 아이들의 과외 활동을 지도해주는 교사 들이 꼭 필요한데, 구하기가 매우 어려운 실정이다. 결국 맞벌이 부부는 아이들을 픽업하기 위해 점심시간도 건너뛰면서 일하고, 엄청난 퇴근길 교통 혼란을 감안해 회사에서 일찍 나와야 한다.

여기에 더해 캘리포니아주의 지속적인 교육 예산 삭감으로 캘리포니아 및 실리콘밸리의 공교육은 매우 열악하다. 반면에 실리콘밸리의 주민들은 교육열이 어마어마하다. 어지간한 중산층 부모들은 '좋은 공립학군'이라 알려진 곳으로 이사를 간다. 낡고 오래된 집이라도 엄청난 가격에 구입해서 들어간다. 실리콘밸리에서는 지역에 따라 집 구입 가격의 1.5~1.8%를 매해 보유세로 납부한다. 그리고 공립학교에서 제공하지 않는 과외 교육을 위해 많은 사교육비를 지출한다. 형편이 좋은 가정이라면 사립학교를 고려할 수도 있는데, 학교에 따라 연간 학비가 2만 달러에서 4만 달러까지 한다. 실리콘밸리의 테크 산업 호황으로 연간 학비가 3만 달러가 훌쩍 넘는 사립학교들에 학생들이 넘쳐나는 상황이기는 하다.

이렇듯 가성비 낮은 생활 환경에도 불구하고 현재 실리콘밸리에는 전 세계의 많은 인재들이 모여들고 있으며, 전 세계의 기업들이 실리콘밸리의 혁신과 기업 문화에 지대한 관심을 보이고 있다. 그 이유는 무엇일까?

다양성을 존중하는 문화가 인재를 불러모은다

'실리콘밸리' 하면 나는 바로 창업가가 떠오른다. 래리 페이지, 세르게이 브린이나 마크 저커버그 같은 유명한 창업가뿐 아니라 독창적으로 또는 재기발랄하게 시작했다가 큰 회사에 인수, 합병되거나 하루아침에 사라진 수많은 스타트업의 창업가들이 떠오른다. 그리고 그들이 내세운 회사의 미션과 다양한 창업 아이템들이 떠오른다.

실리콘밸리 기업들이 너나없이 가장 중요하게 여기는 가치는 바로 다양성Diversity이다. 실리콘밸리 기업들은 인류가 해결책을 찾지 못한 여러 가지 문제들에 도전한다. 이러한 문제들을 해결하기 위해서는 같은 생각을 가진 사람들보다는 서로 다른 생각을 가진 사람들이 모여 의논할 때 해결책을 찾을 가능성이 더 높아진다. 그래서 실리콘밸리 기업들은 인종, 성별, 종교,

나이, 성적 취향에 상관없이 남들과 다른 생각을 하는 인재들을 원한다. 이민 노동자라고 차별을 하지도 않고 다른 사람들과 다르다는 사실이 오히려 강점으로 인정받는다. 자연스럽게 다양한 사람들이 모이고, 그들이 다양한 생각을 통해 혁신과 부를 이루어내고, 그것이 다시 세계의 인재들을 불러모으는 선순환 구조를 만들어냈다.

과도한 의사소통이 적은 의사소통보다 항상 낫다

실리콘밸리에서는 회사 내 의사소통이 양방향으로 이루어진다. 또한 의사소통을 할 때 어떤 형식에 얽매이지 않는다. 다양한 언어와 문화적 배경을 가진 사람들이 모인 만큼, 특정 문화를 기반으로 한 업무 관행은 이곳에서 별 의미가 없다. 영어가 완벽하지 않은 직원도 논리와 데이터로 무장하면 모두가 귀를 기울이는 의견을 낼 수 있다.

그리고 회사의 모든 직원은 다음과 같은 철학을 공유한다.

❝ 과도한 의사소통이 적은 의사소통보다 항상 낫다.❞

Over communication is always better than less communication.

같은 질문을 반복하더라도 멍청하거나 예의에 어긋난다고 생각하지 않는다. 하루 정도 걸리는 비교적 쉬운 프로젝트라도 중간에 의사소통을 꼭 한다. 아직 완성되지 않은 중간 단계의 제품이나 중간 보고서를 가지고 많은 사람들이 모여 전략 회의를 하면서 보고서를 실시간으로 고치기도 한다. 한국에서 일할 때는 아름다운 최종 보고서를 가지고 프레젠테이션을 했기에, 실리콘밸리에 막 왔을 때 사장을 포함해 다른 팀원들과 중간 보고서를 공유하고 그에 대해 토론하는 것은 정말 익숙해지기 힘든 경험이었다.

내가 진행하는 프로젝트의 결론이 어떤 배경과 근거를 가지고 있는지 보고서를 가지고 짧은 시간 안에 모두에게 전달하는 것 또한 새로운 도전이었다. 어떤 프로젝트의 팀장이라도 합리적인 근거 없이는 팀원의 제안을 무시하지 않았다. 오직 보고서의 내용과 데이터를 가지고 토론하기 때문에 윗사람, 아랫사람이 중요하지 않고 형식도 중요하지 않다. 최종 제품이나 보고서가 나오면 각 분야 전문가들이 포장하는 일을 다시 하게 마련이다.

이러한 업무 관련 의사소통 및 회의 때는 다음과 같은 원칙이 적용된다.

- 문자 메시지나 전화 회의 같은 실시간 소통은 근무 시간 내에 제한된다.
- 이메일을 근무 시간 이후에 보냈을 경우에 답장은 기대하지 않는다.
- 특별한 경우가 아니면 대면 회의보다 전화 회의를 이용한다.
- 중요한 의사 결정일수록 모든 이해 관계자들의 의견을 충분히 취합한다.

이러한 사내 의사소통 문화는 실리콘밸리의 거의 모든 기업들이 따를 정도로 표준화되어 있다. 이를테면 스탠드업 미팅, 일대일 미팅, 전체 회의, 진행 점검 미팅 등은 얼마의 주기로 어떤 참석자가 의사소통을 할 것인지가 대체적으로 정해져 있다. 표준화된 의사소통 문화는 신입 사원이든, 새로 들어온 경력 직원이든, 다양한 문화적 배경을 가진 이민자든 곧바로 실무를 시작하는 데 아주 효과적으로 작용한다.

열심히 일하기보다 똑똑하게 일하는 것이 중요하다

"열심히 일하지 말고 똑똑하게 일하자."는 구호는 비단 실리콘밸리 기업의 것이 아니다. 직장인으로 오래 살아남기 위한 필수 덕목이다. 회사에서 다른 사람들과 의사소통을 하지 않고 혼자서 할 수 있는 일은 거의 없다. 내가 똑똑하게 일하지 못하고 열심히, 많이 일하면 함께 일하는 다른 사람들과의 의사소통 양도 증가한다. 다시 말해 똑똑하고 효율적으로 일하고 있는 다른 사람들도 비효율적으로 일하게 만드는 것이다. 그리고 의사소통 양이 늘어나는 만큼 프로젝트의 진행 속도는 느려진다.

어떤 프로젝트를 정상적인 근무 시간보다 더 많은 시간을 투입해서 열심히 일해야만 끝낼 수 있다면, 회사는 두 가지 문제를 고민하기 시작한다.

- 프로젝트 계획 단계에서 경영진이 간과한 어려운 점이 있는가?
- 프로젝트 참여자들의 업무량 배분 및 관리가 잘못되었는가?

개인에게 주어진 업무량이 많아지면 그의 책임 범위가 줄어드는 결과를 초래하기 쉽다. 책임 범위가 적다는 것은 업무 권한이 적다는 의미이며, 개인은 그만큼 성장의 기회를 잃어버리게 된다. 그리고 비효율적으로 일을 열심히 해서 프로젝트 진행 과정에서 업무 과부하를 일으키는 직원은 실리콘밸리 기업에서 살아남기 어렵다.

이는 단순히 직원들의 워크−라이프 밸런스를 위해서가 아니다. 언제나 과부하에 걸려 있는 사내 자원은 회사가 새로이 기획하는 프로젝트에 배분하기 어렵기 때문이다. 기업은 지속적인 성장을 위해 언제나 새로운 제품 개발 프로젝트를 기획하고 있다. 제품 기획을 전담하는 부서가 따로 존재하지 않는 실리콘밸리 기업들은, 현재 프로젝트를 진행하는 팀들에 새 제품의 개발 프로젝트를 맡긴다. 즉 목표와 기한 등이 정해진 프로젝트는 최대한 효율적으로 진행하고, 남은 자원은 새 프로젝트를 위한 준비에 투입한다. 따라서 실리콘밸리에서는 일을 열심히 하기보다 똑똑하게 효율적으로 하는 것이 중요하다.

모든 성장 과정에는 늘 새로운 도전이 기다리고 있다

실리콘밸리 기업에서 직급이 올라가는 것은 내가 수행해야 하는 업무가 기하급수적으로 늘어난다는 뜻이다. 그리고 어느 정도 시간이 지나 늘어난 업무에 익숙해질 때쯤이면 그다음 단계의 도전이 기다리고 있다.

예를 들어 팀원에서 매니저가 된 뒤에 늘어난 업무 중 가장 많은 시간과 자원을 투여하는 일은 '팀원 충원'이다. 팀원 충원은 필요에 기반한다. 내가 맡은 업무 범위와 프로젝트를 혼자 감당하기 어렵다면 충원이 필요하다. 이때 업무 내용에 대해 가장 잘 아는 담당자인 내가 입사 지원한 사람을 면접하고 의사 결정을 하는 일이 보통이다. 리쿠르터가 입사 후보자들과 접촉하고 면접 일정을 잡아주지만, 꼼꼼하게 면접하여 최종 결정을 내리는 것은 해당 업무 담당자이다.

물론 팀원을 새로 뽑는다고 매니저가 하는 일이 적어지는 것은 아니다. 팀원들에게 프로젝트 중 일부를 맡기지만 프로젝트 결과물은 매니저가 최종적으로 관리하고 있다. 또 팀원들과 일대일 미팅, 스탠드업 미팅 등도 해야 한다. 팀원들과 주기적인 미팅을 통해 프로젝트 진행을 점검하고 팀원들이 회사를 통해 성취하고자 하는 목표를 이룰 수 있도록 돕는다. 매니저가 이러한 업무를 잘 수행하면 팀원들에게 좋은 평가를 받을 수 있을 뿐 아니라 팀원들이 팀에 계속 남아 있지만, 그렇지 못하면 미련 없이 팀을 떠날 것이다. 그렇다 보니 능력 있는 팀원을 뽑고 잘 매니지먼트하여 이직률을 최소화하는 것이 매니저를 평가하는 첫 번째 잣대라 해도 과언이 아니다. 실제로 실리콘밸리에서는 매니저를 따라 팀원들이 한꺼번에 이직하는 일이 매우 흔하다.

이와 마찬가지로 매니저가 임원이 되고 임원이 최고경영진이 되는 단계에서도 업무의 양은 늘어나기 마련이고 그 일을 효과적으로 똑똑하게 해낼 때, 개인은 물론이고 회사도 지속적으로 성장한다.

남의 회사
vs. 내가 소유한 회사

Sarah 박정리

_Chili 이종호

실리콘밸리 테크 기업의 직원들 대부분은
회사의 일부를 소유하고 있는 주주이다.

실리콘밸리가 가져온 주식시장과 자본주의의 진화

실리콘밸리 사람들은 자유롭고 여유로운 가운데 밤낮없이 일한다. 얼핏 이상하게 들릴 수도 있지만 주말에도, 밤에도 일하는 것을 즐거워한다. 회사에 너무나 충성하기 때문이 아니다. 주식이라는 방식으로 회사의 일부를 소유하고 있어서, 회사가 성공하면 금전이라는 직접적인 혜택이 돌아오기 때문이다.

뛰어난 인재를 모으기 위해 회사 소유권의 일부를 제공하는 주식보상제도는 이제 실리콘밸리 인재 순환의 원동력이 되었다. 구글 직원들의 경우, 구글 주식이 계속 올라가면서 주식으로 받은 자산의 가치가 매년 20% 정도 상승하는 효과를 누려왔다. 아마존, 페이스북도 마찬가지다. 반면 야후, 트위터같이 주식의 가치가 떨어지는 회사의 경우, 인재들이 대량으로 빠져나와 더 좋은 회사로 옮겨간다. 그래서 실리콘밸리에서는 인재들이 주식이 오르는 곳으로, 또는 앞으로 주식 상장을 할 만한 스타트업으로 자연스럽게 흘러 들어간다. 주가는 회사의 미래 가치에 따라 정해지기에, 최고의 인재들은 미래가 밝은 기업으로 모여든다.

또한 주식 상장은 실리콘밸리에 많은 스타트업이 생겨나는 원동력이기도 하다. 실리콘밸리 스타트업의 성장사에서 가장 화려하고 이상적이고 대박이라 할 수 있는 것이 주식 상장이다. 주식공개 상장은 뉴욕증권거래소나 나스닥 같은 증권거래소에 회사 주식을 등록하여 여러 개별 투자자들이 회사 주식을 자유롭게 사고팔 수 있도록 하는 과정이다. 이 과정에서 창업자들은 수조 원에 달하는 돈을 단번에 움켜쥘 수도 있다. 그리고 그러한 대박을 노리며 많은 창업자들이 끊임없이 실리콘밸리에 들어온다.

자본주의의 거대 성장을 견인한 증권거래소

증권거래소는 자본주의보다 역사가 길다. '소수의 자본가가 모든 생산수단을 독점한다'는 개념의 자본주의가 탄생한 것은 증권거래소의 탄생보다 몇백 년 뒤인 19세기 후반의 일이다. 오히려 증권거래소의 탄생이 자본주의 탄생에 견인차 역할을 했다.

주식거래소에 주식을 상장하는 것은 기본적으로 자본가들의 위험 분산 방식이다. 하나의 기업이나 프로젝트에 필요한 자본을 여러 자본가가 투자해 위험과 수익을 공유하면, 각 자본가는 자신의 한정된 자본을 여러 프로젝트에 투자할 수 있다. 그중 한두 개가 실패하더라도 다른 성공한 프로젝트에서 얻은 수익으로 만회할 수 있다. 프로젝트가 끝나기 전에 자본을 회수하고 싶을 때는 증권거래소를 통해 다른 자본가에게 지분을 팔 수도 있다.

이러한 '자본의 위험 분산과 유동화' 개념은 13세기 베네치아의 은행이 자신들의 채권을 귀족이나 은행 같은 다른 투자자들과 거래한 데서 시작되었다. 그리고 17세기 들어 네덜란드와 영국 등이 해외 식민지 개척 관련 프로젝트를 거래하면서 본격화되었다. 단순히 빌려준 돈을 돌려받는 채권이 아니라, 새로 발생한 수익을 투자 지분만큼 가져가는 주식Equity securities 의 거래가 런던증권거래소 등에서 이루어지기 시작한 것이다.*

자본가들은 은행에서 돈을 빌려 고수익 프로젝트에 투자하고, 주식 상장 등으로 위험을 관리하며 엄청난 자본을 축적했다. 19세기 후반에 이르러서는 이들 자본가들의 생산성이 농토를 기반으로 한 전통 귀족들의 생산성을

---

* 다음에서 관련 자료를 확인할 수 있다. https://bebusinessed.com/history/history-of-the-stock-market

넘어서서 '자본주의'라는 새로운 경제 형태를 탄생시켰다.

실리콘밸리식 자본주의: 돈이 아닌 재능으로 회사의 일부를 소유한다

프로젝트가 성공하면 초기 투자의 수백 배에 달하는 높은 수익이 돌아오는 비상장 스타트업 주식 투자는 큰 금액을 투자할 수 있는 자본가들만이 할 수 있다. 일반인들은 이미 상장된 회사의 주식에만 접근이 가능하다. 그런데 2000년 이후 실리콘밸리에서는 돈이 아닌 능력으로 비상장 기업에 투자할 수 있는 시스템이 만들어졌다.

실리콘밸리는 2000년대 초반 닷컴 버블을 겪으면서, 자본이 아닌 개인의 능력을 투자하는 경우에도 스타트업 주식을 취득할 수 있는 시스템을 도입했다. 즉 스타트업의 성장에 필요한 인재를 확보하기 위해 연봉 외에 스톡옵션 형태의 주식을 제공하기로 한 것이다. 그 결과, 기업은 성장에 필요한 자금을 절약하는 한편 인재들에게 주인 의식과 동기를 부여할 수 있게 됐다. 또 개인에게는 연봉을 통한 현금 보상과 잠재적 수익이 기대되는 주식을 동시에 받음으로써 위험 분산과 높은 기대 수익을 동시에 추구할 수 있는 매력적인 제안이었다.

그러나 개인의 능력과 회사의 주식을 교환하는 과정은 생각보다 간단하지 않다. 일단 현금이 아니어서, 양쪽 모두 자신이 얼마를 주고받는지 알기 어렵다. 기업의 경우, 자신의 자본 증가 정도를 금전이 아닌 개인의 능력으로 측정하기가 쉽지 않다. 개인의 경우도 자신이 받은 주식의 가치를 알지 못하면 기존에 받고 있던 금전적 보상과의 차이를 측정하기 곤란하다. 여기서 발생하는 복잡한 기업회계 처리와 세금 문제 때문에, 주식보상제도는 아직까지 실리콘밸리 밖으로 퍼져나가지 못하고 있다.

내가 지금까지 참여한 수많은 주식 상장 프로젝트에서 주식보상제도와 관련된 회계 처리는 가장 어려운 업무 중 하나였다. 이 회계 처리는 유가증권신고서Form S-1를 심의하는 증권거래위원회에서 가장 면밀하게 검토하는 사안 중 하나이며, 기업은 이에 대한 완전한 이해가 없으면 성공적인 주식 상장 전략을 짜기 어렵다.

주식보상제도를 통해 뛰어난 인재를 흡수할 수 있는 기반을 마련한 실리콘밸리는 최근 몇 년 사이 가파르게 성장한 페이스북, 링크드인, 스플렁크, 옐프 등의 임직원들이 받은 천문학적 보상을 공개하며 주식보상제도가 실제로 어떤 위력을 발휘하는지 보여주었다. 정해진 현금 보상만 제공하는 전통적인 대기업들과 달리, 회사가 성공할 경우 높은 수익을 약속하는 스타트업의 주식보상제도는 인재들이 실리콘밸리 기업들의 러브콜에 쉽게 응하는 요인으로 작용하고 있다. 엔지니어 경력이 뛰어난 인재들뿐 아니라, 컨설팅과 파이낸스 분야를 선호하던 명문 대학 MBA 출신 인재들도 아마존, 구글, 애플 등의 회사에 입사하는 비율이 20%를 넘어설 정도다.[*] 실리콘밸리에 들어오는 수많은 인재들이 임원이 아님에도 다양한 방식으로 주식 보상을 받고 있다. 이제 주식 보상은 이직하거나 입사하는 데 중요한 의사결정 요인으로 작용하고 있다.

실리콘밸리는 2010년 이후에는 주식보상제도에 대한 회계 처리, 운영 인프라 등 기술적인 문제들을 거의 모두 해결하고, 임직원과 컨설턴트에 대한

---

[*] 다음에서 관련 내용을 확인할 수 있다. https://poetsandquants.com/2017/04/03/tech-firms-get-mba-talent-schools

주식보상제도를 중요 기업 운영 전략으로 정착시켰다. 전문 경영인인 최고 경영자 또한 주식을 통해 회사 발전이 자신이 받는 보상에 직접적인 영향을 미치도록 만든다.[*]

이러한 과정을 통해 실리콘밸리는 자본을 제공하는 투자자뿐 아니라 능력을 제공하는 인재에게도 기업 상장에 따른 높은 수익이 돌아갈 수 있도록 주식 상장 과정을 혁신했다.

뉴욕 금융시장과 실리콘밸리의 조화

주식보상제도는 실리콘밸리를 인재의 블랙홀로 성장시킨 원동력이다. 하지만 이 제도가 처음부터 쉽게 자리를 잡은 것은 아니다. 주식보상제도가 성공적인 인재 유치 수단이 되려면, 현금 대신 지급되는 스타트업 주식이 공개 상장되거나 기업의 인수와 합병을 통해 직원에게 높은 수익을 안겨줄 수 있다는 전망이 있어야 한다. 그러나 앞에서 말한 대로 주식공개 상장에는 엄격한 법과 규정이 뒤따른다. 모든 비상장회사가 이 기준을 만족시키는 것은 아니다. 또한 2000년대 초반 닷컴 버블 붕괴 때는 상장된 많은 닷컴 회사들이 제도적으로 정비되지 않은 주식보상제도를 초기 투자자와 창업자에게 유리하게 남용하여 시장의 신뢰를 잃은 적도 있다.

그 뒤로 실리콘밸리 기업들은 시장의 신뢰를 되찾기 위해 자신들이 발명한 주식보상제도를 투명하게, 제대로 운영할 방법을 찾기 시작했다. 미국 증권거래위원회와 재무회계기준위원회는 제도를 정비하고 회계 처리 기준

---

[*] 이 책 176쪽 '스타트업 CEO의 가치'에서 관련 내용을 다루고 있다.

을 세워, 시장 혼란을 막고 투명하게 운영할 수 있는 기준을 마련해주었다.

미국 증권거래위원회는 유가증권신고서에서 주식보상제도 관련 회계 처리를 철저히 검토하고, 상장한 뒤에는 거래 내역을 실시간으로 감시하여 내부자 정보 거래가 일어나지 못하도록 원천적으로 막고 있다.

이와 관련해 내가 직접 겪은 일을 소개하고자 한다. 한 고객사가 중요한 계약 체결 소식을 발표하자 주가가 500% 정도 상승했다. 주식시장 감시 기구인 금융산업규제기관FINRA에서 고객사에 계약 체결에 대한 내부 정보를 알았던 사람들의 명단을 제출하라고 요청했다. 나도 계약을 회계 처리하는 문제 때문에 알고 있었던 터라 명단에 포함되었다. 얼마 뒤, 금융산업규제기관에서 계약 체결 발표 직전에 주식을 구매하여 큰 수익을 얻은 사람들의 명단을 보내고 그중 아는 사람이 있는지 보고하도록 요청했다. 이처럼 내부 정보를 취득한 당사자뿐 아니라 그 정보를 다른 이들과 함께 이용했을 가능성에 대해서도 철저히 감시하고 있는 것이다.

재무회계기준위원회는 다양한 형태의 주식보상제도에 대해 매우 세부적인 회계 처리 기준과 예시를 마련하여 회사들이 발표하는 재무제표 및 투자 정보에 혼란을 제거하고 신뢰성을 확보하도록 해주었다.

물론 위의 두 기관에서 요구하는 기준에 맞추어 주식보상제도를 운영하려면 많은 재원과 노력이 필요하다. 또한 회계, 법률, 주식 운용 등 연관 서비스 기업들의 안정적인 지원도 필수다. 미국의 다른 지역에서 이 주식보상제도를 실리콘밸리와 같은 수준으로 운영하지 못하는 것은 연관 서비스 기업들의 생태계가 잘 발달되어 있지 않기 때문이다. 누군가 나에게 "왜 한국에는 실리콘밸리가 생기지 않는가?"라고 물어본다면, "주식보상제도를 뒷받침할 제도와 운영 인프라가 부족해서"라고 말하고 싶다.

지식이 자본이 되는 실리콘밸리

많은 지식인들이 21세기 자본주의의 종말을 외치는 시점에서 실리콘밸리는 아직까지 자본주의의 장점을 향유하고 있는 것으로 보인다. 그러나 실리콘밸리의 자본주의는 금전 자본주의라기보다 지식 자본주의에 가깝다. 실리콘밸리의 주식보상제도는 오직 자본에 의한 자본 증식이 아닌, 개인의 지식이나 창의성 같은 능력을 고수익을 올릴 수 있는 자본으로 전환하는 한 가지 예시가 됐다. 실리콘밸리가 보여준 성공 사례에서 개인의 지식과 창의성을 기반으로 한 생산성은 금전 자본의 생산성을 훌쩍 뛰어넘는다. 오히려 과거 농토를 기반으로 한 귀족들의 생산성이 자본가들의 생산성에 역전당했던 것처럼, 4차 산업혁명의 문턱에 선 오늘날에는 단순한 금전 자본보다 지식 자본이 우위에 서는 전환점에 있는 것으로 보인다.

실리콘밸리의 자본주의는 주식 보상을 통해 직원들에게 동기부여하고, 동시에 기업의 부가 직원들에게 직접적으로 재분배되도록 했다. 또한 사람들에게 구글, 페이스북 같은 안정적인 직장에서 나와 주식 보상이 큰 스타트업에 뛰어드는 계기가 되어주었고, 그 결과 스타트업에도 뛰어난 인재가 넘쳐나게 되었다. 지식 노동자라기보다는 지식 자본가라는 말이 어울릴 정도로 지식만 가지고도 큰 자본을 가질 수 있게 되었다.

우리나라 스타트업의 경우, 인재 부족과 100배 이상 수익을 얻는 성공이 어려운 경제 구조 때문에 어려움을 겪는 경우가 많다. 제조 분야 대기업 위주의 금융 인프라를 바꾸지 않는 한, 창업에 뛰어들라는 구호는 현실성 없는 외침으로 끝날 가능성이 크다.

회사가 성공하여
내가 백만장자가 되었다

Sarah 박정리

_Chili 이종호

주식보상제도 덕분에 해마다 우후죽순 생기는 실리콘밸리의 젊은 백만장자들.
19~20세기 초반 독점 자본주의로 부를 쌓은 욕심쟁이 오리 아저씨나
모노폴리 게임 속 재벌 할아버지에게는 도무지 이해할 수 없는 현상일 터.
그림의 모티프는 르네 마그리트의 유명한 그림 〈골콩드(Golconde)〉이다.

회사만 잘 다녀도 백만장자가 되는 주식보상제도

실리콘밸리에서는 구글, 페이스북 등 큰 회사를 나와 작은 스타트업에 합류하는 것이 매우 자연스럽다. 큰 회사에 다니면 수입은 안정적이겠지만, 실리콘밸리의 꿈이라 할 수 있는 대박을 노리기는 쉽지 않다. 실제로 구글을 떠나 2010년쯤 트위터로 이직하여 4년간 3억 원어치의 주식을 받은 경력 5년 차 시니어 엔지니어의 경우, 2013년 11월 트위터 주식 상장으로 50억 원 이상의 주식을 보유하게 되었다. '백만장자'는 100만 달러, 즉 우리 돈으로 10억 원 이상을 가진 부자를 뜻한다. 대학을 졸업하고 실리콘밸리에 온 지 5년 된 20대 후반 엔지니어에게 백만장자가 될 기회가 생긴 것이다.

이러한 대박 기회가 흔하다 보니, 큰 회사에서 오래 머무르는 것이 오히려 이상해 보일 정도다. 실리콘밸리 스타트업들에서는 주식을 다 수령받는 4년을 주기로 직원들이 떠나는 경우가 흔하다. 4년이 지나고 나면 한 회사에 계속 남아 있는 기회비용이 수십억 원에 달하여 웬만하면 새로운 기회를 찾아 떠나게 된다. 그 결과, 인재가 순환하는 생태계가 만들어져 스타트업들이 우리나라 중소 스타트업처럼 인재난을 겪지 않는다.

회사가 직원들에게 줄 주식을 만드는 방법

회사가 직원들에게 줄 주식을 만드는 방법은 크게 두 가지다.

우선 신주 발행이 있다. 회사 가치는 그대로인데 주식의 수만 늘어나면 기존 주식의 가치가 떨어진다. 당연히 기존 투자자들이 별로 좋아하지 않는다. 그래서 회사 정관에 1년 동안 주식보상제도를 위해 발행할 수 있는 주식 수에 제한을 두는 경우가 대부분이다.

두 번째는 시장에 나와 있는 자사 주식을 다시 매입하는 방법이다. 직원들에게 현금보다 같은 금액의 주식을 주는 것이 나을 때 사용된다. 게다가 주식으로 주면 회사 실적에 따라 직원 자산이 달라지므로, 직원들이 자신의 회사로 여기고 더 열심히 일하도록 유도할 수도 있다. 회사가 자사 주식을 사들이면 시장에 공급되는 주식이 줄어들어 일시적으로 주식 가치가 올라가는 효과도 누릴 수 있다. 그렇지만 회사에 현금이 많아야 할 수 있는 일로, 애플 정도 되어야 생각할 수 있는 옵션이다.

비상장주의 가치 평가

상장회사의 경우, 거래소의 시장가격이 있기 때문에 스톡옵션 행사 가격을 정하기 쉽다. 그렇다면 비상장회사는 어떻게 할까?

비상장회사의 주가는 벤처캐피털리스트들의 회사 주식 매입 가격을 기준으로 하는 경우가 많다. 투자자들이 주식에 지불하는 값은 회사 가치와 세금 등에 직접적인 영향을 미치기 때문에 외부 전문 기관의 기업 가치 평가 보고서409A Report를 바탕으로 이사회의 승인을 거쳐 확정된다. 작은 비상장사는 1년에 한 번 정도, IPO M&A가 가까운 비상장사는 분기별로 기업 가치 평가를 받는다. 『월스트리트저널』의 스타트업 주식 트래커˙에 가보면 아직 상장하지 않은 우버, 에어비앤비 등의 주식을 투자 회사들이 얼마에 샀는지 알 수 있다.

˙ 다음에서 확인할 수 있다. https://www.wsj.com/graphics/tech-startup-stocks-to-watch

직원 스톡옵션

스톡옵션은 비상장 주식회사들이 가장 많이 사용하는 주식 보상 형태다. 스톡옵션이란 '옵션'의 특수한 경우란 뜻이다.

옵션은 미리 결정된 기간 동안 특정 상품을 정해진 가격으로 사고팔 수 있는 권리를 말한다. 이를테면 어떤 물건을 10년 동안 만 원에 살 수 있는 권리가 주어졌다면, 물건값이 오르든 내리든 만 원에 살 수 있다. 물론 가격이 내려갔을 경우, 옵션을 행사하는 사람은 없기 때문에 옵션의 가치는 제로가 된다.

스톡옵션은 주식을 일정 기간 동안 정해진 가격에 살 수 있는 권리다. 어느 스타트업이 주식 한 주당 1,000원으로 평가되는 상황에서 직원들에게 월급의 50%를 스톡옵션으로 주었다고 가정해보자. 월급이 100만 원인 직원은 1년 후 현금 600만 원과 스톡옵션 6,000주를 받을 것이다. 그런데 상장 이후 주식 가치가 20배 올라서 한 주당 2만 원으로 평가된다면 그 직원은 600만 원이 아닌 1억 2,000만 원의 주식을 받은 셈이 된다. 트위터의 경우, 2008년에서 2013년 사이에 주식 가치가 500배 이상 올랐다. 600만 원어치 주식을 받았다면 30억 원으로 돌아왔을 것이다.

반대로 옵션 행사 가격은 최초 부여 시점의 주가(시장가치)와 같기 때문에 입사 후 회사 주식 가치가 상승하지 않았다면 스톡옵션의 평가이익은 발생하지 않으며, 회사가 망하면 휴지 조각이 된다.

직원 스톡옵션은 입사 당시 회사 주식의 시장가격을 행사 가격으로 4년간 수령하는 형태가 가장 일반적이다. 입사한 지 1년이 지나면 25%를 일시 수령하고, 나머지 75%는 3년간 매월 균등하게 수령한다. 옵션 행사 기간은 옵션 부여일로부터 10년간이다. 퇴사 시에는 90일 이내에 행사하지 않으면 스톡옵션이 취소된다.

예를 들어 어떤 직원이 연봉 외에 다음과 같은 조건으로 스톡옵션을 받았다고 해보자.

- 입사 시점 회사 주식 시장가격: 10달러
- 옵션 행사 가격: 10달러
- 스톡옵션 수: 1,000주
- 수령 기간: 부여 1년 뒤 25% 일시 수령, 75%는 3년간 매월 균등 수령

이 직원은 입사 1년이 지난 뒤부터 250주를 10달러에 매입할 수 있다. 1년 뒤 회사 주가가 20달러로 올랐다면 2,500달러((주가 20달러 − 행사 가격 10달러) × 250주)의 평가 차액을 거둬들일 수 있다. 4년 뒤 회사 주가가 50달러로 올랐다면 4만 달러((주가 50달러 − 행사 가격 10달러) × 1,000주)의 평가 차액을 거둬들일 수 있다. 반대로 수익 모델이 불안정하여 회사가 파산하게 되더라도 직원은 옵션 행사를 포기하는 것 이외에 추가적인 손해는 보지 않는다.

직원은 수령된 스톡옵션Vested stock option을 행사하여 언제든 회사 주식을 매입할 수 있다. 행사 가격에 해당하는 매입 가격을 회사에 지불해야 하며, 매입 시 회사 주가가 행사 가격보다 높다면 연말 세금 보고 때 국세청에 자본소득세를 내야 한다.

상장회사 직원들의 스톡옵션은 행사 즉시 시장 거래가 가능하다. 옵션 가격보다 시장 거래 가격이 높을 경우, 스톡옵션을 행사하는 동시에 시장에서

처분하여 차액만 받을 수 있다. 단 비상장사 직원이 스톡옵션을 행사하면, 현금화시킬 수 없는 주식을 가지면서도 그에 해당하는 세금은 내야 한다. 상당한 현금 투자가 필요한 것이다. 그래서 비상장사를 떠나는 직원들은 은행 대출을 받아서 옵션 행사를 하거나, 옵션 행사를 포기하기도 한다.

스톡옵션의 현금화

비상장사의 스톡옵션을 행사하여 주식을 받았을 경우, 이것을 현금화하려면 회사가 주식을 공개 상장하거나 M&A가 되어 팔려야 한다.

주식공개 상장의 경우, 상장을 통해 발행되는 신주를 제외한 기존 임직원의 주식은 6개월간의 의무보호예수Lock-up 기간이 지나면 자유롭게 주식시장에서 사고팔 수 있다. 기존 주주들의 명단과 각각이 보유한 주식 수가 미국 금융산업규제기관에 등록되면, 회사에서 지정한 이트레이드Etrade 같은 주식 브로커 계좌를 열고 의무보호예수 기간 후 거래를 시작할 수 있다.

M&A가 될 경우, 행사된 스톡옵션의 주식은 M&A에서 합의된 매입 가격에 따라 매수 회사가 현금으로 매수한다. 매수 회사에서 고용 승계한 직원의 행사되지 않은 스톡옵션은 교환 비율에 따라 매수 회사의 스톡옵션으로 교환된다.

비상장사의 전망이 밝을 경우에 퇴사자들은 은행 대출을 받아서라도 스톡옵션을 행사하여 주식을 매입하고자 한다. 실리콘밸리의 경우, 비상장 기업들이 공개 상장이 아닌 M&A를 통해 다른 회사에 인수될 때도 경영권을 가진 대주주뿐 아니라 소액주주의 주식도 전부 매입한다. 그러므로 직원들에게는 M&A가 대박의 기회다. 지난 2014년에는 페이스북이 왓츠앱을 21조 원에 합병하여 55명의 직원들이 엄청난 부자가 되었다.

반면 한국식 M&A는 보통 대주주의 지분만 매입하고, 직원들의 소액 주식은 휴지 조각이 되어버린다.

RSU

요즘 주식보상제도로 많이 활용되는 제한부 주식RSU, Restricted Stock Unit 의 경우에는 스톡옵션이 아닌 주식 자체를 제공한다. 스톡옵션과 달리 행사 가격이 없고, 주식의 수도 적다. 가령 스톡옵션이 1,000주를 주당 10달러에 살 수 있는 권리를 주는 것이라면 RSU는 200주 정도를 주는 것이다.

RSU는 구글, 페이스북 등 실리콘밸리 테크 회사에서 스톡옵션 대신 사용하면서 유행하기 시작했다. 대부분 상장사들은 정관 때문에 1년에 총 발생 주식의 5% 정도까지만 주식보상제도에 사용할 수 있다. 따라서 직원이 많은 상장사들은 주식을 적게 발행해도 되는 RSU를 선호하는 경향이 있다. 직원들의 경우도 행사 가격보다 주가가 떨어질 경우 이익이 돌아오지 않는 스톡옵션과 달리 평가이익이 보장된 RSU를 선호하기도 한다.

스톡옵션과 마찬가지로 입사 시점부터 4년간 수령하는 형태가 가장 일반적이다. 입사한 지 1년이 지나면 25%를 일시 수령하고, 나머지 75%는 3년간 매월 균등하게 수령한다.

RSU의 단점은 받자마자 소득으로 인정되어 세금을 내야 한다는 것이다. 스톡옵션은 행사 시점을 미룰 경우, 최대 10년까지 자본소득세 납부가 연기되고, 포기하면 아예 내지 않는다. 반면 RSU는 즉시 소득이 발생하므로 세율이 높은 자본소득세를 미리 납부해야 한다.

ESPP

직원주식구입제도ESPP, Employee Stock Purchase Plan는 직원들이 주식을 저렴하게 구매할 수 있도록 하는 주식보상제도다. 연봉의 일정 비율에 해당하는 금액을 적립하고 있다가 6개월에 한 번씩 시장가격보다 5~15% 정도 낮은 가격에 회사 주식을 매입할 수 있는 권리를 준다. 세법에 따라 개인당 1년에 2만 5,000달러까지만 매입할 수 있다.

예를 들어 1월에 시작해 6개월간 매달 1,000달러를 적립하면 그 돈만큼 주식을 살 수 있다. 이때 주식은 6개월의 처음과 끝, 즉 1월 주가와 6월 주가 중 낮은 쪽에서 15%를 할인한 가격으로 사게 된다. 그런 다음 바로 팔면 100% 이득이다.

"현금보다 주식을 주세요"

실리콘밸리 회사들은 직급이 올라갈수록 연봉Compensation package에서 현금보다 주식 보상이 차지하는 비율이 높아지는 경향이 있다. 실제로 10억 원이상 받는 최고경영자, 최고재정책임자, 최고기술책임자 등 경영진의 경우, 현금은 2억~3억 원 정도에 불과하고 나머지는 주식 보상인 경우가 대부분이다. 또 현금으로 받는 연봉만 보면 경력 많은 매니저와 대학원을 막 졸업한 신입 사원 간에 별 차이가 없다. 주식 보상에서 큰 차이가 나는 것이다. 특히 실적이 좋은 회사의 주식은 시간이 지날수록 가격이 올라가므로, 누적된 보상 금액은 차이가 더 커지기 마련이다.

주식보상제도의 단점은 지속적인 신주 발행으로 기존 주주들의 지분이 계속 희석된다는 점이다. 특히 경영에 적극적으로 참여하지 않는 대주주들은 대규모로 주식 보상을 받기 어려우므로 지분율이 빨리 희석된다. 주식 보상을 위해 발행한 신주 비율만큼 주식이 오르지 않을 경우, 기존 주주는 오히려 손해를 볼 수도 있다. 따라서 실리콘밸리에 있는 스타트업 같은 고속 성장 기업이 아닌 전통 기업들은 주식보상제도를 제한적으로 활용한다.

결국 주식보상제도는 고속 성장하는 실리콘밸리 기업들의 특권이고, 작은 스타트업이라도 인재들이 구름처럼 몰려들게 하는 원동력이다. 고속 성장을 하는 대기업이라도 함부로 따라 할 수 없기 때문에 오늘도 전 세계 인재들이 백만장자를 꿈꾸며 실리콘밸리로 몰려든다. 그리고 그 꿈은 그다지 헛되지도, 확률이 낮지도 않다. 웬만한 실리콘밸리 스타트업에 입사한 직원들은 대부분 몇 년 후 수억 원대 자산가가 되어 있다. 그러다 보니 실리콘밸리의 부동산 가격은 천정부지로 치솟고 있다. 요즘은 100만 달러면 샌프란시스코에서 방 하나짜리 아파트를 살 수 있다.

엔지니어, 매니저, 디자이너···
그들은 무얼 하는 사람들인가

Chili 이종호

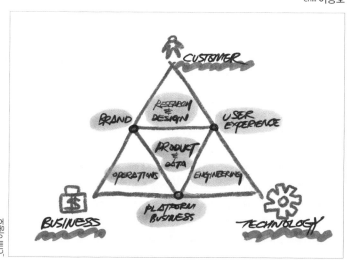

아이폰, 구글, 테슬라, 페이스북, 트위터, 에어비앤비, 링크드인, 우버 등 실리콘밸리가
낳은 혁신 제품과 서비스 출시 이면에는 무수히 많은 프로젝트 팀들과 그 구성원들의
노고가 숨어 있다. 회사마다 약간의 차이는 있지만 실리콘밸리 프로젝트 팀 구성원들은
다음과 같은 직군으로 구성된다.

프로덕트 매니저

프로덕트 매니저(Product Manager)는 각 팀의 대표자 역할을 한다. 다른 직군의 팀원들과 회의하여 제품의 기획, 리서치, 디자인, 개발, 론칭 및 사후 관리와 관련된 최종 의사 결정을 맡는다. 권한이 큰 만큼 책임도 크다. 프로젝트가 성공하면 가장 큰 공로자가 되지만, 그렇지 않으면 실패의 책임을 혼자 감수(퇴사)하는 경우가 많다.

실리콘밸리의 프로덕트 매니저는 우리나라와 달리('기획자'가 프로덕트 매니저와 유사한 일을 하며 경영학 전공자들이 많음) 컴퓨터공학, 수학 등 이과 전공자와 엔지니어 출신이 많다. 또 우리나라 기획자와는 그 역할이 많이 다르다. 우리나라 기획자는 제품을 세세하게 설계하고 사용자 경험까지 결정하지만, 프로덕트 매니저는 UX 디자이너의 디자인과 엔지니어의 설계를 바탕으로 종합적인 의사 결정을 한다. 그래서 경험을 어느 정도 쌓은 엔지니어들이 프로덕트 매니저로 커리어를 전향하는 경우가 많다.

엔지니어

엔지니어(Engineer)는 실리콘밸리에서 개발 프로세스의 핵심 직군으로 시장에 내놓을 제품이나 서비스를 만든다. 이들의 능력 차이가 제품의 질을 좌우한다. 그래서 어느 회사든 우수한 엔지니어들을 확보하는 것을 중요하게 생각한다. 우수한 엔지니어를 유치하기 위한 회사들 간의 전쟁은 엔지니어의 몸값을 천정부지로 뛰게 만들었다.

엔지니어는 전문 분야에 따라 Front-end, Back-end, QA, Service Infra, Data Infra, SRE 등의 세부 직군으로 나뉜다.

참고로 엔지니어 중에는 덕후(Nerd)가 많다. 나 또한 〈스타워즈〉, 레고, 보드게임 이야기를 꺼냈다가 집에 가지 못한 적이 종종 있다.

UX 디자이너

UX 디자이너는 사용자 경험(User Experience)을 설계한다. 조금 더 구체적으로 말하자면 사용자 인터페이스, 서비스 플랜 등을 디자인한다. 단지 보기 좋은 디자인을 하는 것이 아니라, 사용자와 서비스가 어떻게 상호 작용하며 상호 이익을 충족시키는지에 대한 프로세스를 기획한다. 그렇다 보니 그래픽디자인을 잘한다고 UX 디자인까지 잘하는 것은 아니다. UX 디자인은 유저 인터페이스를 아름답게 디자인하는 것이 아니라 사용자의 제품 사용 흐름을 디자인하기 때문에 시스템적인 사고가 필요하다. 그래서 UX 디자이너 중에는 컴퓨터공학이나 심리학, 영화 등 디자인과 그리 상관없는 공부를 한 사람들이 많다.

사용자 리서처

사용자 리서처(User Researcher)는 제품 개발 프로세스 전반에 걸쳐 소비자들과의 소통을 담당한다. 프로세스 초기에는 소비자들의 욕구를 파악하고, 중기와 후기에는 시제품에 대한 사용자들의 반응을 파악한다. 주된 업무가 소비자를 인터뷰하고, 보고서를 작성하고, 이를 팀원들 앞에서 발표하는 것이다 보니 컨설턴트 출신이 많다.

데이터 과학자

데이터 과학자(Data Scientist)는 소비자들이 제품을 사용하면서 생기는 각종 반응, 예를 들면 사이트 체류 시간, 특정 기능 사용 여부, 그 기능을 사용하는 시간 등에 대한 자료를 취합하고 분석하여 팀원들과 공유한다. 빅데이터 시대의 도래로 실리콘밸리 회사에서 데이터 과학자의 일이 크게 중요해졌다.

머신러닝과 통계 등을 잘 다루어야 하여 수학, 생물 등 이과 출신이 많고, 박사 학위 소지자가 많다. 최근에 생긴 직군이어서, 실리콘밸리 밖에서는 데이터 과학자의 업무나 그 중요도를 잘 모르는 사람이 많다.

프로젝트 매니저

프로젝트 매니저(Project Manager)는 제품 개발 프로세스 전반이 원활하게 진행되도록 하는 업무를 한다. 주로 프로덕트 매니저, 엔지니어, 디자이너 들과 일하며, 애자일 개발(신속하고 변화에 유연하게 대응할 수 있는 소프트웨어 개발)을 책임지고 매일 업무 진척도를 확인한다.
프로젝트 매니저는 남자보다 여자가 많으며, 회사가 웬만큼 커지기 전까지는 잘 찾아볼 수 없는 직군이다.

마케팅과 세일즈, 비즈니스 개발

마케팅과 세일즈는 제품이 소비자에게 주는 가치(Value proposition)에 대해 소비자들과 소통하는 역할을 담당한다. 전문 분야에 따라 프로덕트 마케팅, 필드 마케팅, 홍보, 필드 세일즈 등으로 나뉜다. 비즈니스 개발은 새로운 수익원 창출, 기존 파트너십 관리, 개발 부서와 비개발 부서 간 조율 업무를 통하여 회사의 사업 규모 확장을 추구한다.

그 외 직군

제품 개발에 참여하거나 마케팅을 담당하는 직군 외에도 다음과 같은 직군들이 있다.

- 고객 관리: 고객의 반응을 직접 확인하여 다른 직군들에게 전달하는 역할을 한다.
- 비즈니스 오퍼레이션: 소비자들의 제품 사용 행태에 대한 제반 데이터를 분석하고 종합하여 다른 직군들에게 알려주는 역할을 한다.
- 파이낸스: 재무제표 분석, 수요와 매출 예측 등을 담당한다.
- HR: 직원 복지, 고용과 해고 등 제반 업무를 담당한다.
- IT: 직원들의 효과적인 업무 수행을 위하여 기술적 기반과 수단을 제공한다.

3장

누구와 일하는가

실리콘밸리 인재와 대기업 인재의 차이

대기업 애런과
실리콘밸리 브라이언

Will 유호현

_Chili 이종호

위계 조직의 대기업과 역할 조직의 실리콘밸리 스타트업,
각 회사에서 원하는 최고의 인재는 어떤 모습일까?
그림의 모티브는 찰스 디킨스의 『두 도시 이야기(A Tale of Two Cities)』이다.

성실하고 눈치 빠른 인재, 애런

애런Aaron은 대기업에 적합한 최고의 개발자다. 명문 대학 컴퓨터공학과를 우수한 성적으로 졸업하고, 토익 성적이 980점에 달하며, 대기업 입사 시험을 수석으로 통과했다. 그는 구글에서 만든 딥러닝을 위한 오픈소스 소프트웨어인 텐서플로를 이용하여 다양한 애플리케이션을 구현했으며, 인공지능, 즉 AI 영역에도 많은 경험이 있었다. 입사 후에도 보고서, 기획서를 쓰는 능력과 업무 처리 능력이 뛰어나고 다른 직원들과의 관계까지 좋아서 고속 승진이 예정된 직원이었다. 그가 속한 팀의 팀장은 그를 신뢰했고 다른 직원들도 그를 모범적인 직원이라고 생각했다.

어느 날 팀장이 애런을 불러 AI를 이용하여 시나리오별 영업 실적을 예측하는 프로그램을 만들라고 지시하며 기획서를 건넸다. 200장에 달하는 기획서에는 정확한 표준화 프로세스가 구현되어 있었다. 필요한 기능 목록이 명확하게 나와 있고, 어떠한 사용자 경험으로 어떻게 구현해야 하는지 등이 자세하게 쓰여 있었다.

팀장은 두 달을 주겠다고 말했다. 애런은 자신 있게 말했다.

"5주 안에 할 수 있을 것 같습니다."

팀장은 기특하다는 눈빛을 보내며 무리하지 말고 천천히 하라고 말했다.

애런은 기획서에 적힌 대로 자바에 텐서플로를 돌려 AI 프로그램을 만들었다. 5주 만에 해내기는 물론 쉽지 않았다. 그는 야근도 불사했다. 그가 만든 프로그램은 소소한 버그를 제외하면 기획서에 적힌 기능들을 완벽하게

---

* 애런과 브라이언은 가상의 인물들이다.

구현해내었다.

애런은 뿌듯해하면서 팀장에게 프로그램을 보여주었다. 팀장은 벌써부터 사장에게 이 프로그램을 보여줄 생각에 들떠 있었다. 팀장은 '이 친구를 만난 것은 정말 행운'이라고 생각했다.

창의적이고 소통하는 인재, 브라이언

브라이언Bryan은 실리콘밸리 소프트웨어 기업에 적합한 최고의 인재다. 학부 때 언론학을 전공하면서 컴퓨터공학을 부전공으로 공부했다. 석사 때는 AI를 집중적으로 공부하며 컴퓨터공학을 전공했다. 그의 연구는 업계와 학계에 소문이 날 정도로 유명했고, 링크드인을 통해 여러 회사 리쿠르터들이 연락해왔다. 석사를 끝낸 그는 실리콘밸리 기업에 면접을 보기로 했다.

구글에서는 면접관 여섯 명 전원에게, 페이스북에서는 면접관 네 명 전원에게 합격 통보를 받았고, 에어비앤비와 우버에도 합격했다. 각 회사가 2억 원 정도의 연봉과 4년간 4억 원 정도에 해당하는 주식을 약속했다. 4년 뒤를 생각하면, 주식 시세 그래프가 안정적인 구글이나 페이스북보다는 상장을 앞두고 있어 주식 가치가 높아질 에어비앤비와 우버가 훨씬 더 매력적으로 보였다. 4년 뒤에 구글 주식은 잘해야 서너 배 뛰는 수준이겠지만, 에어비앤비 주식은 상장되면 10배 또는 20배가 될 수도 있는 상황이었다. 물론 상장하지 못할 수도 있고 회사가 하루아침에 망해버릴 수도 있는 비상장 스타트업에 들어가는 것은 위험 부담이 있지만, 에어비앤비나 우버는 괜찮을 것 같았다. 그는 최종적으로 에어비앤비를 선택했다.

브라이언은 에어비앤비 AI 팀에 입사하자마자 매니저와 일대일 면담을 했다. 매니저는 그 자리에서 AI를 이용하여 시나리오별 수익을 예측하는 프로젝트가 있는데 혹시 관심이 있느냐고 물었다. 자신의 전공 영역과도 일치했기에 그는 흔쾌히 하겠다고 말했다.

다음 날 브라이언은 프로덕트 매니저를 만나 요구 사항Requirements을 들었다. 프로덕트 매니저는 요구 사항도 많았고 좋은 아이디어도 많았다. 그는 프로덕트 매니저의 요구 사항을 토대로 두 장짜리 디자인 도큐먼트를 만들었다. 줄여서 '디자인 독'이라고 하는 이 문서에 '왜 이 프로젝트가 필요한지'를 간단히 쓰고 프로덕트 매니저가 이야기했던 요구 사항들을 썼다. 그리고 그것을 기술적으로 어떻게 구현할지를 썼다. 여러 머신러닝 기법들을 비교하며 장단점을 기술했고 최종적으로 딥러닝을 선택했다. 그리고 구글 독스의 공유 기능을 이용하여 팀원들에게 문서를 보냈다.

팀원들은 그의 디자인 독에 다양한 코멘트를 남겼다. 어떤 엔지니어는 딥러닝이면 다 된다고 믿는 요즘의 머신러닝계를 비판하며 간단한 로지스틱 회귀Logistic Regression로도 구현할 수 있다고 주장했다. 매니저는 디자인 독을 한 줄 한 줄 뜯어보면서 오타를 고쳐주고, 지난 프로젝트와의 연속성과 에어비앤비가 지원하는 머신러닝 기술들을 일일이 나열해주었다.

이후 프로덕트 매니저는 디자이너들과 만나 디자인을 완성했다. 그리고 그 디자인을 브라이언에게 보내 검토를 요청했다. 브라이언은 기술적으로 구현하기 어려운 것들을 지적했다. 브라이언의 의견 중 반 정도는 디자이너들이 반영했고, 나머지 반은 브라이언이 양보하기로 했다.

다양한 논의 끝에 디자인 독이 승인되었다. 다시 말해 모든 사람이 텐서플로를 이용한 방식이 좋다고 동의해주었다.

브라이언은 텐서플로를 이용한 방식으로 프로젝트를 구현했다. 다른 여러 알고리즘을 비교해봤지만 그것이 제일 낫다고 판단했다. 그 뒤 집에서 일하기도 하고 야근하기도 하면서 팀원들과 함께 일을 끝마쳤다. 매니저에게 프로젝트 이야기를 들은 지 2개월 정도 됐을 때였다. 매니저와 팀원들은 프로젝트 론칭을 축하하며 회사에서 케이크를 자르고 샴페인을 마셨다.

실리콘밸리에 온 애런

대기업에서 승승장구하던 애런이 에어비앤비 리쿠르터의 눈에 들어왔다. 애런은 뛰어난 개발 능력과 경험을 인정받아 쉽게 면접을 통과했다. 에어비앤비 조직 문화와의 궁합을 확인하는 '문화 적합성' 면접에서 조금 고전했지만 최종 합격했다.

입사 후 매니저는 그에게 몇 가지 프로젝트를 이야기하며 어떤 프로젝트에 관심이 있느냐고 물었다. 애런은 이전 회사에서 경험한 적 있는 AI를 이용한 수익 예측 프로젝트를 선택했다. 그가 보기에 이 회사는 진짜 여유로 웠다. 일을 주지도 않고 출퇴근 시간도 제한이 없었다. 한 이틀 멍하니 보내다 매니저와 이야기를 나누었다.

애런이 물었다. "프로젝트 언제 시작해?" 그러자 매니저는 조금 당황하면서 "네가 준비되면 언제든지."라고 대답했다. 애런은 "오늘부터라도 당장 시작할 수 있어."라고 자신 있게 말했다. 매니저는 "오, 좋아. 당장 시작하자!"라고 했다.

그런데 며칠이 지나도록 매니저가 일을 주지 않았다. 애런이 답답한 마음에 매니저를 찾아갔더니 프로덕트 매니저와의 미팅을 주선해주었다. 프로덕트 매니저는 그에게 기획서는커녕 이러이러한 것을 생각하고 있다며 요구 사항들과 두루뭉술한 아이디어들을 말해주었다. 애런은 프로젝트와 관련하여 더 자세한 내용은 없느냐고 물어보았다. 프로덕트 매니저는 아직 정확한 모델이나 사양은 없고 같이 아이디어를 만들어보자고 했다. 애런은 워낙 익숙한 프로젝트인지라 이 정도만으로도 일을 시작할 수는 있겠지만 기획서도 제대로 쓰지 않는 이 회사는 정말 문제가 있다고 생각했다.

애런은 이전 회사에서 쓰던 기술과 자신의 경험을 총동원하여 몇 주 만에 멋진 AI 프로젝트를 완성했다. 프로덕트 매니저, 동료 엔지니어, 매니저 모두 깜짝 놀라는 분위기였다. 애런은 의기양양하게 자신이 완성한 프로젝트를 설명했다. 그러자 비판이 쏟아졌다. 프로젝트 매니저는 자신이 생각했던 기능이 빠졌다고 했다. 애런이 생각하기에, 그는 기획서도 쓰지 않았으면서 말이 많다. 다른 엔지니어들은 왜 텐서플로를 썼느냐, 그게 가장 좋은 기술이냐 등 말이 많다. 애런은 자신의 경험에 비추어 이것이 최적의 기술이고, 이미 많은 프로젝트를 통하여 검증되었다고 설명했다. 그래도 엔지니어들은 계속 딴지를 걸었다. 능력도 없고 회사도 일주일에 한두 번은 나오지 않고 일도 느리게 하는 사람들이 괜히 말만 많다고 생각하며, 애런은 새삼 자신이 엔지니어로서 얼마나 뛰어난지, 얼마나 아는 것이 많은지 깨달았다.

한편으로 애런은 회사가 이렇게 모든 것을 토의로 결정하면서 느리게 일하면 미래가 없을 것이라는 생각이 들었다. 어느 세월에 모든 기술을 하나하나 비교해가면서 민주적으로 의사 결정을 하겠다는 것인지 이해가 되지 않았다. 더욱이 엔지니어들은 점심을 보통 2시간에 걸쳐 먹고, 집에서 일하겠다며 회사도 나오지 않고, 그런데도 승진만 잘했다. 그런 사람이 많은데도 잘나가는 이 회사가 정말 이해가 가지 않았다.

그러던 어느 날, 이 회사에서 잘나간다는 브라이언을 만났다. 브라이언 또한 애런에게 반갑게 인사하고, 프로젝트를 진행하며 텐서플로와 딥러닝을 쓴 이유를 물었다. 애런은 텐서플로가 제일 잘나가고 딥러닝이 대세인 것은 웬만한 엔지니어들은 다 안다고, 또 이전 회사에서 기획자들이 다양한 기술을 검증했는데 텐서플로가 가장 좋다는 결론을 내렸다고 답했다. 브라이언은 이상하다는 표정을 짓더니, 그것이 이 프로젝트에도 적용된다고 생각하느냐고 물었다. 애런은 속으로 '당연하지. 똑같은 프로젝트인걸!'이라고 말하며 참 별걸 다 딴지를 건다 싶었다.

대기업에 온 브라이언

브라이언은 에어비앤비에서 4년을 보냈다. 주식을 다 받았으니, 이제 새로운 도전을 하기로 마음먹었다. 마침 애런이 근무했던 대기업에서 브라이언에게 연봉 6억 원을 제시했다.

브라이언은 대기업으로 이직했고, 입사하자마자 개발 팀 팀장을 만났다. 팀장은 브라이언에게 기대가 크다면서, 기획자와 만나서 AI를 이용한 수익 예측 프로젝트를 논의해보라고 했다. 브라이언은 기획자에게 다양한 머신러닝 기술들을 이야기하면서 최신 기술들도 여럿 소개했다. 기획자는 회사 표준화 프로세스에서 검증되지 않은 툴은 사용할 수 없다면서, 본사 표준화 프로세스에 따라 자바와 텐서플로를 이용해야 한다고 했다.

몇 주 후 200장짜리 기획서가 나왔다. 브라이언은 기획서를 보면서 혼란스러웠다. 이미 지나간 기술을 쓰고 있고, 설계도 마음에 들지 않았다. 그는 팀장에게 기획서의 문제점을 조목조목 이야기했다. 팀장은 불편한 표정으로 기획자와 이야기해보라고 했다. 기획자는 지난 주말 밤새워 완성한 기획서를 비판하는 그가 매우 부담스러웠다. 그래도 실력을 인정받은 전문가의 말이니 맞긴 할 테지 싶었다. 기획자는 자신의 자리로 돌아와 한숨을 쉬었다. 잘못 걸렸다 싶었다. 스트레스가 이만저만이 아니었다. 브라이언처럼 자기만 잘난 것들은 사회생활에 문제만 일으킨다는 사실을 다시 한 번 확인한 것 같았다.

다음 날 브라이언은 다른 기술들과 비교해가며 기획자가 쓴 기획서에서 보완해야 할 점을 문서로 작성해 팀원들에게 이메일을 보냈다. 회사가 보안상의 이유로 구글독스 공유를 차단시켜놓아서, 불편하지만 각자에게 이메일로 보낼 수밖에 없었다. 그런데 퇴근 시간이 다 되도록 자신이 보낸 이메일에 코멘트를 하는 사람이 없었다. 그는 '나를 무시하나. 텃세 부리나⋯.' 하는 생각이 들었다. 개발자들 사이에서는 새로 온 개발자가 기획자를 무시하고 새로 기획서를 써서 돌린 일에 대한 이야기가 돌았다.

그다음 날, 팀장이 브라이언을 불러 어제 무슨 의도로 이메일이 보냈느냐고 물었다. 브라이언은 "디자인 독"이라고 대답했다. 팀장은 이미 유관 부서와 사장에게 보고가 들어가 결재가 난 기획서이기 때문에 바꿀 수 없다고 말했다. 브라이언은 자신이 해야 하는 일이 무엇인지 혼란스러웠다. 다행히 그가 해야 할 일이 '회사의 프로세스에 따라 위에서 내려온 일을 하는 것'이라는 사실을 깨닫기까지는 그리 오랜 시간이 걸리지 않았다.

너무나도 다른 대기업과 실리콘밸리의 인재상

대기업에서 능력을 인정받았던 애런은 실리콘밸리 조직에서 시키는 일만 열심히 하고 소통하거나 질문하지 않는, 그리고 창의적으로 최선의 방법을 찾기보다는 자신이 잘 아는 영역에 안주하는 사람으로 평가받았다.

실리콘밸리에서 창의적인 인재로 여겨졌던 브라이언은 대기업 조직에서 잘난 척하고 독선적이고 다른 사람을 무시하고 조직 문화를 해치는 사람으로 평가받았다.

주어진 일을 빠르게 수행하는 데 최적화된 조직과 창의성을 바탕으로 문제를 해결해나가는 데 최적화된 조직은 인재상도 극명히 다르다. 제조업을 기반으로 한 대기업에서 무조건 창의적인 인재를 고용하면 브라이언의 실패 사례를 반복하게 될 뿐이다. 이때는 맨 위에 집중되어 있는 결정권을 아래로 분배하는 근본적인 변화를 통해 조직 자체의 성격을 바꾸면, 그 조직의 인재상도 자연스럽게 변하게 될 것이다.

대기업 팀장과
실리콘밸리 매니저

Aiden 송창걸

위계 조직과 역할 조직의 인재상이 다른 만큼 매니저의 역할도 다르다.
위계 조직의 매니저는 팀을 대표하여 의사 결정을 내리지만, 역할 조직의 매니저는
각 팀원들이 내리는 결정이 팀 내에서 조화를 이루어 시너지를 내도록 한다.

이 회사에서 보틀넥은 누구인가

역할 조직과 위계 조직은 인재상이 매우 다르다. 특히 '실무'를 하는 직원에게 기대하는 바가 아주 다르다. 위계 조직에서는 맡은 일을 빠르게 수행하고, 기한을 정확히 지키고, 정해진 절차에 따라 꼼꼼하게 일하고, 위에서 결정을 내리기 쉽도록 보고서를 잘 정리하여 쓰는 인재를 원한다. 반면 역할 조직에서는 창의적이고, 질문과 토론을 통하여 스스로 결정을 내리고, 회사와 팀의 미션을 정확히 이해하고, 해야 할 일을 찾아서 하는 인재를 선호한다.

이들을 '관리'하는 관리자의 입장도 다를 수밖에 없다. 대기업에서 팀을 이끄는 팀장은 위에서 내려온 일을 기획서와 표준화된 절차를 바탕으로 정확하게 분배하여 팀원들에게 시킨다. 그리고 팀원들 각각의 문제에 대하여 모든 책임을 진다. 만약 개발자가 실수하여 회사에 손해를 끼치면 대부분 팀장이 책임을 진다. 주어진 일을 효율적으로 수행해야 하기 때문에 해당 업무를 빨리 이해하고 자신이 원하는 방법으로 결과를 내는 팀원에게 더 좋은 평가를 주고, 실수가 반복되는 팀원에게 주의를 주는 일 역시 팀장의 역할이다. 팀이 한 몸처럼 움직이기 때문에 팀장은 실력뿐 아니라 동료 의식, 책임감, 원만한 인간관계를 바탕으로 리더십을 발휘해야 한다.

반면 실리콘밸리 스타트업에서 일하는 관리자, 즉 매니저는 각 엔지니어와 프로덕트 매니저, 디자이너 간 소통을 원활하게 하고, 팀의 미션을 정확히 공유하며, 팀원들이 능동적으로 일할 수 있도록 한다. 매니저는 미션 수

---

* 클레어와 다이앤은 가상의 인물들이다.

행에 대한 팀원들의 기여도가 좋아지지 않을 경우에 책임을 진다. 팀 내 엔지니어가 프로젝트 진행 과정에서 실수를 하면 사후 분석인 포스트모템을 통해 원인을 분석하고, 차후 실수가 없도록 시스템을 개선하는 일 역시 매니저의 역할이다. 반복적인 업무를 줄이기 위하여 창의적인 방법을 시도하고, 팀원 개개인의 장단점을 파악하여 성장을 돕고, 데이터를 바탕으로 능동적인 결정을 하고, 새로운 기술을 도입함으로써 리더십을 발휘한다.

또한 회사에서 병목현상을 일으키는 보틀넥 관리에 대한 인식도 매우 다르다. 위계 조직은 조직 자체가 보틀넥으로 이루어져 있다. 팀원들은 팀장에게, 팀장들은 부장에게, 부장들은 임원에게, 임원들은 사장에게 보고하는 구조에서는 중간 관리자 중 하나만 자리를 비워도 그 아래로 정보가 가지 않는다. 정보의 양이 아래로 갈수록 적어지기 때문에 제한된 정보를 가진 직원은 결정을 내릴 수 없다. 그래서 한 사람이 빠지면 일이 잘 돌아가지 않고, 그 빈자리는 회사 전체 운영에 영향을 미칠 수 있다.

반면 책임이 분산되어 있는 역할 조직에서는 보틀넥을 없애는 것이 매우 중요하다. 보틀넥은 많은 정보를 혼자만 알고 있는 경우에 생긴다. 모든 사람이 그에게 가서 정보를 구하고 결정을 내려야 하기 때문에 매우 비효율적이다. 역할 조직에서는 적극적으로 정보를 공유하여 윗사람이 없어도 각자가 결정을 내릴 수 있도록 만든다.

대기업 팀장 클레어는 이렇게 일한다

클레어Claire는 대기업에서 일한다. 명문 대학에서 컴퓨터공학을 전공하고 석사까지 마친 클레어는 대기업에 입사한 지 2년 반 만에 대리로 승진했다.

새로운 것을 배우기 좋아하고 어려운 문제일수록 흥미를 느끼는 성격 때문인지, 항상 어려운 프로젝트에 자원하여 기한 내에 해결하다 보니 팀장으로 승진하는 것도 큰 문제가 없었다. 입사 8년 차인 지금은 팀장으로서 바쁜 하루하루를 보내고 있지만, 일이 지겹다고 생각한 적은 없다. 회사에서 자신의 능력을 펼칠 수 있다는 것 자체가 보람이다.

다른 팀장들은 팀원들에게 프로젝트 주간 보고서를 쓰라고 하지만, 클레어는 자신이 직접 작성한다. 팀원들과 대화하면서 진행 상황을 파악하다 보면 어느 부분의 진행을 서둘러야 할지 보이고, 다른 팀에 도움을 요청해야 할지 말지 판단하기도 쉬워지기 때문이다. 그렇게 꼼꼼히 챙겨가면서 일하니 팀원들은 하나같이 클레어를 존경한다.

그러던 어느 날, 클레어를 물심양면으로 끌어주던 부장이 아주 흥미로운 프로젝트를 맡겼다. 경쟁사 제품에 대응하기 위하여 자사 제품에 새로운 기능을 추가하는 일이었는데, 임원급에서 추진하는 프로젝트여서 벌써 기획서가 만들어지고 있었다. 팀에서 한 번도 사용해보지 않은 딥러닝 도구인 텐서플로를 사용할 계획이었고, 기한은 2달 내외로 촉박했다.

클레어와 애런

클레어의 팀에는 애런이라는 엔지니어가 있었다. 애런은 새로운 기술을 빨리 배우고, 일을 시간 내에 해내는 데 귀신같은 재능이 있었다. 또한 팀 내의 모든 일을 다 아는 슈퍼 엔지니어였다. 모든 사람이 애런에게 와서 물어본다. 애런은 자신이 팀에서 그런 위치에 있다는 것을 자랑스럽게 느꼈고, 클레어는 애런이 자신의 앞날에 큰 도움이 될 것이라고 생각했다.

애런의 승진 여부를 결정할 날이 얼마 남지 않았다. 클레어도 애런도 임원들이 주시하는 텐서플로 프로젝트를 성공시키면 회사에서 한 단계 성장할 것이다. 클레어는 애런에게 기획서를 건네며 기한을 2개월 주었다. 총 기간은 2개월이지만, 실제로 기능 개발에 주어진 시간은 1개월이다. 품질 확인 및 관리를 위해 1개월을 따로 남겨두어야 하는 까닭이다.

애런은 클레어를 잘 따르면 승진이 보장된 것이나 다름없다고 생각한다. 실제로 애런과 클레어는 일할 때 외에도 종종 술자리를 가지며 서로 밀어주고 끌어주는 관계가 된 지 오래다. 눈빛만 봐도 통하는 신뢰를 바탕으로, 클레어는 애런이 이번 프로젝트도 잘 해낼 것이라고 확신했다.

클레어와 브라이언

클레어의 팀에는 인사 팀에서 각고의 노력 끝에 데려온 브라이언도 있다. 브라이언은 실리콘밸리에서 잘나갔다고 잘난 척이 꽤 심하다. 우선 일을 시키면 질문이 많다. 어떤 사용자를 대상으로 하느냐, 시장조사는 되어 있느냐, 텐서플로가 이 프로젝트에 맞는다고 생각하느냐 등 끊임없이 물어본다. 자기가 팀장 이상의 어떤 권한이 있다고 착각하는 것 같다. 어쨌든 브라이언도 자신의 팀원이고, 그에게 일을 시켜 성공적인 결과를 끌어내는 것 역시 클레어의 능력이다.

지난번에 브라이언에게 맡겼던 프로젝트가 지연되어 부장에게 크게 혼난 기억이 있다. 브라이언은 프로젝트 시작부터 자신의 권한 밖의 질문을 하여 시간을 끌더니 프로젝트 마감 기한이 비현실적이니 다시 검토하자고 했다. 아무리 실리콘밸리에서 왔다지만 정말 개념이 없다. 위에서 내려온 마감 기한을 재검토한다니, 말이 된다고 생각하나? 이것은 명백한 월권행위다.

게다가 그는 성격도 꼼꼼하지 않다. 어떻게 실리콘밸리에서 이름을 날렸는지 도무지 알 수가 없다. 같은 실수를 반복하는 경우도 많다. 그러면서 클레어에게 미안하다는 말조차 하지 않는다. 결국 클레어만 부장에게 혼났다.

클레어는 브라이언에게 저녁때 시간이 있느냐고 물었다. 그가 무슨 생각을 하는지, 어떻게 하면 서로에게 도움이 되도록 일을 잘할 수 있을지 이야기를 나눌 필요가 있다고 생각했다. 그런데 브라이언이 아내와 저녁을 먹기로 했다고 한다. 클레어는 특별한 날이냐고 물었다. 그러자 저녁은 원래 아내와 집에서 함께한다고 한다. 참 눈치도 없다. 집에 가서 아내와 밥을 먹겠다고 팀장이 먼저 제안한 저녁을 거절하다니. 아무래도 클레어가 브라이언의 인사 평가를 한다는 사실을 깨닫지 못하는 것 같다. 클레어는 진짜 화났지만 꾹 참았다. 그리고 브라이언에게 오늘은 회사에 일이 있어서 저녁에 제때 못 들어간다고 연락하라고 했다.

그날 저녁, 식사하고 술을 한잔하면서 클레어는 브라이언 때문에 부장에게 얼마나 고초를 겪었는지 이야기했다. 또 실수가 왜 그렇게 잦은지 물어보았다. 마음 같아서는 정신 똑바로 안 차리느냐고 다그치고 싶었지만, 한편으로 그렇게 구시대적인 상사는 되고 싶지 않았다. 브라이언은 그제야 분위기를 파악한 듯 미안하다고 했다. 그리고 자신의 실수는 인정하지만 시스템에 문제가 많다고 했다. 클레어는 회사 전체 시스템을 개인이 어떻게 하느냐면서, 어쩔 수 없으니 꼼꼼히 일하라고 했다. 결국 술자리의 끝은 개발지원 팀에 대한 한풀이가 되었다. 개발 환경을 제대로 만들지 못한 개발지원 팀에 대한 불만으로 둘은 공감대를 형성했다.

그 뒤 브라이언은 회사 시스템에 적응한 듯 질문하지 않고 시키는 일을 열심히 했으며 클레어의 팀은 성과가 눈에 띄게 올라갔다.

실리콘밸리 매니저 다이앤은 이렇게 일한다

다이앤Dianne은 역할 조직적 성격이 강한 실리콘밸리 회사에서 일한다. 맡은 역할은 데이터 엔지니어링 팀 매니저다. 시니어 엔지니어로 입사한 지 3년 만에 매니저가 되었는데, 사실 그럴 생각이 없었다. 입사 첫해에 사내 해커톤에서 동료 엔지니어 둘과 함께한 프로젝트를 상품화하는 과정에서 전체 엔지니어링 팀이 쓸 소프트웨어를 만들게 되었다. 그 일이 커져 하나의 팀이 되었고 구성원도 5명에서 20명으로 늘었다. 결국 다이앤의 매니저가 다 관리할 수 없어서 팀을 셋으로 나누었다. 매니저는 일대일 미팅에서 다이앤에게 그중 한 팀의 매니저가 되어달라고 말했다. 다이앤은 팀원들하고 잘 지낼 뿐 아니라 리더십도 어느 정도 있어서 이미 매니저의 역할을 일부 해오고 있었다.

매니저가 된 뒤 한동안은 테크 리드로서 코딩을 했지만, 팀원이 늘어나면서 한 주의 반이 일대일 미팅으로 꽉 차게 되었다. 팀원들과의 일대일 미팅은 매주 1시간씩 하는데 매우 다양한 이야기를 주고받는다. 개인적인 이야기를 할 때도 있고, 따로 공부하고 있는 신기술에 대한 이야기를 나누기도 하고, 임신이나 육아, 키우고 있는 반려동물 이야기도 한다. 일견 일과 무관하게 보여도 한 사람, 한 사람의 성과와 다 연결된다. 아기 기저귀 갈고 우유 먹이느라 밤잠을 설친 채로 코딩을 하다 보면 실수가 생길 수도 있기 때문에 그에게 어떠한 배려가 필요한지 자세히 이야기한다. 일찍 귀가할 수 있도록 조치하거나 필요하면 휴가를 제안하기도 한다. 나아가 커리어 플래닝에 대한 조언과 지금 진행 중인 프로젝트에 대해서도 이야기를 나눈다. 팀원들과 간단히 점심을 먹으면서 미팅을 하기도 하는데, 이때 프로젝트 관런 발표를 맡은 팀원이 준비한 내용을 검토해주거나 조언해준다.

다이앤과 브라이언

올해 다이앤 팀은 회사 전체가 사용하는 딥러닝 플랫폼을 만드는 프로젝트를 맡았다. 다이앤은 프로젝트 플래닝 미팅을 통해 팀이 해야 할 일이 무엇인지, 이 일이 회사의 미션과 어떠한 관계가 있는지, 어떤 팀들이 우리 프로젝트를 활용하게 될지 등을 자세히 알려주었다.

　그리고 나서 브라이언과 일대일 미팅 시간을 가졌다. 플래닝 미팅에서 이야기한 프로젝트와 관련하여 브라이언이 무엇을 하고 싶은지 물어보았다. 브라이언은 자신이 학교에서 배우고 실무에서 활용했던 딥러닝 패키지들을 종합하여 문서를 만들어 팀원들과 함께 리뷰를 해보고 싶다고 했다. 그런 다음 팀원들의 피드백과 이 플랫폼을 이용할 다른 팀들의 피드백을 수렴하여 하나의 딥러닝 패키지를 선택하고, 그것으로 프로토타입을 만들면 어떻겠냐고 했다.

　다이앤은 브라이언에게 멋진 아이디어라고 칭찬하고, 이전 프로젝트들의 디자인 독과 포스트모텀을 공유해주겠다고 했다. 또 이번 프로젝트와 관련 있는 다른 팀 담당자들을 알려주었다. 브라이언은 이전 디자인 독과 포스트모텀을 살펴본 뒤, 자신의 디자인 독을 만들어 공유하고 피드백을 받기 시작했다. 그 과정에서 브라이언은 코드를 메인 브랜치에 합치기 전에 코드 분석기를 이용하여 실수를 자동으로 예방하자는 아이디어를 내었다. 이는 실수를 줄일 수 있는 획기적인 방법이었다.

　이틀도 되지 않아 브라이언이 프로토타입을 보여주었다. 다이앤은 팀에서 먼저 써본 뒤 전체 엔지니어링 팀에 적용할 것을 제안하기로 했다. 생각해보면 다이앤도 그런 작은 일을 반복하다가 어느 순간 매니저가 되어 있었던 것 같다.

다이앤과 애런

플래닝 미팅이 있던 날, 다이앤은 대기업에서 이직한 애런과도 일대일 미팅을 했다. 애런에게도 플래닝 미팅에서 이야기한 프로젝트에서 어떤 일을 하고 싶은지 물어보았다. 애런은 시키는 것은 무엇이든 열심히 하겠다고 답했다. 응? 잠시 어색한 정적이 흘렀다. 다이앤은 무엇을 하고 싶은지를 물어보았는데, 왜 열심히 하겠다고 답하는지 이해할 수가 없었다.

　다이앤은 구체적으로 어떤 일을 하고 싶으냐고 물어보았다. 애런은 뭐든지 할 수 있다고, 자신은 경험이 많다고 했다. 또다시 어색한 정적이 흘렀다. 다이앤은 애런이 프로젝트를 이해하지 못한 것이 아닌가 생각했다. 우선 프로젝트부터 차근차근 다시 설명해주었다. 그런 다음 딥러닝 플랫폼을 만드는 데 애런이 어떻게 기여할 수 있는지 물어보았다. 애런은 좀 당황하면서 딥러닝 플랫폼은 텐서플로가 대세이고, 자신은 그 분야에 경험이 많다고 했다. 이틀이면 어떠한 모델이든 만들 수 있다고 했다.

　다이앤은 그러면 구현 쪽을 담당하겠냐고 물어보았다. 애런은 구현에 자신이 있다면서 기획서가 완성되면 알려달라고 했다. 다이앤은 애런이 기대했던 것과 다르다는 생각이 들었다. 시키는 대로 코딩만 하는 것은 인턴이나 갓 대학을 졸업한 사람이 아니면 그다지 하고 싶어 하지 않는데, 애런이 개발 업무를 정말 좋아하는 모양이라고 생각했다.

　애런은 기획서만 나오면 엄청 빠르게 일을 해치웠고, 팀의 코드에 대한 지식을 착착 쌓아갔다. 그렇지만 기획 단계에서 여러 논의를 거치는 것을 시간 낭비라고 보았다. 이미 잘나가는 텐서플로가 인더스트리 표준으로 자리 잡은 상태에서 다른 기술에 대하여 논의하기보다는 빨리 프로젝트를 끝마치는 것이 중요하다고 강조했다. 애런은 팀에서 아는 것이 가장 많고 가장 빨리 일하는 엔지니어였지만, 토론과 문서 작업을 통하여 자신이 한 일을 다른 사람들과 공유하는 데는 시간을 쏟지 않았다.

애런이 한 일은 그의 코드를 하나하나 읽어보지 않으면 파악하기가 쉽지 않았고, 사람들은 늘 그에게 물어보아야 했다. 그러다 보니 다른 팀원들이 그가 보틀넥이 되고 있다고 불평하기 시작했다. 다이앤은 일대일 미팅에서 애런에게 문서 작업에 더 많은 시간을 쏟고, 팀원들과 함께하는 점심 미팅 등에서 서로의 지식을 나누어야 한다고 피드백을 주었다. 애런은 자신이 가장 빨리 일하는데, 어째서 팀에서 보틀넥이 되고 있다는 것인지 이해하지 못했다. 오히려 자신의 속도를 따라오지 못하는 동료들이 문제라고 생각했다. 동료들이 코드를 읽을 생각은 하지 않고, 자신이 시간을 들여 어렵게 습득한 지식을 거저 빼먹으려 한다고 못마땅해했다.

다이앤은 매주 일대일 미팅을 통해 애런에게 리더십을 발휘하거나 기획에 참여할 기회를 주려고 노력했고, 정보 공유의 중요성을 강조했다. 또 애런이 적극적으로 정보를 공유하여야 비로소 자유롭게 휴가를 갈 수 있고, 팀 내 영향력도 더 커진다는 사실을 이해시키기 위해 꾸준히 노력했다. 에런이 자신의 일이 코드만 짜는 것이 아니라 능동적으로 소프트웨어 개발에 참여하는 것이라는 사실을 자연스럽게 이해하게 되자 다이앤의 일이 한결 쉬워졌다.

이것을 하세요. vs. 무엇을 할래요?

클레어는 위에서 내려온 일을 아래로 분배하는 중간 관리자다. 각 개발자들에게 필요한 만큼의 정보를 제공하고, 해야 할 일과 기한을 정해준다. 정해진 기한 내에 각 개발자들이 일을 잘 마칠 수 있도록 격려하고 때로는 싫은 소리도 한다.

그런데 클레어만이 위에서 내려오는 정보를 전달하기에, 그가 자리를 비우면 팀 업무가 제대로 돌아가지 않는다. 클레어는 팀에서 없어서는 안 될 '중요한' 사람이지만, 한편으로는 그의 부재가 팀 전체를 마비시키는 보틀넥이기도 하다.

클레어는 팀원들의 사정을 듣고 어려운 이야기를 하기 위하여 조용히 개별적으로 불러내거나 근무 외 시간을 활용한다. 그리고 개인적인 사정보다 회사를 우선시하도록 하여 개인이 회사 일에 지장을 주지 않도록 한다.

클레어가 팀원들에게 나누어주는 일은 거의 윗선에서 결정하여 내려온 것들이다. 스스로 결정할 일이 있다면 과거에 그와 유사한 결정이 윗선에서 어떻게 받아들여졌는지 찾아본다. 만약 비슷한 사례가 없었다면 비공식적인 자리를 통하여 부장에게 물어본 뒤 정식으로 결재를 올린다. 이러한 방식으로 클레어는 조직이 하나가 되어 효율적으로 움직이는 데 한몫을 담당한다.

다이앤은 회사의 미션, 팀의 프로젝트와 관련해 팀원 모두와 정보를 공유하고 세세하게 소통한다. 그리고 각 팀원에게 프로젝트를 위하여 무엇을 할 수 있는지 물어본다. 각 팀원은 책임감 있는 전문가로서 자신이 프로젝트에 기여할 수 있는 바를 정확하게 이야기한다. 이때 기여할 것이 없는 팀원이 있으면 기여할 것을 함께 찾아보거나 아니면 그를 팀 또는 회사에서 내보내야 한다.

다이앤의 일과에서 가장 많은 시간을 차지하는 부분은 일대일 미팅이다. 개인의 사정까지 세세히 살펴서 회사에서 최고의 성과를 낼 수 있도록 도와준다. 또 각 팀원의 장단점을 파악하고 어떻게 성장할 것인지에 대하여 코칭하거나 적절한 멘토를 붙여주기도 한다. 팀원이 원하는 분야에서 전문성을 키워나가면서 회사의 미션을 수행하는 데 기여한 것을 회사로부터 인정받으면 그 팀원을 승진시키는 일도 쉬워진다.

다이앤은 팀원들이 팀 또는 회사가 효율적으로 미션을 수행할 수 있게 하는 창의적인 아이디어나 새로운 기술을 제안하면 그동안의 노력을 보상받은 기분이 든다. 아이디어가 많은 사람에게 받아들여질 수 있는 제안으로 구체화되도록 팀원들을 독려하고, 데이터를 논리적으로 구성할 수 있도록 도와주는 일은 다이앤의 특기이다. 다이앤은 팀원들의 성장을 통해 자신도 성장하고 조직도 같이 성장할 수 있도록 돕는 전문가이다.

인프라로서의 매니저

클레어가 일하는 방식은 혁신적인 방법을 창출하기보다는 빠르게 업무를 수행하는 데 이상적이다. 클레어의 팀에서 팀원들은 능력 좋은 엔지니어이기만 하면 될 뿐 최고의 전문가일 필요는 없다. 윗선에서 위임받은 경영권의 일부를 행사하기 때문에 팀장의 한 마디, 한 마디를 이행하는 것이 팀원 개개인의 성공에 결정적인 역할을 한다.

다이앤은 팀원들이 각자의 장점과 방식으로 프로젝트에 기여하도록 유도한다. 진행이 느릴 수도 있지만, 다양한 경우를 상정하고 많은 전문가들과의 회의 끝에 나온 결론이기에 향후 큰 혁신으로 이어질 수 있다. 팀원들의 노력이 보다 효율적으로 조직에 두루 쓰일 수 있도록 도와주는 인프라와 같은 역할을 하는 다이앤의 성공은 팀원 개개인의 창의성과 능동성에 크게 좌우된다.

세금을 잘 내는 시민이 자유롭게 전기와 도로를 이용하지 못하면, 시민이 경제 활동을 통하여 가치를 생산하는 데 어려움을 겪고 나라 경제가 위기를 맞는다. 마찬가지로 매니저가 인프라 역할을 제대로 하지 못하면 팀원들은 물론이고 회사 역시 성장하지 못한다. 역할 조직 팀원들은 자신이 열심히 창조에 기여한 만큼 매니저로부터 서비스를 받지 못하면 대부분 회사를 떠난다. 물론 전문 지식이 부족하거나 능동적 역할 수행이 어려운 팀원이 잘리는 경우도 종종 있다. 한편 위계 조직에서는 조직의 결정을 따르지 않거나 절차를 무시하고 큰 실수를 한 경우에 징계를 당하거나, 회사에서 잘리거나, 나아가 배상의 책임을 질 수도 있다.

이미 정해진 목표를 향하여 달려가는 조직인가, 전문가들과 함께 혁신하는 조직인가에 따라 매니지먼트 스타일도 클레어와 다이앤의 예처럼 달라진다.

실리콘밸리의
임원들

Erin 김혜진

_Chili 이종호

실리콘밸리의 최고경영자는 가장 높은 사람이 아니라,
회사의 전반적인 주요 결정을 내리는 역할을 맡은 직장 동료이다.

많은 실리콘밸리 회사의 임원들이 기내용 가방에 노트북 가방을 하나 더 메고 수수한 옷차림으로 출장을 간다. "공항에서 비행기를 기다리며 앉아 있는데 옆에서 학생으로 보이는 사람이 일하고 있어 살펴보니 모 기업 임원이더라." 하는 이야기는 이제 너무나 흔하다.

실리콘밸리 회사들의 최고경영자, 최고재무책임자, 최고기술경영자 등은 자신이 남보다 특별히 좋은 대접을 받아야 한다는 생각이 별로 없다. 페이스북 창업자 마크 저커버그는 맥도날드 햄버거를 먹고 거의 매일 똑같은 옷을 입는다. 구글의 공동 창업자 세르게이 브린은 절약이 몸에 배어 있다. 디시 네트워크의 사장 찰리 에르겐Charlie Ergen 은 도시락을 싸 들고 다닌다.

아무래도 오랜 전통을 가진 기업보다는 급속히 성장한 스타트업이 많다 보니, 형식적인 것보다 '어떻게든 일이 되게 하는 정신'Scrappiness 이 하나의 문화로 자리 잡았다. 기사 딸린 고급 차를 타고 수행원을 데리고 다니면서 직원들에게 인사를 받는 임원은 오히려 생소하다. 회사 안에서도 사장실, 회장실 등 임원을 위한 특별 공간은 찾아보기 어렵다. 임원도 직원들과 같이 열린 공간에서 일하는 경우가 더 많다.

No Hurries, No Worries!

정신없이 바쁘게 열심히 일하는 것이 미덕인 회사도 많지만, 실리콘밸리에서는 늘 바쁘고 정신없어 보이는 사람은 '계획을 잘 세우지 못하고 의미 없이 자신을 희생하는 사람'이라는 인식이 강하다. 임원들도 마찬가지다. 하루 종일 미팅이 빽빽하게 잡혀 있지만, 급하게 일하거나 의사 결정을 갑자기 바꾸지 않는다. 언제나 차분히 계획하고 실행한다.

특별한 요청이 있는 회의 외에는, 상시 대기하고 있다가 손님 시중을 드는 비서가 따로 없다. 점심 미팅이 있을 때 도시락을 회의실에 갖다줘야 한다거나 원격 회의 세팅이 필요한 경우에 비서에게 특별 요청을 한다. 이렇다 보니 임원과 비서의 일정이 따로 돌아가는 경우도 흔하다. 비서는 원격으로 임원의 일정을 관리하고, 임원은 그 일정에 따라 움직이기만 하면 된다. 갑자기 급한 일이 생겨 몇 시간 안에 일정을 바꾸어야 하는 경우는 거의 없다.

또한 비서가 임원의 개인적인 일을 처리해주는 경우가 없다. 비서는 임원의 편안한 회사 생활을 위해서가 아니라 임원이 미처 신경 쓸 수 없는 일, 일정 정리나 외부 손님들과의 미팅 확인, 행사 코디네이션 등을 전문적으로 하며 그 이외의 일을 하라는 요구를 받지 않는다. 아무 때나 불러서 임원의 여행 계획을 돕게 하거나 잔심부름을 시키는 것은 정말 이상한 일이다.

회사 차원에서도 임원을 비롯한 직원 모두에게 가장 중요한 것은 개인의 건강과 가족이다. 정해진 시간 외에는 일하지 않는 것이 자연스러우며, 가정과 일의 균형을 맞추는 것이 인생에서 가장 중요하다. 그래서 밤에 이메일을 보내는 것은 아주 삼가야 한다. 입사 초기에 열정이 넘쳐 밤늦게까지 일하면서 이메일을 보냈더니, 다음 날 임원이 따로 불러서 "밤에 이메일을 보내면 상대도 신속히 답해주어야 할 것 같은 압박감이 생기고 당신도 생활과 일의 균형이 깨지니, 그런 분위기를 만들지 않는 것이 좋겠다."라고 말했다. 그러면서 열심히 하고 싶은 마음은 알겠지만 급할 것 없으니 정해진 시간에만 일하고, 추가로 더 일하고 싶을 때는 정말 그래야 하는지 잘 생각해보라고 이야기해주었다. 정해진 시간 안에 일을 마치지 못할 정도라면 그것은 업무량이 지나치게 많은 것이므로 업무량을 줄이는 지혜가 필요하다고도 했다.

임원들은 때로 업무 외에 선배 부모로서 육아와 가정생활에 대하여 다양한 이야기를 해준다. 아기가 아프면 경험에 비추어 조언을 해주기도 한다.

임원은 직원들과 어떻게 소통하는가

역할 조직에서는 비서도 아랫사람이 아니라 임원의 동료일 뿐이며, 일이 제대로 돌아가게 하기 위해 매우 자세히 소통한다. 역할 조직에서 '많은 의사소통'은 미덕이다. '하나를 가르쳐주면 열을 알고 개떡같이 말하면 찰떡같이 알아듣는 직원'은 위험한 사람으로 인식된다. 자칫 서로 전혀 다른 이야기를 하고 다른 결과를 가져올 수 있기 때문이다.

예를 들어 "이번 주 중에 잭과 미팅을 잡아주세요."라는 말은 변수가 많은 의사소통이다. 이 한마디로 일정을 잡으려면 전후 사정을 이미 충분히 알고 있어야 한다. 그래서 간결한 의사소통을 미덕으로 삼는 위계 조직에서는 마음이 잘 맞는 비서나 부하 직원을 찾는 것이 매우 중요하다.

반면 역할 조직에서는 회사의 모든 정보를 공유하여 비서가 정확한 정보를 가지고 스스로 결정을 내리도록 한다. 미팅을 잡아야 할 경우, 그 내용은 무엇인지, 얼마나 중요한지, 선호하는 날짜나 시간, 장소는 어떠한지, 임원의 일정이 이미 꽉 찼다면 다른 어떤 일정과 대체하면 좋을지를 임원에게 묻고 충분히 논의한다. 미팅을 잡으면 인터넷 캘린더 등으로 이를 공유한다. 임원은 그 일정을 확인하고, 변경을 원하면 다시 의사소통하여 어떠한 점을 더 고려하여야 할지 이야기한다.

우리 회사 임원들은 일정이 빼곡하다 보니, 점심시간이나 티타임에 직원들과 일상적인 대화를 주고받는 일대일 미팅을 많이 한다. 임원은 평소에 자신의 생각을 직원들과 많이 나누어서, 자신이 회의에 불참하여도 다른 사람들이 올바른 방향으로 결정을 내릴 수 있도록 하는 것이 중요하다고 생각한다. 또 새로 입사한 사람과는 꼭 만나보아야 한다며 아무리 바빠도 일주일에 30분은 새 직원과 일대일 미팅을 한다. 인턴이든, 디렉터든 상관없이 의제가 있고 회의가 필요하다고 생각되면 임원에게 메일을 보내 미팅 일정을 잡을 수 있다. '나는 높은 사람이니 너는 상부의 지시가 있을 때까지 기다려야 한다'는 생각보다는, 회사의 비전과 목표가 모두에게 정확하게 공유되고, 현재 회사에서 무슨 일들이 일어나고 있는지 직원으로서 충분히 아는 것이 회사에 유익하다고 생각한다. 그래서 의사소통에 부족함이 없도록 일대일 미팅이나 스킵 레벨 미팅 Skip level meeting 을 활발히 하려고 노력한다.

나를 전문가로서 존중해주는 임원

실리콘밸리 임원들은 '나보다 높은 사람, 나보다 낮은 사람' 같은 서열 의식이 거의 없다. 나와 내 주변 사람들이 경험한 임원들은 그런 인식이 아예 없는 듯했다. 나이 많은 임원들은 동네 아저씨나 지혜로운 할머니, 할아버지 같고, 젊은 임원들은 농담도 하고 장난도 치며 친구같이 지낸다. 윗사람으로서 완벽한 척하기보다는 자신이 무엇을 모르는지 정확하게 의사소통하고, 동료들이 자신의 부족한 점을 어떻게 도와줄 수 있는지 생각하고 이야기한다. 자신이 대단한 사람, 다른 모든 직원들보다 높은 자리에 있는 존재라는 이미지를 각인시키기 위한 신비주의 전략 같은 것을 시도하지도 않는다. 회사와 스스로의 발전을 추구하는 임원이라면 자신이 모르는 것을 인정하고, 자신의 권위를 자신의 일에만 한정할 줄 안다.

역할 조직에서 각 역할을 맡은 사람은 모두 전문가다. 그러한 조직에서는 한 사람, 한 사람이 소중하다. 이에 비해 일반 공채로 뽑은 사람들에게 비슷비슷한 일을 맡기는 위계 조직에서는 한 사람, 한 사람을 덜 소중하게 대하게 된다. 그러나 엔지니어 전문가, 최고경영자의 비서직 전문가, 디자인 전문가 등을 대체할 인력을 찾는 것은 쉬운 일이 아니다.

때로는 친구 같은 임원

실리콘밸리 임원들은 때로 친구 같다. 내가 회사 공유 캘린더에 '유급휴가'라고 써넣고 이메일로 휴가를 다녀오겠다고 할 때 임원이 처음 던지는 질문은 "어디 가?"였다. "일은 어떻게 하고?"가 아니라. 업무 인수인계는 내 영역이고 당연히 해야 할 일이라 물어보지 않는다. 대신에 "잘 다녀와."라거나 "신나게 놀고 와."라고 인사한다. "힘들게 일했으니 좀 오래 놀아도 괜찮지 않겠어."라거나 "일 안 하는 직원이라고 밉보이면 어떡하지?" 같이 알 수 없는 죄책감에 스스로 휴가를 정당화하거나 남의 눈치를 보지 않아도 된다. 회사의 중요 제품 론칭 시기나 큰 행사 일정은 연초에 미리 발표하기 때문에 갑자기 생긴 회사 일정으로 휴가 계획을 변경하거나 휴가를 갈지 말지 생각하면서 대기하는 일도 없다. 휴가를 다녀오면 일대일 미팅 때 휴가 기간에 찍은 사진을 보면서 친구 사이처럼 같이 웃고 떠든다.

한번은 업무 중에 갑자기 철자가 헷갈려서 "Contractor의 철자가 뭐지? or

이었나? er이었나?" 하고 옆에 있던 임원에게 물은 적이 있다. 당시 나와 함께 문서 작성을 마무리하던 임원은 싱긋 웃으며 "or이야."라고 답해주었다. 무의식적으로 튀어나온 질문이었다. 뒤늦게 '영어도 제대로 못 하는 무능한 사람이라고 생각하지 않을까? 이런 것을 사장에게 묻다니⋯.' 하는 생각에 살짝 후회했지만, 이후 그가 나를 대하는 태도 어디에서도 이상한 느낌을 받지 못했다. 오히려 일이 끝날 때까지 대학에서 같은 과 친구들과 조별 과제를 하는 느낌이 들었을 정도로 격의가 없었다.

우리 회사 임원은 개를 좋아한다. 내가 회사에 개를 데려가면 사무실 바닥에 엎드려 개와 깊이 놀 징도이다. 더 좋은 임원이 되기 위하여 의식적으로 노력하는 것이 아니라 자신이 좋아서 그냥 그렇게 행동한다. 좋은 간식을 발견하면 나누어주고 개를 데리고 같이 산책도 한다. 사실 내가 개를 회사에 데려가는 날에는 임원뿐 아니라 여러 동료 직원들이 내 주변에서 놀다 간다.

임원들의 또 한 가지 역할, 일대일 면접

임원들이 주관하는 면접은 매우 중요하다. 회사에 적합한 인재인지를 전체적인 시각에서 판단하는 위치에 있기 때문이다. 그래서 임원들은 아무리 바빠도 입사 지원자들을 직접 만날 시간을 내려고 노력한다.

우리나라에서도 직원을 채용하는 최종 단계에서 임원 면접을 거친다. 가장 긴장되고 떨리는 순간 중 하나이기 때문에 지원자들은 꼼꼼하게 준비하여 면접에 임한다. 나 역시 대학을 졸업하고 면접 연습을 할 때 "깔끔하고 단정하게 옷을 입고, 면접이 진행되는 동안에는 얼굴에 미소를 띠고 적극적인 태도를 보여주는 것이 중요하다."고 배웠다. 면접관에게 어떤 일도 척척 해낼 수 있는 사람, 힘들어도 웃음을 잃지 않는 사람, 예의 바르고 싹싹하고 눈치 빠른 사람이라는 인상을 심어주기 위해 노력했다. 압박 면접에 대비하여 평소 생각해보지 못한 질문을 만들고 대답하는 연습도 했다.

그런데 실리콘밸리에서의 임원 면접은 사뭇 달랐다. 내가 경험했던 임원 면접 중 일부를 소개해보겠다.

면접은 편한 분위기의 공간에서 악수와 함께 시작된다. 어느 임원은 5분 정도 면접에 늦게 들어와서, 미안하다고 사과하기도 했다. 문화 충격이었다. 아무리 바쁜 임원이라도 지원자 여러 명을 한자리에 앉혀놓고 면접을 보는 일은 없다. 그렇게 하면 지원자를 깊이 이해하며 대화를 나누기 불가능해 회사에 맞는 인재인지 제대로 판단하기 어렵기 때문이다. 면접 시간 동안 나는 나 자신을 있는 그대로 보여주는 데 집중했다. 서로 질문을 주고받으며 임원은 내가 회사와 해당 자리에 적합한 사람인지를 확인하고, 나는 이 회사가 내가 좋아하는 일을 할 수 있는 곳인지, 내 비전과 맞는 곳인지를 확인했다.

면접 중에 내가 했던 질문들을 몇 개 살펴보면 다음과 같다.

1. 임원으로서 당신이 생각하는 회사의 향후 10년간 비전은 무엇인가?
2. 그 비전을 위하여 지금 회사에서 가장 필요한 일은 무엇인가?
3. 내가 가장 잘 기여할 수 있는 부분이 무엇이라고 생각하는가?
4. 내가 이 회사를 선택하여야 하는 이유, 이 회사의 좋은 점은 무엇인가?
5. 임원이라도 매년 새로운 것을 배우고 자신을 발전시킬 기회를 가지는 것이 중요하다고 생각한다. 지난 몇 년간 이 회사에서 어떤 것을 제일 많이 배웠나?

그리고 그 대답을 들으면서 회사 제품에 대해 질문하고 구체적으로 내가 해야 할 일에 대한 이야기를 심도 깊게 이어나갔다. 임원들이 회사 비전을 구체적이고 자랑스럽게 말하는 것을 보면서 나도 이 사람의 비전을 공유하고 함께 일하고 싶다고 생각했다. 또 조금 난감하고 답하기 어려울 수 있는 질문에도 성의껏 대답하는 임원들을 보면서 깊은 감동을 받았다.

사장은 직장 동료다

임원들은 회사에서 가장 중요한 결정을 내리는 역할을 맡은 직장 동료다. 나에게 그들은 회의 일정을 잡거나 최종 결정을 내릴 때 가장 중요하게 고려하여야 할 동료지만, 그 밖의 일을 할 때는 다른 동료들과 차이를 느끼지 못한다.

물론 문화적 배경이 다양한 사람들이 모인 실리콘밸리다 보니, 모든 임원이 다 이런 원칙을 가지고 행동하는 것은 아니다. 임원이 그 자리가 가진 힘을 잘못 사용하여 문제를 일으키는 경우도 종종 있다. 이 경우, 이사회가 제재를 하여 최고경영자를 바꾸기도 한다. 실제로 2017년 우버의 최고경영자 트래비스 캘러닉이 성 추문 등의 문제 때문에 그 자리에서 내려왔다.

상하 관계가 중요한 위계 조직에서 '좋은 윗사람'은 덜 권위적이고 비교적 정중하게 말하고 직원들의 고충을 이해해주는 '착한 갑'인 경우가 많다. "내 말대로 해!"라고 윽박지르지 않고 "이러한 방법으로 해주세요."라고 말하는 것은 직원들에게 존중받는 느낌을 주지만, 근본적인 상하 관계와 업무 흐름은 다르지 않다.

임원이 모든 정보와 결정권을 독식하는 권력자가 되면 직원들이 능력을 발휘하는 데 제한이 있을 수밖에 없다. 실리콘밸리 임원들의 '겸손한' 자세는 사실상 엄청난 연봉을 주고 데려온 직원들의 잠재력을 최대한 활용하기 위한 최선의 전략이다. 각 분야 전문가들이 서로 동등하게 친구처럼 지내되 경험 많은 임원들이 자신들의 경험을 공유하여 멘토로서 다른 직원들의 성장을 돕는 것, 이것이 실리콘밸리가 혁신을 만들어내는 또 한 가지 방식이다.

나는 과장도, 팀장도 아닌
엔지니어입니다

위계 조직에서는 높은 직급에 있는 사람이 모든 결정을 내리고
그 아랫사람은 결정 사항을 수행한다. 역할 조직에서는 각 역할의 전문가가
결정을 내리고 모두가 일을 수행한다.

위계 조직에서는 직급이 높은 사람이 지시를 내리며, 지시를 받은 사람은 그 일을 수행하고 보고서를 올린다. 이런 조직에서는 누가 더 높은지 분명해야 직무 지시 체계에서 혼란을 막을 수 있다. 각자가 해야 할 일이 명확한 제조업 위주의 패스트팔로어Fast-follower 기업에서는 사람들의 의견이 분분할 때 누구 말을 들어야 하는지가 명확해야 의사 결정을 빠르게 할 수 있다.

그렇기 때문에 위계 조직에서는 직급을 통해 누구에게 결정권이 있는지 확실히 각인시킨다. 과장이 무슨 말을 해도 부장이 아니라고 하면 그만이고, 부장이 어떤 주장을 하여도 사장의 결정에 따라 모든 것이 바뀔 수밖에 없다. 개별 사안에서 누구 의견이 옳은가보다는 어떻게 하면 빠르게 움직일 수 있는지가 더 중요하다. 즉 의사 결정에 소요되는 시간을 최소화하는 것이 중요하다. 따라서 최고경영자의 의중을 더 많이 파악하고 있는 사람 말에 귀 기울이게 된다.

반면 역할 조직에서는 각자가 자신이 맡은 분야에서 결정권을 행사한다. 최고경영자는 경영에 대한 결정을 내리고, 디자이너는 디자인 관련 결정을 내리고, 엔지니어는 엔지니어링 관련 결정을 내린다. 예를 들어 엔지니어링에 대한 엔지니어의 생각과 최고경영자의 생각이 다를 경우, 최고경영자가 자신의 의견을 개진할 수는 있지만, 그 의견을 듣고 결정을 내리는 것은 엔지니어의 역할이다.

역할 조직은 혁신을 만들어내는 조직이다. 이러한 조직은 가는 길이 정해져 있지 않다. 아무도 가지 않은 길 중 어디로 가야 가장 좋을지는 각 전문가들의 의견을 종합하여 판단하는 수밖에 없다. 의사 결정에 들어가는 시간은 혁신하려는 기업에게 가장 가치 있는 시간이다. 미션을 이루기 위하여 무엇을 만들어야 하는지 고민하는 시간 자체가 혁신을 만드는 시간이다.

엔지니어 레벨과 승진 방법

구글, 페이스북, 에어비앤비 등 실리콘밸리 IT 기업들은 1에서 8에 이르는 엔지니어 레벨 시스템을 가지고 있다. 대학을 갓 졸업한 신입 사원은 보통 레벨3 엔지니어, 즉 주니어 엔지니어로 일을 시작한다. 레벨4는 경력 3~4년 차나 박사 학위자 정도에 해당하고, 레벨5는 시니어 엔지니어로 가장 중추적인 역할을 한다.

레벨6부터는 스태프 엔지니어라고 부른다. 특별한 재능이 있거나 경험이 많은 엔지니어 단계다. 평생 레벨6이 되지 않은 채 은퇴하는 엔지니어도 있다. 레벨7~8 엔지니어는 매우 적다. 이들은 상위 1% 정도에 해당하는 높은 레벨의 엔지니어다.

레벨5 엔지니어는 레벨0 엔지니어링 매니저가 될 수 있다. 레벨0 매니저는 상황에 따라 다르지만, 보통 5명 이하의 엔지니어들을 매니지먼트한다. 일대일 미팅을 통하여 엔지니어들의 문제 해결을 도와주고, 인사 평가를 통하여 피드백을 제공한다.

레벨6 엔지니어는 레벨1 엔지니어링 매니저가 될 수 있다. 레벨1 매니저의 일은 작은 스타트업을 운영하는 것과 비슷하다. 20명 정도 되는 엔지니어들을 두세 팀으로 나누어 운영한다. 새 프로젝트들에 대한 고민을 시작하는 레벨이다.

레벨2 매니저는 회사의 미션에 따라 100명 정도 되는 엔지니어들을 조직화하여 미션을 수행한다. 레벨8 엔지니어는 레벨1 디렉터D1로서 회사 전체의 엔지니어링 및 프로덕트 방향 결정에 참여한다.

각 레벨에서 다음 레벨로 승진하는 방법은 간단하다. 다음 레벨에 해당하는 성과를 6개월에서 1년 정도 보여주면 된다. 만약 레벨4 엔지니어 중에 이미 레벨5 엔지니어의 역할을 하는 사람이 있다면 레벨5 엔지니어로 인정해준다. 만약 1년 내내 레벨4 엔지니어의 책무만 하고 있으면 계속 레벨4 엔지니어에 머물게 된다. 물론 은퇴할 때까지 계속 레벨4에 머물러도 누구도 이상해하거나 한심하게 보지 않는다.

매니저로의 직무 전환도 마찬가지다. 엔지니어로 일하면서 매니저 역할을 반년 이상 하면 매니저로 직무를 전환할 수 있다. "오늘부터 매니저니까 어제와는 다른 매니저 역할을 하세요."라는 경우는 없다. 이미 하고 있는 역할에 맞게 직함을 조정하는 것이 승진 또는 역할 변경이다.

레벨은 역량을 나타낼 뿐 권력이 아니다

역할 조직에서 엔지니어 레벨은 각 분야에서의 역량을 뜻하며, 그 역량만큼 연봉을 받는다. 다시 말해 연봉은 연차가 아닌 레벨에 따라 달라진다. 그리고 레벨은 결정권의 크기와 비례하지 않는다.

위계 조직에서는 레벨, 즉 직급에 따라 결정권을 갖는다. 우리 팀 과장의 의견보다 다른 팀 부장의 의견이 더 중요하다. 사장의 의견은 다른 누구의 의견보다 중요하다. 엔지니어링 팀장의 의견이 옳다 하여도 사장의 의견이 더 존중된다. 직위에 따른 정보량의 차이도 결정권 행사에 큰 역할을 한다.

기본적으로 위계 조직은 윗사람이 정보를 독점하고 아랫사람들에게는 필요한 정보만 제공한다. 엔지니어링 팀장이 기술적으로 MySQL 데이터베이스가 가장 적합하다고 결정하여도 최고경영자가 오라클과 비즈니스 계약을 맺었다면 엔지니어링 팀장의 결정은 무의미해진다. 그래서 정보를 독점한 윗사람이 "너희가 뭘 안다고 결정을 해?"라는 말을 할 수 있다.

반면 역할 조직에서는 레벨보다 직무(맡은 일)가 결정권 행사에 더 중요한 역할을 한다. 레벨3 엔지니어의 결정을 최고경영자가 바꾸고 싶다면 그 엔지니어를 논리적으로 설득할 수 있어야 한다. 설득하지 못하면 당연히 엔지니어의 결정을 우선한다. 디자이너의 디자인이 최고경영자의 마음에 들지 않으면 위계 조직에서는 최고경영자 마음에 들도록 다시 작업해야 하지만, 역할 조직에서는 최고경영자의 의견을 받아들일지 말지는 디자이너의 결정 영역이다.

각 역할의 전문성에 기반하여 의사 결정을 하려면 회사 정보가 최대한 많이 공유돼야 한다. 만약 최고경영자가 오라클과 비즈니스 계약을 했다면, 이 정보를 최대한 빨리 사내에 전파하여 각 엔지니어들이 서로 다른 데이터베이스를 가지고 고민하는 시간을 줄여야 한다. 자신의 전문 분야뿐 아니라 사내의 종합적인 정보에 기반하여 결정을 내리는 것은 역할 조직에 속한 직원의 책무이기도 하다.

역할에 따라 결정권이 주어지고, 조직 안에서 레벨보다 전문성, 논리, 정보가 의사 결정에 더 큰 영향을 미치기 때문에 회사 전체에 적용되는 레벨 시스템은 필요도 없고 오히려 어색하다. 레벨3 엔지니어와 레벨1 엔지니어링 매니저와 레벨5 디자이너가 있을 때 레벨을 따져서 의사 결정을 내리는 일은 없다. 공유된 정보를 기반으로 토의하여 의사 결정을 한다.

또한 각자의 전문성과 역량에 맞게 레벨이 정해지기 때문에 근무 기간과 레벨은 전혀 상관이 없다. 대부분 나이, 경력과 비례하지만 직접적인 상관은 없다. 실제로 50대 엔지니어가 레벨4인 경우도 많고, 30대 엔지니어가 레벨 7이 되기도 한다. 레벨5 이상의 엔지니어는 엔지니어링 매니저가 될 수 있지만, 매니저가 엔지니어보다 더 높은 것도 아니다. 그냥 역할이 매니저로 바뀌는 것뿐이다. 엔지니어링에 대한 의사 결정은 여전히 엔지니어들이 하고, 매니저는 엔지니어들이 자신의 역량을 최대한 발휘하도록 돕는다.

소프트웨어 엔지니어 레벨에 따른 상세 역할

L3(Junior Engineer)

- 기술력: 자신이 일하는 시스템을 이해하고 있음
- 영향력: 주어지는 일을 해결할 수 있음
- 역할 범위: 가이드가 조금 주어졌을 때 버그를 고치거나 소규모 일들을 처리할 수 있음
- 자율성: 매니저나 테크 리드가 정해주는 일을 주로 함
- 성장에 기여: 기술 면접의 면접관으로 참여함
  —L4(레벨4)로 성장하기 위해 L4 엔지니어의 역할을 일부 수행한다.

L4

- 기술력: 자신의 판단에 따라 기술적 결정을 하거나 동료들에게 코드 리뷰를 줄 수 있음
- 영향력: 팀의 목표에 기여할 수 있는 부분을 스스로 찾아 기여함

- 역할 범위: 작은 프로젝트를 맡거나 프로젝트의 일부를 맡아 할 수 있음
- 자율성: 매니저나 테크 리드가 약간의 도움을 주면 일을 해냄
- 성장에 기여: 신입 직원들에게 멘토가 되고, 인턴 호스트가 되어 인턴들을 도와줌

 - L5(레벨5)로 성장하기 위해 L5 엔지니어의 역할을 일부 수행한다.

L5(Senior Engineer)

- 기술력: 난이도가 높은 기술적 문제를 가장 좋은 방법으로 해결할 수 있음
- 영향력: 다른 사람들이 높은 생산성을 유지할 수 있도록 도우며, 팀의 목표에 비추어 자신이 할 프로젝트를 만들어서 할 수 있음
- 역할 범위: 하나의 시스템이나 프로젝트 전체를 맡아서 관리할 수 있음
- 자율성: 혼자서 모든 업무를 할 수 있음
- 성장에 기여: 다른 팀들과 좋은 관계를 쌓는 가운데 팀 내 리더 역할을 함. 엔지니어들의 멘토로 활동하고, 직원 면접 과정에 깊이 관여하여 새로운 면접 문제나 유형을 만들기도 함

 - L5 엔지니어는 엔지니어 사이에서 중추적인 역할을 한다. L3, L4 엔지니어는 L5 엔지니어로 성장하기 위하여 노력하라고 명시되어 있지만, L5부터는 L6 엔지니어로 성장하기 위하여 노력하라고 명시되어 있지 않다. L6부터는 특별한 재능과 노력이 필요하며, 엔지니어링보다 팀 관리에 뛰어난 사람은 매니저가 되기도 한다.

L6(Staff Engineer)

- 기술력: 특별한 기술적 능력이 있고 문제 해결 능력이 뛰어남

- 영향력: 스스로 큰 프로젝트를 만들어서 진행할 수 있음
- 역할 범위: 해결 방법이 아직 알려지지 않은 어려운 프로젝트를 맡아서 할 수 있음
- 자율성: 새로운 프로젝트를 제안하고 이끌 수 있음
- 성장에 기여: 경험이 많은 엔지니어들의 멘토가 되며 팀 간 갈등을 해결할 수 있음

L7(Principal Engineer)

- 기술력: 여러 엔지니어링 분야의 전문가
- 영향력: 다른 엔지니어들과 팀들의 생산성을 높일 프로젝트를 제안함
- 역할 범위: 큰 프로젝트를 이끌 수 있는 역량을 이미 증명했음
- 자율성: 자신이 직간접적으로 기여할 큰 프로젝트들을 제안하고 이끌 수 있음
- 성장에 기여: 모든 엔지니어의 존경을 받으며 여러 팀의 방향을 정함

L8

- 기술력: 소프트웨어 산업 전반의 전문가
- 영향력: 회사 전체에 영향을 미침
- 역할 범위: 회사 전체의 혁신을 이끄는 프로젝트를 수행
- 자율성: 회사 전체의 엔지니어링 방향을 바꾸는 프로젝트를 제안하고 이끔
- 성장에 기여: 다른 회사의 엔지니어들에게도 존경을 받음

M0

- 인적자원 관리: 팀 내 엔지니어들의 커리어 개발을 돕고 모두가 기술적 멘토를 가질 수 있도록 함. 각 엔지니어에게 행동으로 옮길 수 있는 직접적인 피드백을 제공하여 성장을 도우며, 회사가 각 엔지니어에게 기대하는 바를 정확히 전달함. 엔지니어들과의 일대일 미팅을 최소 2주에 한 번씩 함
- 팀 관리: 새로운 엔지니어들을 뽑고, 다양성을 갖춘 건강한 팀을 만들고, 팀원 간의 갈등을 해결함
- 전략 수립: 이미 수립된 전략과 방향을 팀원들과 공유하고 수행함. 엔지니어들이 회사와 팀의 일을 정하는 과정에 적극적으로 참여하도록 도움. 팀이 하는 일에 기술적 이해도를 갖추고, 필요할 경우 기술적인 조언을 함
- 영향력: 팀의 존재 가치를 명확히 하고 회사 전체와 조화를 이루도록 함. 팀원들의 의사 결정이 회사의 방향과 조화를 이루도록 함. 회사 내 정보를 엔지니어들에게 빠르고 투명하게 공유함
- M0(매니저0)는 매니저 수습생 정도로 볼 수 있고, M1(매니저1)부터가 제대로 된 매니저로 인정받는다.

M1

- 인적자원 관리: 뛰어난 커리어 코치로서 엔지니어들이 성장할 수 있도록 멘토링과 피드백을 제공함. 자신이 맡은 팀 외의 엔지니어들에게도

도움을 줌

- 팀 관리: 팀의 생산성, 효율성을 높임. 경험 많은 엔지니어를 팀에 데려오거나 자신과 팀원들의 성공을 위하여 무엇을 해야 할지 계획함
- 전략 수립: 새로운 방향과 아이디어를 제안하고 수행함. 6개월 정도 앞을 내다보며 팀의 방향을 계획하고, 팀 내 엔지니어링 활동이 가장 좋은 방법으로 이루어지도록 점검하고 멘토링을 함
- 영향력: 자신의 팀과 주변 팀에 영향을 미치며 다른 직무 부서와도 좋은 관계를 형성함

M2

- 인적자원 관리: 시니어 엔지니어와 매니저를 관리하고 멘토링을 하며 성장을 도움
- 팀 관리: 팀 내 인재들의 다양성과 균형을 맞추고 팀을 효율적으로 성장시킬 수 있는 시스템을 만듦
- 전략 수립: 1년 앞을 내다보며 회사 성장에 기여할 수 있는 기회를 찾는 한편 새 팀을 만들고 큰 조직을 이끎
- 영향력: 몇 개 팀으로 이루어진 조직에 영향력을 가지며 팀 간 소통을 도움

M3(Director)

- 인적자원 관리: 모든 조직원이 성장할 수 있도록 시스템을 갖추는 한편 각 팀 매니저들이 회사를 떠나지 않도록 관리하고, 새로운 매니저들을 데려오고 그들의 멘토가 됨

- 팀 관리: 회사 발전과 성장에 기여할 수 있는 조직 문화를 만들고, 조직 내 모든 팀이 건전한 문화를 가질 수 있도록 함
- 전략 수립: 회사 전체의 성공을 책임지고 회사 미선에 맞는 방향을 수립함
- 영향력: 최고경영자를 포함한 회사 전체의 의사 결정에 영향을 미침

실리콘밸리에 첫발을 디뎠을 때 매니저의 매니저의 매니저인 디렉터(M3)에게 면담을 요청한 적이 있다. 그때 디렉터가 팀 내 다양성과 문화, 그리고 내 개인의 성장에 대하여 함께 고민하고 적극적으로 답해주는 모습이 인상적이었다. 디렉터의 임무는 회사 내 모든 조직의 문화를 개선하고 각 엔지니어의 성장을 돕는 것이기에, 내 면담 요청은 단순한 소원 수리가 아니라 오히려 디렉터의 일을 돕는 것이었다.

매니저는 때로 기술 자문을 해주지만, 그보다는 각 팀의 업무 방향을 회사 미선과 맞추고, 각 엔지니어와 팀의 방향을 정확히 공유하며 피드백을 통하여 엔지니어의 성장을 돕는다. 리더십과 사람에 대한 이해가 매우 중요한 자리다. 또 매니저가 된다고 하여 결정권이나 연봉 등이 더 많아지는 것이 아니기 때문에 이 역할에 흥미가 없는 엔지니어들은 매니저의 길을 고려하지 않는다.

당신의 목표는 시장 점유인가, 혁신인가?

혁신을 만들어내는 이노베이터 기업과 혁신을 확산시키는 패스트팔로어 기업은 목표가 다른 만큼 조직 형태도, 일을 진행하는 방식도 다르다.

각 직원의 전문성을 중시하는 혁신 기업은 역할 조직을 통하여 각각의 전문성과 창의성을 최대한 끌어낸다. 혁신 기업에서 중요한 것은 얼마나 빨리 만드느냐가 아니라 '미션을 이루기 위하여 무엇을 만드느냐'다. 따라서 전문성과 창의성에 기반한 길고 긴 의사 결정 과정을 거쳐 나아갈 방향을 정한다.

반면 치열한 경쟁 상태에 있는 패스트팔로어 기업에서는 빠른 의사 결정이 중요하다. 의사 결정이 느려 좋은 기회를 놓치면 회사에 큰 타격이 될 수 있기 때문이다. 그래서 다른 기업들이 이미 가본 길 중에서 가장 좋은 길을 빨리 골라서 간다. 이때는 다른 기업이 간 길을 분석한 보고서를 토대로 서열이 가장 높은 사람이 빠르게 결정하는 것이 효율적이다. 패스트팔로어 기업은 빠른 의사 결정을 위하여 누가 결정권을 더 많이 가지는지를 분명히 할 필요가 있다. 과장과 부장의 의견이 부딪치면 설득으로 해결해나가는 것보다 부장의 말을 들을 때 일이 훨씬 빠르게 진행된다. 위계 조직에서 직급은 결정권의 크기와 비례한다.

패스트팔로어 기업에서 중요한 것은 어떤 새로운 것을 만들어내느냐가 아니라 '얼마나 빨리 잘 만들어서 시장을 선점하느냐'다. 물론 패스트팔로어 기업에서도 미래 시장을 위한 혁신은 필요하다. 다만 현재 조직 구조와 혁신은 맞지 않아서 별도의 혁신 부서를 만드는데, 결정권이 위에 있는 이상 새로운 부서 한두 개가 혁신을 이루어내기는 매우 어렵다.

혁신 기업은 전문성에 따라 결정권이 주어지기 때문에 각자가 어떤 일을 하는지가 중요하다. 그래서 직함이 엔지니어, 디자이너, 엔지니어링 매니저, 최고경영자 등 그 직원이 하는 역할을 나타낸다. 레벨은 서로 모르는 경우도 많고, 위계 조직에서만큼 중요하지도 않다. 역할 조직에서의 레벨은 업무 능력과 연봉에 비례하고, 직무를 넘나드는 결정권의 크기, 근무 경력에 비례하지 않는다.

역할 조직에서 매니저는 회사 미션을 위한 크고 작은 프로젝트들이 서로 충돌하지 않고 수행될 수 있도록 지속적으로 의사소통하면서 팀의 역량을 키워나간다. 능숙한 매니저일수록 팀원들이 반복되는 업무보다 창의적인 일에 더 많은 시간을 쏟을 수 있도록 한다. 결과적으로 팀원들의 역량이 고르게 발전하여 회사가 더 빨리 미션을 이룰 수 있게 된다.

우리의 미션에 당신은
어떻게 기여했나요?

Will 유호현

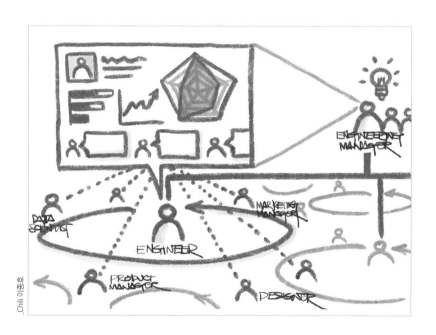

Chili 이종욱

"주어진 일을 얼마나 많이 했나요?"가 아닌 "우리가 정한 미션에 당신은
무엇으로 어떻게 기여했나요?"가 당신의 업무를 평가하는 기준이 된다.

위계 조직과 역할 조직은 서로 미션도 다르고, 업무 수행 방식도 다르고, 추구하는 인재상도 다르다. 따라서 직원을 평가하는 방식도 다를 수밖에 없다.

위에서 결정한 일을 시켰을 때 빠른 시간 안에 거의 완벽하게 해내는 사람을 중요한 인재라고 여기는 위계 조직에서는 다음처럼 묻는다.

❝ 당신은 시키는 일을 얼마나 잘, 빨리, 많이 수행했습니까? ❞

각자가 맡은 분야에서 결정권자이고 전문가이며 자신만의 방법으로 회사의 미션을 실행하기 원하는 역할 조직에서는 다음처럼 묻는다.

❝ 당신은 우리의 미션을 위하여 어떤 일을 했습니까? ❞

위도 아래도 없는 360도 인사 평가

평가 방법

한날한시에 입사한 공채 사원들은 대부분 같은 방식으로 일한다. 위에서 내려오는 일을 빠르게 수행하고 보고서를 멋지게 써서 올린다. 자신만의 기지와 역량을 발휘하여 안 되는 세일즈를 되게 하거나 불가능해 보였던 일에서 실적을 내어 회사를 한 단계 성장시킨다.

동시에 시작하여 비슷한 방식으로 일하고 승진하며 기여하는 사람들을 평가하는 방법은 간단하다. 누가 제일 많이 일했는지, 회사 성장에 얼마나 많이 기여했는지, 그리고 또래 경쟁자들 가운데 누가 제일 나은지를 평가하면 된다. 예를 들어 앱을 만드는 프로젝트가 있고, 이 프로젝트를 10개의 작은 단위 업무로 나눌 수 있다고 해보자. 팀장은 기획자와 기획서를 만들어 각 엔지니어에게 업무를 나누어준다. 어떤 엔지니어는 3개를 했고, 어떤 엔지니어는 2개를 했다. 3개를 한 직원이 더 훌륭한 직원이다. 위계 조직에서의 인사 평가는 원칙적으로 이러한 방식으로 이루어진다.

공채 기수도 없고, 각자가 자신만의 방법으로 회사에 기여하는 역할 조직에서는 이러한 평가가 무의미하다. 방향은 같지만, 각기 다른 방법으로 가기 때문이다. 각자가 일하는 시간도, 방식도 다르다. 앱을 만드는 프로젝트는 있지만 기획자는 없다. 누구도 일을 정의해주지도, 나누어주지도 않는다. 누군가는 많이 일하고 누군가는 적게 일한다. 각 팀원이 자신의 전문성에 비추어 잘할 수 있는 일을 해서 목표를 이루어간다. 어떤 엔지니어는 리더십을 발휘하여 팀을 이끌고, 어떤 엔지니어는 전반적인 설계를 담당한다. 어떤 엔지니어는 코드를 빨리 짜고, 어떤 엔지니어는 코드 리뷰를 잘한다. 물론 한 사람이 코드를 다 짤 수도 없고, 모두가 하기 싫어하는 일도 있다. 이런 일을 하는 사람을 팀원들은 고마워하고 높이 평가한다.

위계 조직에서 팀장이 팀원을 평가하는 것은 매우 자연스럽고, 동료들에게 평가를 맡기는 것은 부자연스럽다. 팀원이 팀장을 평가하는 것은 더더욱 의미가 없다. 결정권은 어차피 위에 있고, 일을 시키는 사람 입장에서 아랫사람이 일을 잘하는지 평가하는 것이 의미 있기 때문이다.

역할 조직에서는 매니저가 평가를 도맡기가 매우 어렵다. 팀원들이 각각 다른 방식으로 다른 일을 할 뿐 아니라, 그 일들이 프로젝트의 완성에 얼마나 기여했는지 정량화하기가 쉽지 않은 까닭이다. 팀원이 한 일을 가장 잘 아는 사람은 그와 함께 일한 동료들이다. 매니저는 그의 동료들에게 물어서 평가해야 한다. 그래서 동료 평가가 중요하다. 동료가 회사에 들어온 지 얼마나 되었는지, 나이가 많은지 적은지, 경력이 많은지 적은지는 상관없다. 프로젝트를 함께 완성하는 데 어떻게 기여했는지를 물어본다. 또한 매니저는 '결정권을 가진 리더'가 아니라 '역할이 매니저인 동료'로서, 팀원의 일을 평가할 때 동료 매니저들과 함께 일하는 엔지니어들의 평가 또한 반드시 취합해야 한다.

이러한 이유로 역할 조직에서는 각 역할을 수행하는 전문가들을 평가하기 위하여 360도 인사 평가를 한다. 직위와 직무와 연차와 나이와 전혀 상관없이 매니저를 포함해 해당 직원과 함께 일하는 모든 사람에게 평가를 받는다. 그리고 다른 동료들에 대한 평가를 제공한다.

평가 절차

실리콘밸리에서는 많은 회사들이 1년에 두 번 인사 평가를 한다. 우선 자신에 대하여 평가한다. 지난 6개월간 어떤 일을 했는지, 그리고 자신이 보완하고 싶은 점은 무엇인지를 자세히 쓴다.

현재 내가 일하고 있는 회사에서는 다음과 같은 평가서를 쓴다.

자신에 대한 평가 양식

- (What)) 무엇을 했습니까?

1. 가장 자랑스러운 성과 두세 개는 무엇입니까?

2. 당신은 자신의 레벨에 비추어 지난 6개월을 어떻게 평가하겠습니까? (5단계 평가)[*]

3. 당신이 한 일이 팀의 성공에 어떻게 기여했습니까? (5단계 평가)

  • (How) 어떻게 했습니까?

1. 우리 회사의 핵심 가치 중 가장 잘 실천한 것은 무엇입니까?

2. 우리 회사의 핵심 가치 중 더 잘 실천해야 할 것은 무엇입니까?

  • (Growth) 어떻게 성장할 계획입니까?

1. 당신은 강점이 무엇입니까?

2. 앞으로 6개월 동안 반드시 이루고 싶거나 성장하고 싶은 영역을 한 가지만 고른다면 어떤 것인가요?

---

[*] 5단계 평가란 '1. 기대에 못 미침, 2. 일부 기대에 부응함, 3. 모든 기대에 부응함, 4. 기대 이상의 성과를 보임, 5. 매우 크게 기대를 초과 달성함' 중 하나로 평가하는 것을 말한다.

자체 평가는 이후 회사 전체에 공개된다. 그리고 나서 나를 평가(리뷰)할 사람으로 매니저를 포함하여 5명 정도를 정한다. 대부분은 같은 팀원 모두와 외부 팀원 2~3명을 선택한다. 외부 팀과의 협업이 많지 않은 주니어 직원의 경우에는 내부 팀원들만 선택하기도 한다. 외부 팀원이 주는 좋은 평가는 나의 기여도가 팀을 넘어설 정도로 크다는 것을 보여주기 때문에 레벨5 이상으로 승진할 때 중요한 변수가 된다.

평가자 선택은 매니저의 승인을 거친다. 매니저는 몇 가지 기준을 가지고 평가받을 사람의 선택에 대하여 조언한다.

1. 친하거나 유리하게 말해줄 사람들만 평가자로 선택하지 않는다.

2. 갈등이 있었던 사람을 배제하지 않는다.

3. 한 사람이 너무 많은 리뷰를 쓰지 않도록, 한 사람이 평가하는 사람 수를 제한한다.

매니저와 협의를 거쳐 평가자들을 확정하면 그들에게 평가 요청서가 전달된다. 나 또한 내가 평가할 동료들의 명단을 받는다.

동료 평가서는 다음과 같다.

동료를 위한 평가 양식

- (What) 무엇을 했습니까?
1. 평가 대상자와 밀접하게 일한 프로젝트 한두 개는 무엇입니까?
2. 질과 양의 측면에서 평가 대상자는 프로젝트에 어떻게 기여했습니까? (5단계 평가)
3. 평가 대상자가 팀의 성공에 얼마나 기여했습니까? (5단계 평가)

- (How) 어떻게 했습니까?
1. 우리 회사의 핵심 가치 중 가장 잘 실천한 것은 무엇입니까?
2. 우리 회사의 핵심 가치 중 더 잘 실천해야 할 것은 무엇입니까?

- (Growth) 어떻게 성장할 계획입니까?
1. 평가 대상자는 강점이 무엇입니까?
2. 앞으로 6개월 동안 평가 대상자가 더 큰 기여를 하기 위해 성장할 영역을 한 가지만 고른다면 어떤 것인가요?

평가 결과와 피드백

평가서는 평가 대상자의 매니저에게 전달된다. 매니저는 평가자들의 의견을 모아 보고서와 최종 평가서를 작성한다. 그리고 일대일 미팅 때 평가 대상자에게 구두 또는 문서로 전달한다. 피드백의 결과는 이후 회사에서의 승진이나 해고 등에 매우 중요한 기초 자료가 된다. 피드백을 받는 것은 언제나 긴장되는 일이기는 하지만, 추궁이나 경고를 받는 자리가 아니라 객관적인 평가를 듣는 자리다.

최종 평가는 역할 기대치에 비추어 얼마나 좋은 기여를 했는지를 5단계로 평가한다. 대부분은 '모든 기대에 부응함'을 받는다. '일부 기대에 부응함'을 받으면 이는 경고에 해당한다. 그리고 '기대에 못 미침'을 받는 경우에는 해고 전 마지막 기회인 '회사가 직원과 업무 성취에 대하여 조정하는 시간'을 가진다. 다시 말해 이후 3개월간 주어진 프로젝트를 어떻게 수행하는지를 엔지니어링 매니저와 인사 팀 매니저가 평가한다. 3개월 뒤에도 '기대에 못 미침' 평가를 받으면 해고된다.

해고는 회사의 경영 성과가 좋지 않거나 프로젝트가 없어져서 해고되는 경우와 개인의 성과가 좋지 않아 '회사가 직원과 업무 성취에 대해 조정하는 시간'을 거쳐 해고되는 경우가 있다. 전자의 경우에는 걱정할 것이 없다. 현재 실리콘밸리는 인재가 부족한 탓에 다른 수많은 회사에서 면접을 보러 오라고 줄을 설 것이기 때문이다. 또 해고 시 2~4개월치 월급을 한 번에 주기에 여유롭게 이직을 준비하며 새로운 도전과 성장의 기회로 삼을 수 있다.

최종 평가에서 '기대 이상의 성과를 보임'을 두 번 정도 받으면 상위 레벨로 승진한다. 일반적으로 레벨을 한 단계 높이기 위해서는 한 단계 위의 레벨에 해당하는 성과를 1년 정도 보여야 한다. 그렇기 때문에 승진한다고 당장 역할이 바뀐다고 보기는 힘들다. 연봉은 1년에 보통 0~10% 정도 오른다. 연봉을 크게 올리기는 굉장히 어렵다. 만약 연봉을 현재보다 두 배 높게 받고 싶다면 이직하는 것이 가장 좋다. 실제로 실리콘밸리에서는 2~3년에 한 번씩 이직을 통하여 자신의 시장가치를 평가받으려는 이들이 많다.

매니저에 대한 평가

회사 인사 평가에서 중요한 것 중 하나가 매니저에 대한 평가다. 매니저도 앞에 나온 평가 양식(이 책 168~170쪽)으로 평가한다. 매니저가 '윗사람'이 아닌 '역할이 매니저인 동료'이기 때문에 이러한 인사 평가가 가능하다. 매니저는 이를 자신의 능력을 평가받고 향상시키는 데 필요한 피드백으로 받아들이며, 매니저의 매니저는 매니저를 평가하고 승진시키는 데 필요한 과정이자 자료로 활용한다.

위계 조직에서는 윗사람이 아랫사람을 평가하기 때문에 매니저에 대한 평가는 의미가 없거나 무리다. 또 매니저의 권위를 실추시켜 팀 운영이 어려워질 수도 있다. 그렇지만 역할 조직에서는 모든 사람이 각각 제 역할을 하는 전문가이기 때문에, 팀원들이 하는 평가는 매니저가 매니저 역할을 잘 수행하도록 하는 데 매우 중요하다. 매니저에 대한 평가를 하지 않으면 매니저들의 잘못을 고치기가 매우 어려워진다.

매니저들이 흔히 하는 잘못으로 다음 같은 것이 있다.

- 팀원들과 상의 없이 결정한다.
- 정보를 팀원들과 공유하지 않아서 정보의 병목현상을 만든다.
- 자신이 좋아하는 팀원만 승진시키려 노력한다.
- 각자의 장점을 활용하기보다 자신이 선호하는 능력만 강조한다.

매니저가 매니지먼트를 잘못할 경우 360도 인사 평가(매니저의 매니저, 동료 매니저, 팀원의 평가)를 거쳐 잘못을 바로잡고 회사와 팀을 위하여 더 좋은 매니저가 되도록 유도한다. 계속 매니지먼트를 잘못할 경우 회사의 비용 손실이 매우 크기 때문에 매니저에 대한 평가는 아주 중요하다.

인재가 가장 큰 자산이다

회사에서 가장 큰 자산이자 비용은 바로 인재다. 설비나 재료비가 많이 들어가지 않는 소프트웨어 분야에서는 더더욱 그렇다. 소프트웨어 회사에서는 인재의 수준이 그 회사의 모든 것을 결정한다고 해도 과언이 아니다. 그래서 인재를 찾아 적재적소에 배치하고, 좋은 기여를 하면 많이 보상해주고, 기여가 없거나 기대치보다 낮으면 피드백을 통해 기여 수준을 개선하거나 해고한다. 이것은 실리콘밸리 기업들에게 가장 중요한 일 중 하나다.

실리콘밸리 기업들이 야근을 종용하지 않고 업무 진행 상황을 일일이 확인하지 않으면서 직원들에게서 최대한의 기여를 끌어낼 수 있는 것은 인사 평가와 보상 체계 때문이다. '윗사람'이 아닌 '동료들'을 중심으로 하는 360도 인사 평가의 장점은 다음과 같다.

1. 공정하고 실제로 도움이 되는 피드백을 줄 수 있다

평가자가 매니저 하나일 때는 그의 눈에 띄는 것이 중요하다. 하지만 360도 인사 평가 시에는 같은 팀 동료들, 협업한 다른 팀 동료들이 평가하기에 실무적인 측면에서 더 정확한 피드백을 받을 수 있다. 또 여러 사람의 시각이 반영된 피드백을 받아볼 수 있다. 그뿐 아니다. 매니저나 팀 선택, 즉 줄

서기에 평가가 좌우되지 않는다. 팀의 성패보다, 매니저의 마음에 드는 것보다 업무로 엮이는 동료들의 평가가 중요하다. 동료들은 평가 대상자가 야근하는 것을 높이 사지 않는다. 그의 기여가 팀의 성공과 동료들의 성공에 얼마나 좋은 기여를 했는지를 중요하게 여긴다.

같은 행동도 누가 어떠한 상황에서 보느냐에 따라 좋은 행동이 될 수도, 좋지 않은 행동이 될 수도 있다. 일례로 매니저 한 사람이 인사 평가를 하는데, 그가 야근을 중요하게 생각한다면 야근하지 않는 사람은 공정한 평가를 받기 어렵다.

2. 기여에 따른 보상이 가능하다

매니저가 인사 평가를 하는 체제에서는 팀의 성패가 구성원의 명운을 좌우하는 경우가 많다. 아무리 뛰어난 직원이라도 팀 프로젝트가 망하면 승진할 가능성이 거의 없다. 또한 매니저가 회사에서 신망을 잃으면 직원에 대한 그간의 평가도 객관적인 평가로 활용하기 어려워질 수 있다. 이러한 이유로 줄을 잘 서는 것이 중요하고, 매니저들 역시 윗사람들에게 잘 보이기 위한 정치적 활동을 중요시하게 된다.

팀 내외 동료들과 매니저에 걸친 360도 인사 평가는 훨씬 더 객관적인 자료가 된다. 또 회사의 미션에 대한 기여도를 중심으로 한 평가 절차는 승진, 해고, 연봉 인상 등의 인사 조치를 할 수 있는 근거가 된다. 즉 누구에게 줄을 서느냐가 아닌 개인의 성과와 능력에 따른 보상이 가능하다.

3. 매니저들이 프로페셔널하게 발전한다

매니저는 팀원들의 일거수일투족을 지켜보고 평가할 필요가 없다. 평소에는 전문가적인 가이드를 해주고, 성과는 동료들의 평가를 종합하여 측정하면 된다. 그러다 보면 매니저는 자신의 시각에서는 볼 수 없었던 다양한 시각을 발견하게 되고, 관리자나 감시자보다는 멘토나 코치의 역할을 하게 된다. 팀원들은 이러한 매니저들을 통하여 개인의 발전을 도모할 수 있다.

다만 모든 매니저가 다 좋은 매니저인 것도 아니고, 매니저의 역할이 쉬운 것도 아니다. 기술적으로도 뛰어나고 사람을 다루는 실력도 뛰어나야 매니저의 역할을 제대로 해낼 수 있다. 360도 인사 평가는 매니저 스스로 자신의 어떠한 점을 보완하여야 더 훌륭한 매니저가 될 수 있는지를 깨닫게 한다.

역할 조직은 위계 조직에서 한 사람에게 최종 결정을 내릴 권위를 부여하는 것이 얼마나 많은 비효율과 부작용을 초래하는지를 깊이 이해한 끝에 나온 대안이다. 그 역할 조직이 누군가의 감독과 감시 없이도 최대한 효율을 낼 수 있도록 하는 것이 바로 360도 인사 평가를 통한 객관적인 피드백과 공정한 보상 체계다.

360도 인사 평가와 보상 체계를 위계 조직에서 사용하면 의미 없는 평가들만 쏟아질 것이다. 동료들은 경쟁자고 매니저는 일을 시키는 권력자인 상황에서 동료들의 평가는 공정하기 힘들고 권력자에 대한 평가는 위험하다.

달리기경주에서 제일 빨리 달리는 사람은 코치가 금방 알아본다. 옆에서 같이 달리는 경쟁자들보다는 코치가 객관적으로 더 좋은 조언을 해줄 수 있다. 그러나 축구 경기에서 내가 골을 잘 넣을 수 있도록 패스를 잘해주는 사람은 내가 제일 잘 안다. 그리고 나에게 어떻게 패스해주면 좋을지에 대한 피드백도 내가 제일 잘할 수 있다.

실리콘밸리 스타트업 리더십은 수레바퀴 축과 같다

Sarah 박정리

_Chili 이종호

실리콘밸리 스타트업 리더십은 수레바퀴의 축과 같다. 리더십은
스타트업에 모인 에너지가 방향성을 가지고 움직일 수 있는 중심이 된다.

실리콘밸리 기업 CEO가 주식 부자가 된 이유

성공한 실리콘밸리 기업의 최고경영진은 엄청난 연봉 외에도 스톡옵션 등 주식보상제
도를 통해 수백억 원대의 천문학적인 보상을 받는다. 과연 실리콘밸리 기업 최고경영진
들에게 그만한 가치가 있을까?

실리콘밸리 스타트업의 자본은 대부분 벤처캐피털에서 제공하고, 창업자와 경영진은
자신의 능력을 제공한다. 자본 투자로 스타트업의 이사회를 장악한 벤처캐피털은 최고

경영진에게 스톡옵션 등을 통해 높은 회사 지분을 부여한다. 스타트업이 성장할수록 점점 많은 투자를 유치해야 하지만 이것 역시 벤처캐피털의 역할이고, 최고경영자와 경영진은 오히려 증자 때문에 지분이 희석되지 않도록 이사회로부터 더 많은 스톡옵션을 받는다.

결국 기업 가치 1조 원 이상의 비상장 기업인 유니콘이 성공적으로 주식공개를 하면, 아무 자본도 투자하지 않은 경영진들도 수천억 원의 주식 자산을 보유하게 된다. 즉 실리콘밸리에서 리더십의 가치는 그들이 증가시킬 수 있는 기업 가치와 같다. 반대로 우리가 들어보지 못하고 사라진 수많은 스타트업의 경영진은 아무런 보상을 받지 못한 경우도 흔하다.

그렇다면 실리콘밸리는 왜 이런 독특한 주식 위주의 보상제도를 발전시켜왔을까?

스타트업에서 경영진의 리더십은 기업의 성패를 결정한다. 그리고 주식을 통한 보상은 기업 가치가 증가할 경우에만 실현 가능하다. 극히 예외적인 사례를 제외하고, 실리콘밸리에서 경영진에 대한 보상은 기업의 성패와 비례한다. 그러나 실리콘밸리에서 스타트업의 '성공'은 다른 지역이나 문화에서 생각하는 성공과는 상당히 다르다.

투자자들이 생각하는 성공

안정적 수익 모델을 달성한 기업들 대신, 위험이 높더라도 블루오션을 개척하고 기존 산업계를 뒤흔드는 혁신을 가져오는 스타트업에 투자하는 것이 실리콘밸리 투자의 주된 목표다. 통계적으로 보았을 때 최초의 혁신, 즉 '제로투원'Zero to One을 이룩한 기업은 창출된 시장 초기 수익의 대부분을 가져간다. 혁신을 통해 새로운 시장을 독식하지 않고 몇 년 만에 기업 가치 1조 원을 달성하는 회사가 탄생하는 것은 불가능하다. 이러한 제로투원을 실현시킬 수 있는 유일한 원동력이 바로 실리콘밸리의 창업가 정신과 리더십이다.

스타트업의 최고경영진은 투자자들의 입맛에 따라 움직이는 피고용인이 아니라, 그들의 투자에 확실한 보상을 안겨줄 가장 중요한 파트너다. 그래서 능력 있는 경영진에게는 떠나지 않고 경영을 잘해서 회사의 가치를 높였을 때 직접적인 보상을 얻을 수 있도록 파격적인 주식을 제공한다. 이는 유니콘 중 과반수 이상이 실리콘밸리에서 탄생하는 중요한 이유 중 하나다.

기업 구성원들이 생각하는 성공

실리콘밸리 구성원들에게 '성공'은 금전적 보상이 충분한 안정적인 직장에 정착하는 것이 아니다. 그들이 느끼는 개인적 성공은, 회사의 미션이 자신의 자아실현으로 이어질 수 있는 곳에 합류하여 사회적 혁신을 이끌어내는 데 기여하는 것이다. 그러므로 직원들에게도 제로투원의 혁신을 만들 수 있는 경영진이 있는 기업에 합류하는 것이 가장 중요하다.

기업 미션의 성공을 책임진다는 점에서 실리콘밸리 경영진의 리더십은 팀원들에게 업무 분장이나 업무 수행을 독려하는 차원에 그치지 않는다. 실리콘밸리의 리더는 행동으로 조직을 이끌고, 스스로 결정을 내리고, 그 결정에 책임을 져야 한다.

나는 실리콘밸리에서 주식 상장 프로젝트들을 진행하면서 여러 최고경영진을 가까이에서 지켜봤다. 가장 인상 깊었던 점은, 어떤 문제가 발생했을 때 스스로 신속하게 자세한 내용까지 다각도로 파악하고자 노력한다는 것이었다. 누군가 그들을 대신해 상황을 종합하고 해결책까지 보고하는 것은 불가능하다. 만약 그런 누군가가 있다면 그가 최고경영진의 자리를 대신할 가능성이 높다. 문제 발생 신호가 나타난 즉시, 최고경영진이 신속하게 상황을 파악하고 대처해야 한다.

여러 다른 프로젝트와 마찬가지로 주식공개 상장 프로젝트도 회사 내외부 관계자들의 압력에 따라 이리저리 흔들리기 마련이고, 최고경영진은 주어진 스케줄을 맞추기 위해 자신의 비전문 분야라도 신속하게 의사 결정을 내려주어야 한다. 전화, 이메일, 미팅으로 최대한 빨리 문제에 대한 각 전문가 그룹의 의견을 취합하고 경청하지만, 최종 의사 결정은 언제나 최고경영진 스스로 내린다. 결국 의사 결정에 필요한 정보를 제공하는 다양한 보고서는 존재하지만 결재 서명란만 비워진 경우가 많다. 다시 말해 의사 결정 자체가 담겨 있는 문서는 존재하지 않는 경우가 대부분이다. 신속성이 중요할 뿐 아니라 정해진 의사 결정에 대해서는 결과로 평가받을 뿐이다.

아래에서 올라온 의사 결정 옵션 중 하나를 고르는 방식은 실리콘밸리에서 전혀 통하지 않는다. 애플의 최고경영자 팀 쿡이나 테슬라의 최고경영자 일론 머스크가 항상 직접 나서서 신제품을 소개하는 것은 단지 쿨해 보이기 위해서가 아니다. 조직의 리더로서 신제품에 대한 시장 평가의 최전선에 서야 하기 때문이다. 가령 로엘백화점®에서 실패한 의사 결정의 책임은 사장을 대신해 최선을 결정한 누군가에게 돌아갈 것이다. 하지만 아이폰 8이나 테슬라 모델 3이 시장에서 실패한다면 각 기업의 최고경영자에게 그 책임이 돌아갈 것이다.

경영진에 대한 감시와 책임

최고경영진 등 리더 그룹에 대한 엄청난 보상과 권한이 당근이라면, 외부 이사회를 통한 엄격한 성과 평가와 감시는 채찍이라고 할 수 있다. 실리콘밸리가 실패에 관대하다지만, 이것이 곧 책임 지지 않아도 된다는 뜻은 아니다. 책임지고 물러난 인재에게 다른 회사나 프로젝트에서 다시 기회를 준다는 의미다.

특히 스타트업의 경우, 회사에서 이루어지는 모든 의사 결정에 대한 최종 책임을 지기 때문에 리더 그룹은 99번 올바르게 판단했어도 단 한 번 잘못된 판단을 내리면 책임지고 물러나는 경우가 많다. 가까운 사례로, 비상장 기업 중 가장 가치가 높다고 평가받는 우버의 최고경영자 트래비스 캘러닉도 사내외 스캔들로 이사회에 의해 중도 하차했다. 최고경영자와 창업자가 이사회와의 의견 충돌로 회사에서 쫓겨나는 일은 실리콘밸리에서 비일비재하다. 애플을 창업한 스티브 잡스도 1985년에 이사회의 결정으로 회사에서 쫓겨났다가 1997년에 복귀했다. 세계적인 반도체 기업인 마벨도 아시아 지사의 분식 회계를 막지 못해서 최고재무책임자가 바로 책임지고 자리에서 물러났다.

이러한 인재 관리 원칙은 리더 그룹뿐 아니라 구성원들에게도 전반적으로 적용된다고 할 수 있다. 규모는 작지만 경영진과 같은 방식의 주식보상제도를 통한 성과에 대한 보상, 실패에 대한 확실한 책임 추궁으로 대표되는 프로페셔널리즘은 실리콘밸리의 근간을 이루는 조직 문화이다. 실패와 재도전을 일상으로 받아들일 수 있는 도전 정신과 회사의 미션 수행을 위해 올바른 일을 하고 있다는 자기 확신이 리더로서 성장할 수 있는 핵심 자질이다.

---

* 드라마 〈시크릿 가든〉에서 남자 주인공 역의 현빈이 대표로 있던 백화점이다. 남자 주인공은 결재 서류에 서명을 하기 직전에 늘 "이게 최선입니까? 확실합니까?"를 물었다.

실리콘밸리 스타트업의 기승전결

Sarah 박정리

_Chili 이종현

실리콘밸리 생태계가 만들어내는 스타트업의 씨앗

실리콘밸리의 스타트업은 금융자본, 지식자본, 스타트업 자문기관, 법률 및 회계 자문 기관 등 기반이 되는 생태계 속에서 태어난다. 스타트업은 생태계 자체라기보다 생태계 가 키워낸 열매나 상품으로 보는 편이 더 정확하다.

- 금융자본: 스타트업의 금융자본은 벤처캐피털과 프리-IPO(기업 공개를 하기 전에 미리 투자자들로부터 일정 자금을 유치)기업들을 사들이는 구글, 페이스북과 같은 대기업, 기업 공개 상장 시장의 기관투자자들이 제공한다.
- 지식자본: 실리콘밸리 근처에 있는 스탠퍼드대학, UC버클리대학을 비롯해 미국 전역의 우수한 대학들과 프로덕트로 세상을 바꾸겠다는 꿈을 따라 전 세계에서 몰려온 인재들이 실리콘밸리의 지식자본을 제공한다.
- 스타트업 자문기관: 스타트업의 성장을 돕고 조언해주는 와이콤비네이터(Y Combinator) 등의 액셀러레이터(accelerator)는 실리콘밸리의 스타트업 학원과도 같다. 에어비앤비 등 최근에 성공을 거둔 수많은 회사들이 와이콤비네이터를 통해 스타트업으로 자신의 스토리를 이루어가는 방법을 배웠다.
- 법률 및 회계 자문기관: 스타트업 성장 과정에 특화된 서비스를 제공하는 법률 및 회계 자문 업체 등이 있다.

이러한 탄탄한 기반 생태계의 지원 속에서 누구든 아이디어와 스토리가 있으면 창업에 뛰어들 수 있다.

기(起): 스토리의 탄생

"당신의 스타트업은 어떤 스토리를 이루어가고자 합니까?"

이는 실리콘밸리에서 스타트업들에게 던지는 가장 중요한 질문이다. 훌륭한 스토리는 스타트업의 시작이자 끝이다.

모든 스타트업 창업자가 처음부터 분명한 비전과 스토리를 가지고 있는 것은 아니다. 특히 애자일 프로세스를 통해 성장하는 린(Lean) 스타트업의 초기 스토리는 자주 바뀐다. 많은 스타트업들의 꿈인 기업 공개 상장 준비를 시작하는 순간까지 기업의 정확한 스토리를 정하지 못하는 경우도 있다. 스타트업의 중요 전환점마다 무의식중에 내렸던 많은 결정들이 이후에 만들어진 스토리 라인에 따라 이루어진 것처럼 포장될 수도 있다.

에어비앤비의 "어디서나 우리 집처럼(Belong Anywhere)"이라는 미션도 그 한 예다. 창업자들이 처음부터 미션을 설정해놓고, 그 미션을 이루기 위해 에어비앤비라는 회사를 창업한 것이 아니다. 집값이 너무 비싸서 방을 내놓은 것이 사업 아이템이 되었고, 그에 맞는 스토리를 만들어냈다. 그리고 스토리는 그 회사의 존재 목적과 정체성이 되었다.

스토리가 중요한 것은 기업이 지향하는 방향을 통해 미래를 예상할 수 있는 틀이기 때문이다. 스타트업은 자신이 만들어낸 스토리를 완성하기 위해 노력하고, 사람들은 그 스토리 전개와 결말에 마음이 이끌려 투자를 결정한다.

일정 규모 이상의 자본금으로 만든 아이템으로 회사를 시작하던 기존 사업들과 달리, 테크 및 서비스 스타트업은 진입 장벽이 아주 낮다. 클라우드 서비스와 소셜미디어 광고 등을 활용하면 아주 적은 돈으로 사업을 시작할 수 있으며 크라우드펀딩, 블록체인 가상화폐공개(ICO) 등으로 자본금을 모으는 것도 쉬워졌다. 그 모든 초기 단계에서 사람들과 자본금을 끌어모으는 것이 바로 스토리의 역할이다.

창업을 위한 최소 자본이 워낙 적어지다 보니 '창업자의 능력과 의지'가 '충분한 자본'보다 더 중요하게 평가받는 시대가 되었다.

승(承): 펀딩으로 날개 달기

스타트업이 매력적인 스토리를 가지고 있고 이에 부합하는 전개를 보이고 있다면, 실리콘밸리의 수많은 벤처캐피털이 러브콜을 보낸다. 그런데 벤처캐피털들은 한꺼번에 투자하기보다는 스타트업의 성장 속도에 맞춰 단계적으로 자본을 투입한다. 단계별 자본 투자는 시간이 갈수록 기업 가치가 올라가서 스타트업의 주식을 점점 더 많이 사게 된다는 단점이 있지만, 스타트업 실패에 대한 위험 분산이 가능하다는 장점이 있다. 또한 기업 가치가 단계적으로 올라가면 더 많은 외부 투자자들의 관심과 투자를 끌어올 수 있다.

엔젤 투자 또는 창업가 투자

스타트업의 최초 자본 투자 단계로 창업가와 그 지인들을 중심으로 이루어진다. 통상 100만 달러 미만의 소액 투자가 주를 이루며, 기업 규모도 5~10명 안팎이다. 자본금은 1~2년간 운영자금에 해당할 정도이며, 이 단계에서 창업가들은 연봉을 거의 받지 않는 것으로 알려져 있다.

시리즈 A펀딩(Series A funding)

본격적인 외부 자본 투자 단계로, 1~3개 벤처캐피털들의 합작 투자가 이루어진다. 통상

500만~1,000만 달러 정도의 투자가 우선주(Preferred Stock) 형태로 이루어지며, 스타트업의 본격적인 기업 활동이 시작된다. 벤처캐피털이 이사회에 참석하여 기업 활동을 감시하고, 법률 및 회계 등 기본적인 기업 자문 서비스를 제공하기도 한다. 스타트업에 대한 홍보와 창업가들의 네트워킹 활동도 본격적으로 강화된다.

시리즈 B, 시리즈 C 펀딩(Series B to Series C funding)

스타트업의 비즈니스 모델 검증이 사실상 완료돼 본격적인 확장과 이에 따른 자본 투입이 필요해지는 단계다. 기존 벤처캐피털 외에 더 많은 벤처캐피털 투자자들이 참여한다.

시리즈 D펀딩(Series D funding)

프리-IPO 단계의 마지막 펀딩으로 4,000만~1억 달러 정도 투자된다. 벤처캐피털 펀딩은 사실상 마무리 단계다. 이후 단계의 펀딩은 IPO 혹은 기관투자자들의 사모(Private Placement)로 이루어진다.

전(轉): 기업 공개 준비

모든 스타트업이 다 기업 공개를 하는 것은 아니다. 기업 공개로 스타트업에서 벗어나 공개 기업이 되기로 결정한 회사는 다음과 같은 절차를 밟는다.

최고재무책임자 선정

최고재무책임자는 기업 공개 상장을 진행하는 총감독이다. 실리콘밸리에서 기업 공개 상장을 성공시킨 경험이 많은 최고재무책임자를 구하는 것이 중요하다. 프리-IPO 회사가 베테랑 최고재무책임자를 영입했다는 뉴스는 본격적인 기업 공개 준비에 착수했다는 신호탄으로 받아들여진다.

투자은행 선정

유가증권신고서를 작성하고 투자설명회를 진행할 투자은행을 선정하는 일은 최고재무책임자가 해야 할 여러 중요한 사전 준비 작업 중 하나다. 회사에 대한 기관투자가들의 선호도를 조사하고, 이에 따른 적정한 기업 공개 가격 산정 등도 모두 투자은행이 맡는다. 기업 공개를 위한 바이어(Buyer)를 모집하는 역할이다.

프리-IPO 라운드

기업 공개 직전에 적정 운영 자본을 보유하고 있음을 보여주기 위해 프리-IPO 라운드를 진행하는 것은 흔한 일이다. 이를 통해 한 번 더 펀딩을 받아 회사의 가치를 높인다.

유가증권신고서(S-1) 준비

유가증권신고서는 엄격한 유가증권 상장법에 따라 작성되어야 한다. 이를 충족시키기 위해 대형 회계법인을 외부감사기관으로 선정해 상장사 감사 기준으로 통상 2년 치 재무제표 감사를 완료해야 한다. 또한 상장 직후부터 요구되는 많은 외부 공시 요건을 맞추기 위해 미리 내부 프로세스를 정비해둬야 한다. 단기간에 성장한 실리콘밸리 스타트업들은 적정한 내부 관리 프로세스가 부족하여 이 단계에서 생각보다 많은 노력과 시간을 낭비하기도 한다. 유가증권신고서는 회사에 대한 다양한 정보를 담고 있으며, 분야별로 회사, 법무법인, 회계법인, 회계 컨설팅 회사 등에서 나누어 작성한다.

증권거래위원회와 상장을 위한 절차 논의 개시

유가증권신고서를 제출하기 전부터 증권거래위원회와 긴밀하게 회사의 상장 계획과 중요 회계 처리 방침에 대한 사전 조율을 거친다. 이를 바탕으로 본격적인 유가증권신고서 작성 작업에 들어간다.

최종 승인 회의(Organizational meeting)

기업 공개를 위한 사전 작업이 대부분 완료된 시점에 열리는 기업 공개를 위한 최종 승인 회의이다. 이 회의를 기점으로 통상 6개월 이내에 기업 공개를 완료하는 것을 목표로 한다.

투자설명회(Roadshow)

유가증권신고서에 대한 미국증권거래위원회의 심의가 두세 차례 진행되고 최종 승인이 이루어지면, 회사는 기업 공모 가격을 확정하고 투자은행과 함께 투자설명회에 나서게 된다. 전 세계의 기관투자자들을 대상으로 하는 투자설명회는 회사 임원진이 일주일 정도 직접 전 세계를 돌며 프레젠테이션을 한다. 투자설명회가 끝나면 투자은행에서 받은 기관투자자들의 회사 주식 구매 주문을 바탕으로 각 기관들에게 주식을 배분한다. 일반 소액 투자자가 공개 상장된 주식을 직접 구입할 수 있는 경우는 드문 것으로 알려져 있다.

상장

주식시장에 상장된 회사의 주식을 일컫는 네 자 이하의 약자(Ticker Symbol)가 발행되고 (예를 들어 Twitter는 TWTR, Google은 GOOG, Facebook은 FB라는 약자를 발행받음), 기존 주주의 주식들과 공모를 통해 발행한 신주들이 뉴욕증권거래소나 나스닥에 등록되어 거래되기 시작하는 것으로 상장 절차가 마무리된다. 신규 상장한 회사의 기존 주주들이 가진 주식은 6개월간의 의무보호예수 기간 동안 공개 시장에서 거래될 수 없으며, 이 기간이 지나면 등록된 증권 거래 시장에서 자유롭게 거래할 수 있다.

결(結): 기업 공개, 할 것인가 말 것인가

창업가들을 대상으로 한 설문 조사에서 훗날 자신의 기업을 공개 상장할 예정인지 물었을 때, 대다수가 부정적인 대답을 했다고 한다. 왜 많은 창업가들이 억만장자가 될 수도 있는 유일한 기회인 기업 공개를 마다하는 것일까?

사실 스타트업의 종착지가 반드시 기업 공개에 한정되어 있는 것은 아니다. 많은 창업가들이 대규모 상장사를 경영하는 것보다, 작은 스타트업들을 연속적으로 창업하고 투입 자본을 회수(exit)하는 것을 선호하는 것도 사실이다. 소규모 스타트업의 역동적인 환경에 익숙한 창업가들이나 종업원들은 정형화된 프로세스를 따라야 하는 상장사들의 안정적인 환경을 싫어하는 경향이 있다. 또한 하나의 스타트업이 창업에서 기업 공개가 아닌 투입 자본 회수까지 걸리는 시간이 실제 2~3년에 불과한 경우도 많아져, 창업해서 투자한 자본을 회수하는 시간도 짧아졌다.

창업가와 대주주들인 벤처투자자의 입장에서 기업 공개는 뚜렷한 목표라기보다 장단점이 확실한 가장 중요한 의사 결정 옵션 중 하나다.

기업 공개의 장점

스타트업의 비즈니스 모델 혹은 스토리에 대한 시장의 평가가 호의적이면 자본 조달을 안정적으로 쉽게 할 수 있으며, 기업 가치 상승에 따라 기존 주주들이 높은 상장 차액의 혜택을 누릴 수 있다. 구글, 페이스북의 신화는 오직 기업 공개를 통해서만 가능하다. 또한 상장주를 활용한 주식보상제도로 인재들을 쉽게 영입할 수 있다.

기업 공개의 단점

스타트업의 비즈니스 모델 혹은 스토리에 대한 시장의 평가가 호의적이지 않으면 추가 자본 조달이 쉽지 않고, 기업 공개 시 가격보다 시장가격이 떨어지는 경우도 흔하다. 상장 유지를 위한 법률 자문, 외부감사, 내부 시스템 유지 등 부대 비용이 매우 크다. 경영진들의 성과 평가가 외부 투자자들의 기준에 맞춰지게 되어, 단기 재무 성과가 장기 비전 실현보다 중시될 수 있다.

그렇다면 기업 공개가 아닌 다른 길은 무엇이 있을까? 실리콘밸리에서도 성공적인 스타트업 대다수가 기업 공개보다는 대기업에 매각하거나 다른 중소 규모 상장사와의 합병을 선택한다. 이때 창업가들은 스타트업을 떠나 새로 창업하거나 혹은 합병된 대기업의 한 조직으로 들어가 안정적 환경에서 연구 활동을 지속하기도 한다. 특히 기술 중심 스타트업은 자신이 특화시킨 하나의 기술로 시장을 창조하는 것보다 구글이나 페이스북의 플랫폼을 이용한 시너지 효과를 노리고 회사를 매각하기도 한다.

실제로 2013~2014년 기업 공개를 준비하던 많은 애드테크(AD Tech) 스타트업들이 최종적으로 AOL과 같은 광고 플랫폼 대기업에 인수되기를 택했다. 2014년 구글이 5억 달러에 매수한 인공지능 기업 딥마인드도, 기업 공개보다는 구글과의 협력을 선택한 경우다. 이후 딥마인드가 구글의 빅데이터와 안정된 펀딩을 바탕으로 알파고를 만들어낸 것은 이제 잘 알려진 스토리이다. 실제 필자가 경험한 다수의 기업 공개 프로젝트 중 상당수가 6개월 이상 준비했던 유가증권신고서의 최종 승인을 앞두고 다른 기업에의 인수를 결정했다.

반면 최근 몇 년간 기업 공개 시장에 가장 활발히 진출한 신약 개발 중심의 바이오테크 기업들은 매각보다는 기업 공개를 선호하는 것으로 보인다. 이미 발견된 신약 후보 물질에 대한 본격적인 임상 실험에 필요한 자본을 기업 공개로 조달한다. 기존 제약 대기업들은 기업에 대한 자본 투자보다 기술협력 계약을 통해 신약 후보가 임상 실험을 통과할 때마다 마일스톤 페이먼트(Milestone Payments)를 지불하고, 신약 허가 시 로열티를 지불하여 상용화 라이선싱 취득을 보장받는 쪽을 선호한다. 신약 개발에 들어가는 임상 실험 비용이 통상 2억 달러 이상이고 임상 첫 단계에서 시작해 최종 신약 허가를 받는 비율이 10%가 되지 않는다는 점을 고려하면, 신약 개발 사업은 전형적인 고위험·고수익 프로젝트이기에 기업 공개를 통한 위험 분산이 필수적인 분야라고 할 수 있다.

세상을 바꾸는 새로운 도전에는 잃을 것이 많은 기존 대기업들이 할 수 없는 일들이 정말 많다. 스타트업과 대기업은 역할도 다르고 속도도 다르다. 실리콘밸리의 스타트업들은 변화를 만들어가는 원동력이지만, 그들이 겪는 과정은 무모한 도전의 연속이다. 탄탄한 생태계를 기반으로 스타트업 성장 시스템을 갖춘 실리콘밸리는, 늘 변화를 이끌면서 사람들이 가진 문제에 새로운 해결책을 제시하여 전 세계 사람들이 사랑할 만한 스토리를 가진 회사들을 만들어가고 있다.

어떻게 일하는가

일하는 방식이 혁신과 성과를 가져온다

필요한 미팅만
하는 회사

Aiden 송창걸

직원 한 사람, 한 사람이 다 전문가이기에 그들이 주 업무를 멈추고
미팅을 위해 모이는 시간은 정말 비싼 시간이다.
그래서 미팅 시간을 최소로 하는 것이 중요하다.

190

회사에서 직원들끼리 소통하는 시간은 좋은 제품을 만드는 데 반드시 필요하다. 실리콘밸리에서처럼 개발자, 디자이너, 프로덕트 매니저 등 각자가 종합적인 사고를 하는 의사 결정권자인 경우에는 더욱 그렇다. 엔지니어의 경우, 혼자 코드를 작성하는 시간이 프로젝트 진전을 위한 시간이라면 소통하는 시간은 제품의 품질과 옳은 의사 결정을 위한 시간이다.

사내 소통 방법은 직접 만나지 않고 이야기하는 비대면 소통과 미팅룸에서 만나거나 화상회의 방식으로 이루어지는 대면 소통, 그리고 업무 외에 친목을 나누는 소통으로 나눌 수 있다.

비대면 소통

애자일 도구와 코드 저장소

사실 우리는 혼자 일하는 동안에도 끊임없이 의견과 정보를 교환한다. 예컨대 소프트웨어 엔지니어가 코드를 작성하고 테스트하고 다시 저장소에 저장하는 동안 대화가 오가지 않아도 상당한 수준의 정보 교환이 이루어진다.

- 애자일 도구를 통하여 태스크를 선택한다.
- 프로덕트 매니저가 작성한 스토리와 에픽을 읽는다.
- 다른 개발자들의 코드를 읽고 이해한다.
- 코드를 작성하고 팀원들에게 리뷰를 받는다.
- 애자일 도구에서 태스크 진행 상황과 결과를 표시한다.

이렇게 엔지니어, 프로젝트 매니저, 엔지니어링 매니저 간 미팅 없이도 끊임없이 정보 교환이 이루어진다.

사내 위키(클라우드 문서)

정보의 양이 많고 공유 방법이 수동적이어도 괜찮은 '개발 가이드라인', '테스트 방법론', '새로 온 엔지니어를 위한 개발 환경 설정법' 같은 문서는 사내 위키 등 클라우드 문서로 공유한다. 클라우드 문서를 보며 개발 환경을 만들다 보면 문서 작성 시점 이후 달라진 내용을 발견하기도 하는데, 이를 업데이트하는 것은 사용자의 몫이다. 기술 발전은 똑똑한 한 명이 하여 나누어주는 것이 아니라 여러 사람의 공동 책임이다.

이메일

정보의 양이 사내 위키의 경우보다 적으면서 의견이나 정보 교환이 더 능동적이어야 하는 경우에는 이메일을 사용한다. 회사 업무가 워낙 빠르게 돌아가다 보니, 문의 이메일에 한 줄짜리 답장이 계속 포함되면서 이메일 문서가 길어지는 경우가 있다. 이때는 클라우드 문서를 만들고 그 링크를 공유하기도 한다. 20명에게 발송된 장문의 이메일에 한 줄씩 답변을 다는 것은 상당히 전투적으로 느껴질 뿐 아니라, 모바일 기기의 제한된 화면에서 작업하기에 효과적이지 못하다.

메신저

정보의 양이 이메일보다 적고 내용이 일시적이면서 정보 교환 주기가 이메일보다 빨라야 하는 경우에는 채팅을 사용한다. 요즘 팀 협업 도구라고 불리는 클라우드 서비스의 경우에는 메신저 기능이 상당히 강화되어(검색, 태그, 그룹 채팅, 첨부 파일의 팀 공유 등) 이메일 서버의 부하를 상당히 줄여준다.

대면 소통

애드혹 미팅

애드혹Ad-hoc 미팅은 그때그때 필요에 따라 만나는 미팅이다. 메신저나 이메일의 경우보다 더 빨리 확실한 결정을 내려야 할 때 활용한다. 채팅으로 의견을 나누다가 답답해지면 구글 캘린더에 아무 때나 미팅을 잡고 초대한다.

실리콘밸리에서는 직급에 관계없이 몇 분 정도라면 따로 미팅을 잡지 않고 바로 상대의 자리로 가서 "알렉스, 15분 정도 얘기할 수 있나요?"로 대화를 시작하는 일이 흔하다. 또 집에서 일하거나 원격으로 일하는 경우가 많기 때문에 화상 통화가 흔하고, 이를 지원하기 위해 회의실마다 화상 통화 시스템이 갖추어져 있다.

일 이야기가 아니더라도 직접 만나서 대화를 나누는 것은 매우 중요하다. 팀 미팅에서 새로 찾아낸 연구 과제를 누가 맡을지 논의하다 어떤 팀원의 기분을 상하게 만든 적이 있다. 직접 만나서 이런저런 이야기를 하다 보니 자연스럽게 팀원의 기분을 알게 되어 미안한 마음을 전했다. 이 일로 직접 만나서 대화를 나누지 않을 경우 발생할 수 있는 오해를 조심해야겠다고 생각하게 되었다. 이러한 대화가 없다면 팀을 가족이 아닌 약육강식의 정글처럼 느끼게 될지도 모른다.

일대일 미팅

일대일 미팅은 정기적으로 다른 직원과 일대일로 30~60분 정도 대화를 나누는 것이다. 나를 직접 관리해주는 매니저와는 기본적으로 1~2주에 한 번 일대일 미팅을 갖는다. 이때 매니저들이 주로 하는 질문은 다음과 같다.

- 행복하니? Are you happy?
- 혹시 문제가 되는 일이 있니? Do you have any issues?
- 무슨 생각 하고 있니? What's on your mind?

일대일 미팅에서 가장 중요한 것은 내 행복에 대한 이야기다. 내 업무 효율이 가장 높을 때는 내가 지금 수행해야 하는 일 말고 다른 걱정이 전혀 없을 때다. 매니저의 가장 중요한 역할은 내가 최고의 업무 효율을 낼 수 있도록 하는 것이다. 내 행복을 확인하고 일 외에 걱정할 일이 없도록 만들어주는 것이 매우 중요하다. 그래서 일대일 미팅에서는 동료와 싸운 이야기, 공부하다가 어려운 점, 가족과 싸운 일 등 내 기분과 행복에 영향을 미칠 수 있는 모든 이야기를 한다. 회사의 매니저가 개인의 행복과 관련된 모든 일을 돕기는 불가능하겠지만, 최대한 내 행복을 위해 조언해주고 비자나 업무 조정, 다른 팀과 대화 등 회사에서 발생하는 문제를 해결해주기도 한다.

또 하나의 중요한 주제는 멘토링이다. 매니저는 내가 앞으로 발전하기 위해서 어떤 프로젝트를 하는 것이 좋은지, 어떤 공부를 하는 것이 좋은지 조언해준다. 내 멘토이자 매니저였던 도미닉은 입버릇처럼 "일대일 미팅은 성스러운 시간이에요."라고 말했다. 어떤 급박한 상황이 오더라도 일대일 미팅을 취소하는 일은 없어야 한다고 강조하면서 한 이야기다.

애자일 미팅: 스크럼 스탠드업, 스프린트 계획, 스프린트 리뷰

애자일 프로젝트에 속한 개발 조직의 팀원들은 스탠드업 미팅으로 일과를 시작한다. 매니저, 소프트웨어 아키텍트, 디자이너처럼 두 개 이상의 프로젝트에 참여하는 팀원들은 오전 근무 시간의 절반 이상을 스탠드업 미팅으로 보내는 경우도 흔하다. 이런 이유로 더더욱 스탠드업 미팅의 간결함이 강조된다.

각자의 작업 내용은 이미 애자일 도구를 통해 공유되고 있기 때문에 팀원들은 자기 차례가 오면 '어제 수행한 태스크 제목, 오늘 수행할 태스크 제목,

그리고 작업을 방해하는 요소가 있는지, 있다면 누구의 도움이 필요한지'만 말하면 된다. 만약 스탠드업 미팅에 참여하는 사람이 15명 이상이라면 가급적 팀을 쪼개 독립적인 스크럼 팀을 구성하고, 한 달에 한 번 정도 스크럼 오브 스크럼 미팅을 통해 스크럼 팀 사이에 조율해야 하는 일 가운데 반복적으로 나타나는 것이 있는지 찾고, 이를 예방하도록 한다. 매니저들은 스크럼 팀 간의 업무 동기화나 연계에 신경을 많이 쓴다.

애자일 미팅은 프로젝트 단위이므로 팀에 국한되지 않는다. 여러 팀의 매니저들과 팀원들이 함께하는 경우도 있고, 몇몇 엔지니어들끼리만 모여서 하는 경우도 있다.

스프린트 계획 미팅과 스프린트 리뷰 미팅은 프로젝트를 같이하는 사람들이 일반적으로 1~2주 간격인 스프린트 사이클마다 모여 개선점을 찾고, 새로운 스프린트에서 고객에게 전달할 수 있는 포인트를 최대화할 수 있도록 논의하는 자리다. 이들 미팅은 스탠드업 미팅보다 사이클이 길기 때문에 간접적으로 스프린트에 참여하는 사람들도 참여하는 것이 보통이다.

팀 미팅

스크럼 팀이 회사 안의 작은 회사라면, 팀 미팅이 일어나는 공간은 회사 안의 작은 집이라고 할 수 있다. 고객의 요구를 수행하면서 돈을 벌어오는 조직인 각 스크럼 팀이 보다 효율적으로 업무를 수행하기 위해 역할별 수평조직인 팀 미팅에 매주 또는 격주로 모인다.

각 스크럼 팀에서 공통적으로 필요한 것이나 수평 조직 차원에서 해결해야 하는 일을 논의한다. 가령 테스팅 팀에서 자료에 기반한 테스팅을 조금 더 수월하게 운영하기 위해 기존의 JUnit에서 TestNG로 전환하기로 결정

했다고 하자. 이는 전체 테스트 계획과 설계, 실행에 영향을 주는 일이므로 스프린트 전 일정에 미치는 영향을 최소화할 수 있도록 매니저가 팀원들과 상의할 것이다. 이렇게 수평 조직이 있는 이유는 각 역할을 수행하면서 지식을 많이 축적한 사람이 그 비슷한 역할을 보다 쉽게 수행할 수 있도록 다른 사람을 도와주는 것으로 매니저의 역할이 발전해왔기 때문이다.

팀 미팅에서 일만 하는 것은 아니다. 팀 관리 차원에서 하루 업무를 하는 대신 방 탈출 게임, 세그웨이 타고 관광하기, 집라이닝 등 팀 빌딩 시간을 갖거나 한 달에 두 번 정도 점심을 같이 먹는다. 업무가 끝나는 5시 이후의 회식은 없으며, 만약 사람들이 모였다 해도 매니저가 주도하는 일은 없다.

스태프 미팅

팀이 커질수록 하나가 되어 움직이기가 점점 힘들어진다. 개발 조직은 각각의 역할을 담당하는 수평 조직들의 발전을 추구함과 동시에 고객이 원하는 제품을 되도록 빨리 시장에 내놔야 한다. 이를 위해서는 팀을 이끄는 리더에게 높은 수준의 균형 감각이 요구된다.

엔지니어링 팀이 마케팅, 세일즈, 비즈니스 개발 팀과 같이 설정한 목표를 달성하기 위해 분기별 목표를 세웠다면, 그 목표를 위해 매일 직접적으

로 일하는 조직은 수직 조직인 스크럼일 것이다. 하지만 일의 양이 늘어날 때 팀의 크기가 비례하여 혹은 그보다 크게 늘어나야 한다면 우리는 그것을 탄력적이지 Scalable 않다고 표현한다.

엔지니어링 스태프 회의는 회사가 그러한 과제를 수행하는 동시에 팀과 개인의 역량을 키워 팀이 더 큰 과제를 효율적으로 수행할 수 있도록 계속 고민하고 노력하는 자리다.

전체 미팅

전체All-hands 미팅에는 개발 팀처럼 여러 수평, 수직 조직을 아우르는 팀이

모이는 비교적 작은 크기의 팀 전체 회의가 있는가 하면, 회사의 모든 직원이 모이는 전체 회의도 있다. 모임의 크기가 커질수록 비용이 많이 들기 때문에 자주 할 수는 없다. 하지만 수많은 전 직원이 한 공간에 모여 있어 집단의 일원이라는 미묘한 짜릿함을 제공하며, 함께 미

선을 수행하는 동지로서의 애사심을 확인할 수 있는 자리이기도 하다. 그간의 성공을 축하하고, 실패를 성찰하며, 구성원 모두가 하루하루 쌓아온 노력이 점점 큰 덩어리로 모여 구체적인 결실로 나타나는 것을 확인할 수 있는 내용으로 미팅이 구성된다.

엔지니어링 전체 미팅에서는 최근에 성공적으로 수행한 프로젝트에 대해 엔지니어의 입장에서 흥미로운 내용을 강조해서 공유한다. 또한 반복되는 문제점에 대한 포스트모텀 결과를 보고하고, 예방책을 공유하는 것으로 다 같이 발전하는 데 필요한 내용을 강조하는 자리가 되기도 한다. 엔지니어링 프로세스는 계속 발전하는 것이므로 팀 차원에서 이미 이메일로 공지된 내용의 배경을 설명하고, 각 의사 결정 과정에 필요한 의견이 수렴되었는지 확인하는 자리이기도 하다.

회사 전체 미팅에는 고급스러운 아침 식사가 제공되기도 한다. 최고경영자는 TV쇼 진행자처럼 팀장들이 팀의 성과를 자랑할 수 있는 시간을 마련한다. 회사의 영업 실적, 재정 상황에 대한 내용을 투명하게 설명하기도 하고 질의응답 시간을 갖기도 하지만, 가장 흥미로운 시간은 새로 입사한 인력들의 자기소개 시간이다. 비교적 짧은 시간 안에 많은 사람들에게 강한 인상을 심어줄 수 있도록 최선을 다하기 때문에, 새로 입사한 사원들의 개성 강한 목소리를 들으면서 회사가 성장하고 있음을 느낄 수 있다.

업무 외 미팅들

브라운백 미팅

브라운백Brown Bag 미팅이란 이름은 점심을 넣는 갈색 종이봉투에서 유래

했다. 점심시간에 각자 샌드위치 등 가벼운 도시락을 가져와 먹으면서 하는 가벼운 미팅이다. 집에서 점심을 싸 오지 않는 사람이 더 많아 피자를 배달하는 것이 보통이니 피자박스 미팅이란 이름이 더 어울릴지도 모르겠다.

브라운백 미팅에서는 신기술에 대해 강연하기도 하고, 자신이 어렵게 해결한 문제를 이야기하기도 한다. 서로 가볍게 친해질 수도 있고, 배울 수도 있는 의미 있는 시간이다.

혁신은 뛰어난 한 사람이 만드는 것이 아니다. 작은 성공들을 공유하면서 서로 자극을 주고, 전달한 정보가 씨앗이 되어 점진적으로 만들어진다.

게임나이트와 해피아워

게임나이트Game Night는 가끔 팀원들끼리 모여 보드게임이나 카드놀이를 하는 것을 말한다. 금요일 오후 4시쯤 회사에서 해피아워Happy Hour라는 이름으로 맥주를 한잔하면서 이런저런 이야기를 하기도 한다.

퇴근 시간 후에 이런 행사를 하면 참여가 저조하고 가족끼리의 시간을 침해하게 되기 때문에 대부분 점심시간이나 오후 4시 이후 시간을 활용한다. 5시 이후 저녁 시간에 하면 거의 싱글들만의 모임이 된다.

밋업

밋업Meer Up은 회사가 제공하는 플랫폼 서비스의 하나로, 관심사가 비슷한 사람들이 만나는 일종의 동호회다. 실리콘밸리에서는 회사 밖 엔지니어들을 초대해서 음식을 나눠 먹으며, 유사한 일을 하는 사람들끼리 모여 일하다 맞닥뜨린 난관을 어떻게 풀었는지 등에 대한 정보를 교환한다. 그 과정에서 회사 기술에 대한 인지도를 높이는 부차적인 효과가 있어서, 계속 훌륭한 인재를 뽑아야 하는 성장하는 회사에서 밋업 모임을 많이 개최한다.

팀에 꼭 필요한 만큼의 정보 교환

고객을 만족시키는 제품과 서비스를 만들고, 그 과정을 통해 회사의 미션에 한 발짝 더 다가가기 위해 일하는 방식을 결정하고 필요한 정보를 공유하는 효과적인 방법으로 여러 가지 형식의 미팅이 활용된다. 위에서 살펴본 미팅 외에도 목적을 분명히 하는 일시적인 미팅이 많다. 고객에게 직접 영향을 주거나 개발 과정에 지장을 준 사고가 있었다면 포스트모텀이라는 형식으로 관계자들이 모여 재발 방지에 노력한다.

애자일 프로세스에서 스토리의 크기를 예측하는 미팅, 프로세스 개선을 위한 미팅, 기술 아키텍처를 간소화하기 위한 미팅 등을 통해 매일매일 사람들을 만난다. 미팅이 계속 늘어나 일할 시간이 줄어들고 있다면 간단한 질문을 통해 미팅이 왜 필요한지, 더 효율적인 다른 형식의 소통은 없는지 알아봐야 한다.

미팅에 참여한 한 사람, 한 사람의 시급을 생각해보면 미팅은 정말 비싼 시간일 수 있다. 만약 한 사람의 이야기를 듣는 일이라면 이메일로도 충분할 수 있다. 그리고 실시간으로 소통해야 하는 것이 아니라면 클라우드 문서로도 충분할 수 있다.

사고를 쳐도
혼나지 않는 회사

Aiden 송창걸

_Chili 이종호

사고가 일어났을 때, 개인이 솔직하게 실수를 인정하고
사고에 대한 예방책을 찾기 위해서는 서로 비난하지 않는 문화가 필요하다.

"너의 실수를 부검한다"―포스트모텀

우리는 모두 크고 작은 실수를 경험한다. 기업 활동이 사람들의 크고 작은 결정들로 이루어지다 보니, 작은 실수 때문에 큰 손실이 발생하는 경우도 있다. 어느 증권회사에서 1,000달러짜리 한 주를 팔아야 하는 상황에서 실수로 1달러에 1,000주를 팔았다면 말 그대로 100만 달러의 손실을 입게 된다.

내가 다니던 회사에서도 한 엔지니어의 실수로 데이터베이스가 복구 불가능한 상황이 되어, 클라우드 서비스가 24시간 가까이 정지된 일이 있었다. 이 일로 회사가 입은 추정 손실은 6억 원 정도였다. 신뢰도 손상으로 인한 기업 가치 하락은 그보다 크지 않았을까 싶다.

한 사람의 의도하지 않은 작은 실수가 단시간에 회사에 큰 손실을 초래하기도 하지만, 여러 사람이 의논을 통해 결정한 내용이 천천히 시간을 두고 좋지 않은 결과로 나타나는 경우도 있다. 이때 "실수는 병가지상사이니 다음에 잘하자."라고 다짐하는 것으로 충분할까? 아니면 책임자를 문책하는 것이 재발을 효과적으로 방지하는 방법일까?

포스트모텀이란?

실리콘밸리 기업들은 포스트모텀으로 왜 문제가 일어났는지 분석하고 대책을 수립한다. 포스트모텀은 우리말로 부검 또는 검시라는 뜻이다. 포스트Post 는 '후', 모텀 Mortem 은 '죽음'이다. 즉 피해자(?)를 사망에 이르게 한 직간접적 원인을 사후에 총체적으로 알아내기 위한 방법이다.

회사에서 일어난 사고를 분석하고 예방하기 위한 방법론을 이야기할 때 왜 이런 차가운 느낌의 단어를 쓰는지 잘 모르겠지만, 비교적 캐주얼한 분위기의 실리콘밸리 기업들에서 엄중한 분위기의 미팅을 지칭하기에 알맞은 이름이라는 생각은 든다. 위키피디아의 포스트모텀 페이지에 링크되어 있는 〈지디넷ZDNet〉 기사에 성공적인 포스트모텀의 포인트들이 잘 설명되어 있다. 그중 몇 가지를 아래에 정리해보았다.

1. 모든 관계자를 초대한다

포스트모텀은 관련자 모두가 참가하는 것이 바람직하다. 관리자들만 모이거나 팀의 일부만 모일 경우, 핵심적인 정보나 통찰을 놓칠 수 있기 때문이다. 중요도가 높은 공식 미팅으로 일정을 잡되, 가급적 사고 수습이 이루어진 직후에 하는 것이 좋다.

2. 시간 순으로 분석한다

사고가 일어난 과정과 그 대응 과정을 상세하게 기술한다. 누가 언제 어떤 정보를 접하고 어떤 결정을 내렸는지, 각 결정을 내리게 된 배경은 무엇인지 기술하다 보면, 시간을 거슬러 올라가 근원적인 문제점을 찾아내거나 복합적인 원인을 분석하는 데 한 발짝 다가갈 수 있다.

3. 잘된 일과 잘못된 일을 모두 검토한다

잘된 일은 모범 사례로서, 잘못된 일은 보완해야 할 시스템의 약점을 찾아내는 데 꼭 필요하다.

4. 책임자를 문책하는 미팅이 아니다

실수한 사람 또는 문제의 책임자에게 비난의 화살이 돌아간다면, 그 조직은 점점 책임을 회피하기 위해 정보를 각 팀(혹은 각 개인)의 입장에서만 해석하게 된다. 이렇게 되면 진정한 원인 분석을 통해 다음 사고를 예방한다든지, 시스템을 팀 차원에서 개선한다든지 하는 일이 힘들어진다.

5. 개선책을 도출한다

단순히 피상적인 개선책만 세운다면 다음 사고를 앉아서 기다리는 것과 같다. 근원적 문제점을 찾기 위해 '5Why'라고 하는 비교적 간단한 기법을 쓰기도 한다. 방법은 계속해서 다시 묻는 것이다. "그렇다면 그것은 왜 일어났는가?" 껍질을 다섯 번 정도 벗기고 나면 그 안에 무엇이 있는지 알아볼 수 있다. 이렇게 해서 가장 기저에 있는 원인을 찾아내고 개선책을 세운다.

6. 공개한다

가능하다면 회사 전체와 공유하는 것이 좋다. 어떤 실수의 위험에 노출되어 있는지, 이를 예방하기 위해 어떤 노력을 하고 있는지, 여러 사람이 알수록 업무 프로세스나 시스템을 개선하는 데 있어 정보 공유나 협조를 구하기 쉽다. 실수를 조직 전체가 지성적인 방법으로 간접 경험하는 그 자체로 가치가 있다.

일상생활에서의 포스트모텀

우리 동네 초등학교는 아이들의 점심을 미리 온라인으로 주문하도록 되어 있다. 우리는 보통 한 달 치를 아이들과 상의해서 주문한다.

어느 월요일, 팀원들과 함께 코드를 리뷰하고 있는데 모르는 번호로 전화가 왔다. 받아보니 아이의 학교였다. 우리 아이들 앞으로 점심 식사가 준비되어 있지 않다는 것이다. 아차. 점심 주문을 잊고 있었다. 다행히 직장이 학교와 가까워서 회사 내 카페에서 샌드위치를 만들어 아이에게 달려갔다. 입을 삐죽 내밀고 기다리고 있던 둘째 아이는 샌드위치를 받아 들고 얼른 다른 아이들이 있는 테이블로 달려갔다. 점심 식사 시간이 둘째보다 늦은 첫째는 이제 막 교실에서 나오는 길이라 중간에서 만나 전해주었다.

나는 회사로 돌아가자마자 그달 치 점심 급식을 주문했지만, 규정상 이틀 전에 주문해야 하기에 다음 날도 아이들 점심을 준비해야 했다.

이런 일이 두 번째 일어났을 때, 우리는 이를 문제로 인식하고 간단한 예방책을 마련했다. 회사에서 일하던 도중 부랴부랴 아이들 도시락을 챙겨서 학교로 달려가는 일은 부모 입장에서나 아이 입장에서나 즐거운 일은 아니다. 지금에서야 드는 생각이지만, 우리의 가장 큰 실수는 이 일이 처음 일어났을 때 문제로 인식하지 않은 것이었다.

이 사건을 간단한 포스트모텀 형식으로 재구성하면 아래와 같다.

포스트모텀(Post-mortem)

학교에서 아이의 점심이 준비되지 않았다.

개요(Overview)

우리 아이는 학교에서 제공하는 점심을 먹는다. 부모는 미리 점심을 주문해놓아야 한다. 그런데 지난 달 말에 주문을 깜빡했다. 아이가 점심을 굶을 위기에 처했다. 회사에서 전화를 받은 아빠가 급히 회사 카페에서 샌드위치를 만들어 아이에게 가져다주었다.

시간 분석(Timeline)

11:45 아이가 점심이 없는 것을 알게 되었다.

11:47 아이가 교무실에 달려가 점심이 없다고 말했다.

11:48 아이 아빠가 전화를 받았다.

11:55 아빠가 회사 카페에서 샌드위치를 만들었다.

12:10 샌드위치가 아이에게 배달되었다.

응급조치(Immediate Action)

가장 빨리 준비할 수 있는 음식을 직접 배달한다.

옵션 1: 햄버거 가게에서 햄버거를 사서 배달한다. 예상 소요 시간 35분.

옵션 2: 샌드위치를 만들어서 배달한다. 예상 소요 시간 25분.

근본 원인 분석(Root Cause Analysis)

점심을 주문하는 것은 잊기 쉽다.

5Why 분석(5Why Analysis)

아이들의 점심 주문이 되어 있지 않았다.

Why? 점심은 최소 이틀 전에 주문해야만 한다.

Why? 매월 말일 전날에 주문해야 하는데 잊었다.

Why? 아이들의 의견을 물어보고 나서 하려다가 잊었다.

Why? 한 달에 한 번 있는 일이라 잊기 쉽다.

Why? 습관적으로 반복되지 않는 일은 잊기 쉽다.

논의(Discussions)

한 달에 한 번 해야 하는 일이다 보니 잊기 쉽다. 하지만 더 자주 주문하도록 바꾸면 더 자주 실수할 위험에 노출된다. 한 학기 치를 주문하면 아이의 입맛에 맞추기 어렵다. 휴대폰 리마인더(알림 메모) 기능을 이용하면 좋을 것 같다.

예방책(Preventative Measures)

한 달에 한 번 한 달 치를 아이들과 상의해서 주문한다.

아빠와 엄마가 같이하는 것으로 해서 한 사람이 잊더라도 다른 사람이 기억하도록 한다.

두 사람의 휴대폰에 리마인더를 설정하고 점심 주문이 완료되었을 때 해제한다.

모니터링(Monitoring)

주말에 아이들과 학교 점심에 대해 이야기하고, 다음 주 점심 메뉴를 같이 검토하는 것으로 아이들의 점심 식사 만족도를 모니터링한다.

구글의 포스트모텀 사례

구글의 사이트 안정성 팀이 집필하고 무료 배포한 「사이트 안정성 엔지니어링 「Site Reliability Engineering」에서 예시로 올라온 실제 포스트모텀 문서*는 훨씬 전문적이다. 이 문서는 가상의 시나리오로서 영화 〈백 투 더 퓨처〉에 나오는 타임머신 자동차인 드로리언에서 셰익스피어의 새로운 소네트가 발견되어 구글 검색이 다운되었다는 상황을 전제로 한다.

요약(Summary)

셰익스피어의 새로운 소네트가 발견되는 바람에 검색이 폭증, 셰익스피어 검색이 66분 동안 다운됨.

영향(Impact)

약 12억 건의 검색 요청에 대해 제대로 응답하지 못했으나 매출에 영향은 없었음.

근원(Root Causes)

등록되어 있지 않은 검색어에 대한 검색 폭증과 시스템 리소스 누수라는 복합적 원인으로 시스템이 단계적으로 다운됨.

계기(Trigger)

보통 발견되기 힘든 시스템 리소스 누수 버그가 단시간에 집중된 검색 트래픽 증가에 의해 발현됨.

---

* 원문은 다음에서 확인할 수 있다. https://landing.google.com/sre/book/chapters/postmortem.html

해결책(Resolution)

임시 클러스터로 용량 10배 증가. 검색 오류가 나지 않도록 검색 인덱스를 업데이트. 시스템 리소스 누수 버그 패치 완료.

발견(Detection)

모니터 시스템이 비정상적으로 증가한 시스템 에러(HTTP 500 응답 코드)를 감지하고 시스템 담당자를 호출함.

행동 아이템(Action Items)

단계적 시스템 다운에 대한 업무 매뉴얼 개선 — 완료.

클러스터 간 부하 배분 개선.

단계적 시스템 다운에 대한 테스트.

검색어를 연속적으로 업데이트하는 방법 조사.

검색 랭크 서브 시스템의 리소스 누수 버그 잡기 — 완료.

셰익스피어 검색의 부하를 완화하는 기능 추가.

검색 다운 시 서버가 응답하는 시나리오에 대한 시스템 테스트 추가.

검색 랭크 서브 시스템 패치 — 완료.

시스템 오류 예산을 다 써서 한 달간 프로덕션 시스템 업데이트 동결.

후기(Lesson Learned)

잘된 일

모니터 시스템이 빠르게 엔지니어들을 호출함.

새로운 키워드를 포함한 셰익스피어 검색 시스템을 신속하게 설치함.

잘 안 된 일

시스템이 단계적으로 다운되는 상황에 대한 연습 부족.

이 일로 시스템 오류 예산을 완전히 소모함.

운이 좋았던 일

셰익스피어 애호가들로부터 새로운 소네트를 입수할 수 있었음.

시스템 로그에서 시스템 다운의 시작점을 찾아냄.

새로운 검색어를 인덱스에 포함시키자 시스템 다운이 해결됨.

시간 분석(Timeline)

2015-10-21

14:51 셰익스피어의 소네트가 타임머신에서 새로 발견되었다는 뉴스 리포트.

14:53 셰익스피어 검색 트래픽이 88배 증가. (하지만 구글 검색 인덱스에는 소네트가 없었음)

14:55 모니터 시스템이 담당자 폭풍 호출.

14:57 셰익스피어의 모든 검색 트래픽에 검색 실패.

14:58 시스템 담당자가 백엔드 검색 시스템 실패율이 비정상적으로 높은 것을 인지.

15:01 사고 접수. 사고 처리 지휘자로 제니퍼 지명.

15:02 누군가 우연히 '셰익스피어 논의' 공유 이메일에 답신을 보냈는데 셰익스피어 애호가인 마르팀의 눈에 띔.

15:03 제니퍼가 '셰익스피어 사건' 공유 이메일로 사고 보고.

15:04 마르팀이 새로운 소네트를 찾아내고, 검색 시스템 업데이트 문서를

찾기 시작.

15:06 엔지니어들이 시스템 로그에서 원인 분석 시작.

15:07 마르팀이 문서를 찾고 검색 시스템 업데이트 준비 작업 시작.

15:10 마르팀이 소네트를 추가하고 인덱스 작업 시작.

15:18 클라락이 리소스 누수 버그 찾아냄.

15:20 인덱스 작업 완료.

15:28 트래픽을 더 많은 서버가 소화할 수 있도록 재분배.

(중략)

15:36 시스템 회복 시작.

(중략)

16:00 시스템 회복 완료.

16:30 사고 해결 완료.(시스템 회복 후 30분 동안 정상 운영 조건 만족)

포스트모텀을 하지 않은 실수는 좀비가 되어 돌아온다

구글의 포스트모텀 사례에서 아주 자세히 설명된 '시간 분석'만큼이나 눈에 띄는 부분이 9개의 '행동 아이템'이다. 단순히 버그를 잡는 데 그치지 않고, 시스템 다운에 대한 체계적인 테스트 등을 통해 프로세스를 개선하고, 비슷한 사고가 일어났을 때 증상을 완화할 수 있는 시스템 개선안을 찾아냈다.

마르팀이 새로운 소네트를 추가한 검색 시스템 패치가 완료된 순간 시스템 다운 현상이 해결되었는데, 이때 '문제 해결'이라며 손 털고 일어났다면 어떻게 됐을까? 유명 인물 관련 검색어가 새로 발견될 때마다 구글은 이 일을 되풀이했을 것이다. 다음번에는 그다지 운이 좋지 않아, 금방 문제를 해결할 수 없을지도 모른다. 다행히 사고 지휘자 제니퍼가 클라락에게 연락하고 시스템 로그에서 리소스 버그를 발견했다. 또다시 대량의 검색 오류가 일어나더라도 시스템이 다운되는 일은 없을 것이다.

이번 사건이 발현시킨 숨어 있던 버그는 시스템을 단계적으로 다운시켜 66분간 특정 검색이 안 되는 결과를 낳았다. 만약 여태 발견되지 않은(또는 새로 만들어진) 버그가 발견되었는데, 시스템을 단계적으로 다운되는 상황에 대한 대응이 마련돼 있지 않다면 어떻게 될까? 오류가 발생했을 때 시스템이 부하를 능동적으로 해결하고 사용자에게는 정상적으로 대응할 수 있도록 고안된 장치들이 정상적으로 작동하는지, 시스템 테스트를 정기적으로 반복하고 있다면 이렇게 상황이 악화되지는 않을 것이다.

좀비는 영화관이나 TV에서만 볼 수 있는 것이 아니다. 같은 문제가 해결된 후 잊을 만하면 다시 나타난다면, 좀비와 마주치는 일보다 더 고통스러울 것이다.

모두와 공유한다

실수를 모든 회사 사람들과 공유하는 것은 어찌 보면 꽤 큰 위험을 감수하는 일이다. 어떤 포스트모텀은 고객사 또는 일반 대중과 공유하기도 하는데,* 회사의 프로세스나 기술 취약점을 드러내서 경쟁사에게 반사이익을 주지 않을까 걱정될 듯도 싶다. 공유의 범위를 넓히는 것이 주는 장기적 이익이 단기적 손실보다 더 크다는 것을 실리콘밸리 기업들이 경험을 통해 알아

---

* 일례로 다음과 같은 것이 있다. https://status.cloud.google.com/incident/compute/15065

낸 것이 아닐까.

전 사원과 공유해야 하는 이유는 분명해 보인다. 복잡한 업무를 반복적으로 수행하다 보면 언젠가 누군가는 실수하기 마련이다. 어떤 실수가 어느 정도의 손실을 가져올 수 있는지 다 같이 이해한다면 실수를 예방하는 일역시 모두의 것이 된다. 부서 A에서 일어난 실수에 대한 예방책을 세우면서이를 공유하지 않는다면, 비슷한 일을 하는 부서 B와 C는 여전히 같은 위험에 노출될 것이다. 더 많은 사람들이 참여할 때 원인도 더 깊이 있게 파고들수 있다.

전에 다니던 광고 플랫폼 회사에서의 일이다. 회사가 한참 성장하던 시기에 오버스펜드Overspend라는 사고가 자주 일어났다. 광고주 수천 명이 설정한 광고 아이템 10만 개가 실시간 옥션에서 각각에 설정된 사용 금액 한도를 조금씩 넘기는 것이었다. 이는 도로를 달리는 자동차 수십만 대의 브레이크를 중앙 통제실에서 조정하는 것과 비슷한 일이다. 모든 차량의 속도와 위치를 정확하게 파악하기 위한 복잡한 시스템 중 하나라도 잠시 느려지면 수많은 교통사고를 일으키게 된다.

오버스펜드가 이런저런 이유로 일어날 때마다 각 부서에서는 사고 예방책을 세우고 안정성에 문제가 있는 소프트웨어 부품을 개선했다. 그러다 약1억 원 정도의 손실이 나는 큰 사고가 일어나자 모든 부서의 시스템 담당자들이 모여 포스트모템을 실시했다. 여러 엔지니어가 모여 토론하고 그동안일어난 모든 사고를 정리하다 보니, 이 제어 시스템을 다시 설계해야 한다는 것이 분명해졌다. 단계적으로 설계를 변경하는 동안 시스템 각 단계의안정성을 모니터링하는 다양한 아이디어들이 속출했다.

약 2개월 후, 매달 2~3% 정도 발생하던 오버스펜드가 0.01% 수준으로 제어되었다. 그 후 내가 회사를 옮길 때까지 오버스펜드가 총 한도 금액의 0.5%를 넘는 대형 사고는 한 건도 일어나지 않았다.

이처럼 개선할 수 있었던 것은 많은 사람들이 모여 원인을 분석하여 근본적인 문제를 정확히 인지했기 때문이다. 만약 제어 시스템 설계 자체에 문제가 있다는 사실을 인정하지 않았다면 회사는 문제를 해결하기까지 더 오래 걸렸을 것이고, 현재 규모로 성장하기 어려웠을 것이다.

외발자전거로 피자를 배달하다 떨어뜨린 배달원은 잘못이 없다

우리가 알지 못하는 어떤 세상에서는 모든 피자 배달원이 외발자전거를 탄다고 상상해보자. 훈련만 충분히 한다면 불가능한 일도 아니다. 문제는 가끔 배달원이 넘어진다는 것인데, 이는 훈련을 거듭해 극복할 수 있다. 그런데 배달원이 외발자전거를 타고 가다가 넘어지면서 피자를 떨어뜨리는 등의 실수를 할 경우, 피자집 주인이나 피자를 시킨 고객이 그에게 화를 내는 것이 당연할까?

사고나 실수가 반복되는 환경을 자세히 관찰해보면, 마치 사고가 쉽게 일어날 수 있도록 시스템이 디자인된 것처럼 보인다. 실리콘밸리에서 실수를 빨리 인정하고 다 같이 공유하는 문화가 마련된 바탕에는 경험으로 얻은 다음과 같은 통찰이 깔려 있다. '누군가 사고를 냈더라도 그는 어쩌다 그 자리에서 그 일을 하고 있었던 것일 뿐 그의 책임은 아니다. 하지만 사고가 반복되는데도 시스템을 개선하지 않았다면, 그 관리자에게 분명히 책임이 있다.' 훌륭한 관리자일수록 빨리 자신의 책임을 인정하고, 사람들에게서 정보와 아이디어를 모아 비슷한 사고가 반복되지 않도록 시스템과 프로세스를 개선하는 것이 사고 예방 캠페인을 벌이는 것보다 효과적임을 알아야 한다.

두 사람 이상이 같은 목적 아래 일하는 곳에서 사고가 발생하면 누구나 책임을 회피하고 싶은 유혹을 느낀다. 이때 책임을 회피하는 행동은 조직에 이로울 수 없다. 마치 몸 어느 한 부분이 병에 걸렸는데 통증을 느끼지 못한다면 제때 치료받지 못해 생명이 위태로워질 수 있는 것처럼, 조직의 문제는 빨리 공유하고 빨리 치료하는 것이 최선이다. 이를 위해 실리콘밸리 기업들은 큰 문제가 발생하면 다 함께 회의실에 모여 화이트보드에 시간 분석을 써나가는 것부터 시작한다.

포스트모텀을 작성하고 배포하는 과정에서 알아두어야 할 것은 관련자를 색출하여 처벌하거나 비난하려는 의도가 없다는 것이다. 실수를 비난하는 문화에서는 실수하지 않으려고 노력하고, 실수가 생기면 숨기려고 할 수밖에 없다. 이렇게 심리적으로 위축되면 실수에 대해 정확히 조사하고 그 문제의 해결책을 공론화하지 않으려고 하는데, 이럴 경우 실수는 반복될 수밖에 없다. 그래서 실리콘밸리 기업들에서는 '블레임리스 포스트모텀' Blameless Postmortem, 즉 서로 비난하지 않고 혼내지 않는 사유서 작성을 강조한다.

무엇을
먼저 할 것인가

Aiden 송창걸

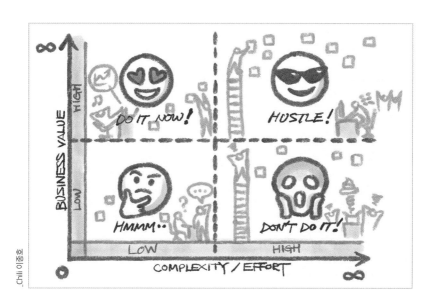

_Chili 이종호

무엇을 먼저 할지 결정하는 것은 정말 어려운 문제다. 이를 결정하려면
무엇을 우선으로 할지를 생각해야 한다. 수익을 우선할 것인지,
개발 비용이 적게 드는 순서대로 할 것인지, 참여 인원 배분은 어떻게 할지,
빨리 끝마칠 수 있는 것부터 할지 등을 정해야 한다.

테슬라가 2011년에 세상에 내놓은 첫 모델은 가장 많이 팔릴 것 같은 테슬라 모델 3이 아니라 가장 안 팔릴 것 같고 비싼 스포츠카 로드스터였다.

시장 규모가 큰 중소형 자동차인 테슬라 모델 3은 럭셔리 세단인 모델 S, 럭셔리 SUV인 모델 X를 시장에 내놓은 최근에야 양산을 시작했다. 거대 자본과 현금 흐름을 자랑하는 GM이나 닛산의 경우에는 시장 규모가 큰 세단이나 콤팩트 크로스오버 시장을 겨냥한 제품들을 먼저 내놓았다. 시장에서 가장 많이 팔릴 전기 자동차를 만들고자 했다면, 아마도 지금 많은 사람들이 예약금 1,000달러를 걸어놓고 기다리고 있는 테슬라 모델 3을 제일 먼저 만들었어야 했을 것이다.

위키피디아의 테슬라 페이지를 보면, 이는 전형적인 하이테크 제품 시장의 라이프 사이클을 따른 것이라고 한다. 처음에는 여유 있는 고객을 대상으로 제품을 만들어 기술 개발에 집중하고, 생산 시설이나 판매망을 서서히 확장하면서 이미 개발된 기술을 더 큰 시장에 적합한 제품에 적용한다는 것이다.

이러한 프로젝트 우선순위 전략은 워터폴Waterfall 전략과 애자일Agile 전략의 차이를 보여준다. 한 번에 계획해서 처음부터 끝까지 만드는 워터폴 전략의 경우에는 경쟁이 있더라도 이미 검증되어 있고 많이 팔리는 시장, 즉 레드오션을 저렴한 가격으로 노리는 것이 유리하다. 이때 세일즈와 고객 지원 등에 비용이 많이 들어간다. 그래서 작은 기업들은 워터폴 전략으로 시장에 진입하기가 어렵다.

반면 연구에 연구를 거듭하여 진화해나가는 애자일의 경우, 최소한의 투자로 시장에 파고들 수 있는 제품을 먼저 만든다. 세일즈와 고객 지원 등에 들어가는 비용을 최대한 아끼고, 소수의 마니아에게만 최소로 판매하며 기초를 다져나간다.

이러한 애자일 방법론에서도 무엇을 먼저 할지 결정하는 것은 어려운 문제다. 다음의 예를 보면 같은 프로젝트들을 순서만 바꾸어도 총수익이 확연히 달라지는 것을 확인할 수 있다. 또한 순서를 최적화할 수 있는 '우선순위 공식'에 대해서도 살펴보자.

프로젝트 비교

비즈니스 팀과 개발 팀이 모여 다음과 같은 단순화된 비교표를 작성했다고 가정하자. 개발 팀 인력은 10명이다.

> 프로젝트 A: 개발 비용 10MM, 운영 수익 10달러/M
> 프로젝트 B: 개발 비용 20MM, 운영 수익 40달러/M
> 프로젝트 C: 개발 비용 30MM, 운영 수익 20달러/M
> 프로젝트 D: 개발 비용 100MM, 운영 수익 120달러/M
> 프로젝트 E: 개발 비용 200MM, 운영 수익 200달러/M

- 각 프로젝트는 상호 시너지 효과나 의존성이 없다고 가정한다.
- 개발 비용은 개발 인력의 MM(Man-month)로 계산한다. 10MM은 10명이 1개월 동안, 또는 한 명이 10개월 동안 개발하는 비용이다. 개발에 필요한 모든 인력은 능력치가 동일하고, 상호 의존성이 없으며, 예측 속도에 맞춰 개발을 진행한다고 가정한다.
- 각 프로젝트별 매출 성장률이 올라가거나 사용자가 늘어나면서 생기는 가변비용과 고정비용의 분리 등 복잡한 내용을 모두 단순화해서 월별 운영 수익이라는 숫자로 표현했다고 가정한다.

이 회사는 어떤 프로젝트를 먼저 진행하는 것이 좋을까?

옵션 1: 수익 우선

"가장 많은 고객이 원하는 순서대로 하자."라고 결정했다면 어떻게 될까? 가장 많은 고객이 원했다면 가장 많은 월별 수익을 낼 것이므로, 다음과 같은 순서로 프로젝트를 진행하면 된다.

E→D→B→C→A

프로젝트 E는 200MM이 소요되므로, 10명으로 구성된 개발 팀은 20개월간 일해야 완성할 수 있다. 다행히 21개월부터는 매달 200달러라는 큰 수익을 낼 수 있다. 다섯 개 프로젝트를 모두 끝내는 데는 36개월이 걸리므로 37개월 후를 관측해보자.

초반에 가장 비용도 많이 들어가지만 기대 수익도 큰 프로젝트를 수행하

(단위: 달러)

개월	A	B	C	D	E	월 수익	누적 수익
1~20					개발 중	0	0
21~30				개발 중	200	200	2,000
31		개발 중		120	200	320	2,320
32		개발 중		120	200	320	2,640
33		40	개발 중	120	200	360	3,000
34		40	개발 중	120	200	360	3,360
35		40	개발 중	120	200	360	3,720
36	개발 중	40	20	120	200	380	4,100
37	10	40	20	120	200	390	4,490

여 월 수익 200달러를 꾸준히 유지했다. 37개월째에는 누적 수익 4,490달
러를 달성했다.

옵션 2: 가장 쉬운 순서

"가장 빨리 마칠 수 있는 것부터 하자."라고 결정했다면 어떻게 될까? 개발
비용이 가장 적게 드는 것이 가장 빨리 마칠 수 있을 것이므로, 다음과 같은
순서로 프로젝트를 진행하면 된다.

A→B→C→D→E

프로젝트 A는 10MM이 소요되므로 첫 달에 끝내고, 두 번째 달부터 10
달러의 수익을 꾸준히 내면서 다른 프로젝트를 진행할 수 있다. 프로젝트 B
는 세 번째 달에 끝나며, 네 번째 달부터 A와 B에서 50달러의 수익이 꾸준
히 들어온다. 가장 수익이 큰 프로젝트 E는 아쉽지만 37개월째부터 200달
러라는 수익을 올리기 시작한다.

큰 수익이 나는 프로젝트 E가 37개월째에야 가동되었지만, 37개월째

(단위: 달러)

개월	A	B	C	D	E	월 수익	누적 수익
1	개발 중					0	0
2	10	개발 중				10	10
3	10	개발 중				10	20
4~6	10	40	개발 중			50	170
7~16	10	40	20	개발 중		70	870
17~36	10	40	20	120	개발 중	190	4,670
37	10	40	20	120	200	390	5,060

부터 월 수익은 옵션 1과 동일하다. 놀라운 것은 37개월째의 누적 수익이 5,060달러로 '가장 수익이 많은' 프로젝트 E부터 시작한 옵션 1의 4,490달러보다 크다는 점이다.

옵션 3: 균형 분배

어떤 회사에서는 프로젝트를 작은 팀으로 쪼개 진행하기도 한다. 우선순위 없이 개발자 10명이 둘씩 팀을 만들어 동시에 진행했다면 어떻게 될까? 프로젝트 A, B, C, D, E는 동시에 시작하고 대신 2명씩 나누어 진행하므로 각 프로젝트별 완성 시간이 조금씩 더 늦어질 것이다.

프로젝트 A는 2명이 10MM를 해결하는 데 5개월이 소요될 것이고, 프로젝트 B는 10개월이 걸린다. 5개월 후 프로젝트 A를 끝낸 개발자 2명은 나머지 프로젝트에 고르게 분배되어야 하겠지만, 편의상 A를 끝낸 2명은 가장 큰 E에, B를 끝낸 2명은 그다음으로 큰 D에, C를 끝낸 2명은 1명씩 D와 E에 배당된 것으로 계산해보자. D를 끝낸 개발자들은 모두 E에 편입된다.

(단위: 달러)

개월	A	B	C	D	E	월 수익	누적 수익
1~5	개발 완료	10MM 남음	20MM 남음	90MM 남음	190MM 남음	0	0
6~10	10	개발 완료	10MM 남음	80MM 남음	170MM 남음	10	50
11~15	10	40	개발 완료	60MM 남음	150MM 남음	50	300
16~27	10	40	20	개발 완료	90MM 남음	70	1,140
28~36	10	40	20	120	개발 완료	190	2,850
37	10	40	20	120	200	390	3,240

결과적으로 36개월 만에 프로젝트를 모두 마쳤지만 누적 수익은 3,240달러로 옵션 1이나 2에 비해 크게 떨어진다. 사실 이와 같은 실험은 상황을 많이 단순화시켜서 과장된 감이 없지 않다. 팀의 크기가 작아질수록 소통에 들어가는 비용이 줄어들기 때문에 10MM 크기의 프로젝트를 10명이 1개월에 끝낼 수 있었다면, 2명이 5개월보다 더 짧은 시간에 끝낼 가능성도 크기 때문이다.

옵션 4: 우선순위 공식

옵션 1은 운영 수익 위주로, 옵션 2는 개발 비용 위주로 우선순위를 정했다. 내가 면접을 본 어떤 회사에서 프로덕트 매니저에게 "어떤 방법으로 우선순위를 정합니까?"라고 물었더니, 훌륭하게도 다음과 같은 답이 돌아왔다.

"우리는 X축에 '노력 수준'Level of Effort을, Y축에 '기대 수익'Business Value을 놓고 각 프로젝트들이 어디에 위치하는지 검사합니다. 노력이 많이 들고 비즈니스 효과가 적은 오른쪽 아래 사분면에 드는 '테마'Theme는 하지 않는 게 좋겠죠. 가능하면 왼쪽 위부터 시작하려고 노력합니다."

이러한 철학을 한 줄로 요약하면 아래의 공식이 된다.

$$\text{우선순위(Priority)} = \frac{\text{기대 수익(Business Value)}}{\text{노력 수준(Level of Effort)}}$$

이 우선순위 함수대로 다섯 개 프로젝트를 나열하면 'B(40÷20=2.0) 〉 D(120÷100=1.2) 〉 A(10÷10=1.0) = E(200÷200=1.0) 〉 C(20÷30=0.67)'이 된다. 여기에서 A와 E는 우선순위가 같지만 노력 수준의 작은 것을 먼저 하는 것으로 실험해보면 다음과 같은 결과가 나온다.

개월	A	B	C	D	E	월 수익	누적 수익
1~2		개발 중				0	0
3~12		40		개발 중		40	400
13	개발 중	40		120		160	560
14~33	10	40		120	개발 중	170	3,960
34~36	10	40	개발 중	120	200	370	5,070
37	10	40	20	120	200	390	5,460

이 실험에서 A와 E를 바꾸어보아도 결과는 같다. (B→D→E→A→C)

개월	A	B	C	D	E	월 수익	누적 수익
1~2		개발 중				0	0
3~12		40		개발 중		40	400
13~32		40		120	개발 중	160	560
33	개발 중	40		120	200	360	3,600
34~36	10	40	개발 중	120	200	370	5,070
37	10	40	20	120	200	390	5,460

실제로는 E와 A가 비슷한 우선순위 값을 얻었다면 노력 수준이 작은 A를 먼저 하는 것이 현금 흐름상 안전한 방법이 될 수 있다.

위에서 설명한 네 가지 옵션에 따른 누적 수익을 그래프로 만들어보면 다음과 같다.

37개월째를 보면, 우선순위 공식을 사용한 네 번째 옵션이 이익을 가장 많이 남긴 것을 볼 수 있다. 다섯 개 프로젝트 완료 이후에 다른 프로젝트가 없다면 37개월 이후의 월 수익이 같을 것이다. 하지만 실제 상황에서 두 회사가 균형 분배와 우선순위 공식을 사용하여 경쟁하고 있다면, 이 누적 수

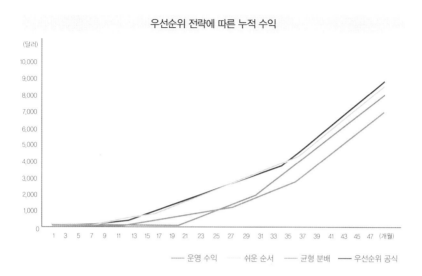

우선순위 전략에 따른 누적 수익

(달러)

운영 수익 — 쉬운 순서 — 균형 분배 — 우선순위 공식

익의 차이는 다음 프로젝트를 진행하기 위한 새로운 인력이나 시설투자에 사용될 것이다. 그리고 이런 식으로 몇 해가 지나면 경쟁력에서 큰 차이를 보일 것이다.

팀 전체의 의견

만약 이를 현실에 대입하려면 공식을 크게 확장하거나 각 변수를 얻는 방법에 대해 팀의 합의가 필요할 것이다. 예를 들어 기반 기술을 개발하는 프로젝트를 수행하여 다른 프로젝트들의 전반적인 개발 비용을 줄일 수 있다면, 이 프로젝트의 운영 수익을 어떻게 계산해야 할까? 프로젝트 간 의존성이나 시너지 효과, 특정 기술을 가진 개발 인력의 희소성, 각 프로젝트 성격에 따른 개발 기간에 대한 리스크, 제품 개발부터 출시, 판매까지의 타임투마

켓Time to market에 대한 예상 수익의 휘발성 등 실제 상황은 이런 간단한 공식으로 표현하기에는 너무나도 복잡하게 얽혀 있다.

하지만 위에서 일방적으로 제품 출시일(데드라인)을 정하기보다 우선순위 결정 과정을 투명하게 하고, 팀원 모두가 이해할 수 있는 원칙에 따라 결정하면 매우 강한 동기부여가 된다. 한 가지 목표를 위해 스크럼을 짜고 전진할 수 있는 기반을 만들기 위해서는 회사에 대한 근거 없는 충성심과 애정보다는 다수가 납득한 원칙에 따라 합의 과정을 거치는 것이 효과적이다.

애자일은 일을 빠르게
하는 것이 아니다

Aiden 송창걸

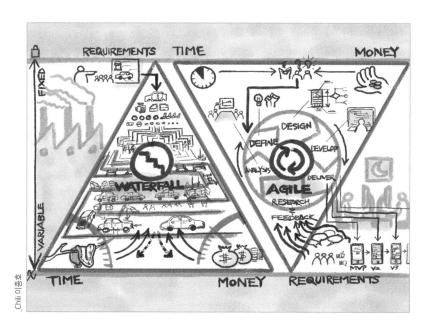

_Chii 이종호

단계적으로 프로젝트를 진행하는 워터폴 모델에서는 위에서 내려온 요구 사항에
맞춰 돈과 시간을 투여한다. 지속적으로 제품이 진화하는 애자일 방식에서는
요구 사항과 시간과 자원을 끊임없이 조절하여 균형을 맞춰나간다.

산업혁명과 워터폴 방식의 생산 방법

19세기 산업혁명 이후로 제품 생산의 표준으로 자리 잡은 워터폴 방식의 공정은 자동차, 선박 등 기존 굴뚝 산업에 최적화된 생산 방법으로, 선형적인 작업 순서와 분업으로 시간과 비용의 효율성을 추구하는 것이 핵심이다. 고정된 요구 사항에 맞추기 위해 적절한 시간과 돈을 투입하여 프로젝트를 진행시킨다.

반면 소프트웨어를 개발하는 스타트업들은 이러한 워터폴 방식으로 개발을 진행하기 힘들다. 우선 시간과 돈이 빠듯하고, 낮은 진입 장벽으로 인한 공급과잉으로 시장 변화가 너무 빠르다. 즉 시간과 돈에서 제한이 명확하다. 그래서 소프트웨어가 어느 정도 사용할 만하다 싶으면 빠르게 출시한 다음에 사용자들의 의견과 통계를 수집해서 이를 바탕으로 업데이트를 배포하는 과정을 반복하는 순환식 개발 방식인 애자일이 널리 정착하게 되었다. 워터폴 방식과 반대로 적은 돈과 시간에 맞추기 위해 요구 사항을 끊임없이 수정하는 방식이다.

워터폴 모델

한국항공우주산업(구 삼성항공)에서 미국 록히드마틴사와 공동 설계한 T-50은 오랜 기간의 설계와 시제품 테스트를 거쳐 2005년 최초 양산에 들어갔다. 탐색 개발 기간을 제외하더라도 1997년에 시작된 체계 개발로부터 8년이 지난 시점에서야 양산이 가능해진 것이다. 최고 속도, 작전 거리, 최고 운용 고도, 회전 반경 등 주요 요구 사항 외에도 온도와 고도 변화에 따른 엔진 스타트업 시간, 엔진이 꺼진 뒤에도 비상 운용을 통해 가까운 활주로에 착륙 가능할 것, 각 부품은 전자파 교란을 받지 않을 것 등 세세한 요구 사항까지 모두 만족시키는 설계를 마치고 시제품 초도 비행에 들어가는 데만 4년 이상이 걸렸다.

이런 큰 프로젝트를 진행할 때는 다음과 같은 워터폴 모델이 사용된다.

1. 타당성 검토Requirements: 요구 사항을 분석하고 타당성을 검토한다.
2. 디자인Design: 요구 사항을 만족시킬 수 있는 제품을 설계한다.
3. 구현Implementation: 시뮬레이션과 실물 모형 테스트, 각종 부품 테스트를 거쳐 시제품을 만든다.
4. 검증Verification: 시제품의 시험과 재설계를 반복하여 설계를 완성한다.
5. 유지·관리Maintenance: 제품을 대량생산할 수 있는 공장을 짓고 제품의 유지 및 보수를 할 수 있는 서비스 체계를 완성한다.

산업 시스템을 정보화하는 과정에서 이와 같은 모델이 사용됐다. 소프트웨어 개발에도 설계와 검증이 필요하며, 완성된 제품을 운용하는 과정에서 유지·관리를 위한 팀이 따로 배정된다. 소프트웨어를 개발하는 과정이 전투기나 전자 제품을 만드는 과정과 크게 다를 이유는 없다. 고객이 원하는 것이 있고, 누군가 그것을 만들어가는 과정은 비슷하다.

이 모델의 장점은 고객이 원한 제품을 인도하는 시점이 명확하다는 것이다. 기능, 품질, 운영 관리에 관한 요구 조건이 분명하기 때문에 가능한 일이다. 어떤 자료를 입력하면 어떤 동작을 하는지와 같은 기능 요구 조건, 사용자가 최대 몇 명까지 동시 접속할 수 있어야 한다는 등의 운영 요구 조건에 관한 내용은 비교적 분명하다.

워터폴 모델과 시장의 변화

시작과 끝이 분명한 순수한 의미의 워터폴 모델에는 지속적인 변화 요소가 없다. 즉 순수한 의미의 워터폴 모델에는 요구 사항이나 시장 변화에 적응하는 메커니즘이 존재하지 않는다.

제품 품질을 시장 요구에 따라 지속적으로 개선하는 것이 생산 과정의 일부가 되어야 한다는 개념은 소프트웨어의 문제를 풀기 훨씬 이전부터 존재했다. 1920년대 벨전화연구소Bell Telephone Laboratories에서 월터 슈하트Walter Shewhart와 에드워드 데밍Edward Deming은 체계적으로 품질을 개선하기 위해 학문적 접근을 시도했다. 그리고 1950년대에 일본은 품질 개선 아이디어를 산업 전반에 걸쳐 받아들여 일본 제품에 대한 세계인의 인식을 바꾸었다. 1970년에는 '종합품질관리'가, 1990년대에는 '식스시그마'가 산업계를 휩쓸었다.

소프트웨어 개발 프로젝트를 관리하는 데 대해서는 품질 관리를 위한 ISO 9001, 프로세스 관리를 위한 CMMI-DEV, 그 밖에 프로젝트 관리를 위한 PMP라는 자격증까지 생겼다. 이런 규격들을 만족시키는 시스템을 갖춘 회사들은 고객이 원하는 제품을 원하는 시간에 만족스러운 품질로 만들 능력이 있다고 여겨졌고, 회사들은 성숙한 프로세스를 갖추기 위해 힘을 기울여왔다.

이와 같은 노력의 공통분모를 찾아보면 '지속적인 개선'Continuous Improvement이라는 말이 그 중심에 있는 것을 알 수 있다. 이 말 뒤에는 자주 '사이

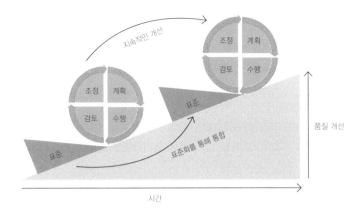

클'Cycle 이라는 단어가 붙는다.

하지만 고품질 제품을 고객에게 인도했더라도, 기능을 바꾸거나 새로운 기능을 추가할 때마다 높은 품질을 유지하는 것은 쉬운 일이 아니어서 복잡한 승인 절차가 요구됐다. 시간이 지날수록 고객이 만족하는 제품을 얻기 위한 비용이 높아지는 경향을 보였다.

애자일 모델의 등장

애자일로 대표되는 점진적 개발법은 2001년에 와서야 「애자일 선언문 Manifesto for Agile Software Development」이 발표되면서 제대로 모습을 갖추기 시작했다. 실제로 회사들에서 스크럼 같은 애자일 프로세스가 널리 쓰이기 시작한 것은, 개인적인 경험에 의하면 2005년 정도였던 것 같다. 칸반 Kanban은 그러고도 몇 년 뒤에 생긴 것 같다.

애자일 선언문

우리는 소프트웨어를 개발하고, 또 다른 사람의 개발을 도와주면서 소프트웨어 개발의 더 나은 방법들을 찾아가고 있다. 이 작업을 통해 우리는 다음을 가치 있게 여기게 되었다.

공정과 도구보다 개인과 상호 작용을
포괄적인 문서보다 작동하는 소프트웨어를
계약 협상보다 고객과의 협력을
계획을 따르기보다 변화에 대응하기를

가치 있게 여긴다. 이 말은, 왼쪽에 있는 것들도 가치가 있지만, 우리는 오른쪽에 있는 것들에 더 높은 가치를 둔다는 것이다.

워터폴에서 강조하는 프로세스와 문서에 관한 규정이 오히려 고객이 원하는 것을 시간 안에 이루어내는 프로젝트를 진행하는 데 방해가 될 수도 있다는 입장이다.

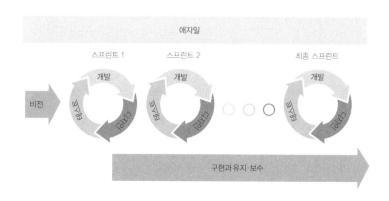

고객이 원하는 내용이 바뀔 때 계약을 재협상하여 변화에 대한 비용을 고

객에게 떠넘기기보다 변화 그 자체를 프로젝트의 속성으로 받아들인다. 고객이 원하는 내용을 만들어주기로 한 약속을 표면적으로 지키는 것보다 고객이 만족하는 수준으로 동작하는 소프트웨어를 전달하는 것이 더 중요하다. 애자일을 사용하는 기업들은 이러한 가치를 만족시키기 위해 자주점진적으로 동작하는 소프트웨어를 고객에게 전달하는 방법을 사용한다. 이러한 반복적, 점진적 제품 업데이트를 통해 애자일이 추구하는 가치를 더쉽게 성취할 수 있다.

애자일과 아이폰

실리콘밸리 기업들이 만들어낸 대표적인 작품인 아이폰을 예로 들어보자. 아이폰은 고객의 잠재적 요구 사항을 끌어내고, 그것을 점진적으로 혁신한제품이다. 2007년에 등장한 아이폰은 출시되자마자 모든 사람들에게 신선한 제품으로 다가갔다. 얼리어댑터뿐 아니라 대중이 받아들인 아이폰은 고객들조차 잘 인지하지 못하고 있었던 핵심적 요구 사항을 잡아내었다.

　2007년 전자 제품 시장에는 아이폰이 제공하는 기능들을 아이폰보다 더잘 구현해내는 기기들이 이미 넘쳐나고 있었다. 아이팟으로 대표되는 음악을 듣는 소형 미디어 플레이어는 많은 한국의 중소기업까지 시장을 다분화하고 있었다. 휴대폰 품질은 삼성과 노키아가 최고라고 인정받고 있었고, 휴대폰에서 회사 이메일을 확인하고 답장까지 할 수 있는 블랙베리는 번듯한 직장을 다니는 사람들의 필수품이었다. 팜파일럿과 같은 PDA는 게임, 사전, 전자책, 미디어 플레이어 등의 성숙한 애플리케이션 생태계를 자랑하고 있었다. 마이크로소프트의 모바일 윈도 제품인 오피스에서 파일을 저장하면 PC에서 읽어 들일 수 있었다. 하지만 이러한 기기들이 대중화되기에는 부족한 점이 많았다.

　스티브 잡스의 전기에 소개된 일화가 재미있다. 스티브 잡스의 지인 중에 마이크로소프트 임원이 있었다. 그는 잡스를 볼 때마다 쉴 새 없이 마이크로소프트의 태블릿 프로젝트를 자랑했다. 그것이 못마땅했던 잡스는 '어떻게 하는 건지 보여주마.'라는 생각에 아이패드를 개발하기 시작했다가 아이폰을 먼저 내놓았다고 한다. 반은 농담이라 치더라도 잡스는 기존 가젯Gadget들이 대중에게 사랑받지 못하는 이유를 이해하고 있었던 것이 아닌가 생각한다. 아이폰은 사용자가 손에 쥐는 순간 본능적으로 거의 모든 기능을 사용할 수 있도록 디자인됐다. 이때부터 스마트 기기라고 하는 것이 일부 얼리어댑터 집단이 아닌 대중에게 받아들여지기 시작했다.

　기능만 보자면 이미 얼리어댑터들이 사용하던 몇몇 기기들이 더 훌륭했음에도 아이폰이 대중의 사랑을 받은 이유는 대부분의 잠재적 고객들이 원하는 가장 중요한 기능을 먼저 담아내었기 때문이다. 아이폰은 정전식 터치 기술을 화면에 적용한 최초의 완성품이다. 아이폰 10주년을 기념한 아이폰 X에 비하면 최초의 아이폰은 기능과 성능 면에서 초라해 보일지도 모른다. 하지만 가벼운 터치로 부드럽게 움직이는 기술만은 초기 제품부터 완성도가 높았다. 아이폰에 있는 모든 기능은 사용자가 쉽게 배우고 쓸 수 있었으며, 그런 경험 자체의 만족도가 높았다. 이후 많은 제품이나 소프트웨어의 디자인에 '사용성'Usability이라는 요구 사항이 추가되었다.

　하지만 아이폰에 탑재된 첫 iOS에는 꽤 중요한 기능이 많이 빠져 있었다. 그러한 기능들은 해를 거친 업데이트를 통해 제공되었다. 요즘 당연하게 생각하는 '복사 & 붙이기' 기능은 출시 2년이 지난 2009년에야 보완됐다.

멀티태스킹은 2010년, 아이폰으로 찍은 사진을 '아이메시지'를 통해 보낼 수 있는 기능은 2011년에야 추가되었다. 나중에 완성된 이러한 기능들을 처음부터 완벽하게 설계하고 구현하고자 노력했다면, 과연 2007년에 대중의 사랑을 받을 수 있는 완성도로 출시할 수 있었을까?

사용자 만족을 위해 일부러 뺀 기능도 있다. 그중 가장 유명한 것이 어도비 플래시를 지원하지 않는 것이었다. Adobe Air를 통해 플랫폼의 제한이 없는 앱을 파는 것이 애플의 소프트웨어 플랫폼 전략과 충돌하기 때문이었을 수도 있지만(애플은 보안의 취약점이라고 설명함), 당시 모바일 프로세서로 성능이 플래시를 통해 제공되는 멀티미디어 콘텐츠를 재생하기에 부담스러웠고, 배터리 소모가 큰 점 등 역시 중요한 이유였다. 한 가지 기능 때문에 전체적인 사용자 경험이 만족스럽지 못하다면 차라리 제공하지 않겠다는 것이었다. 이후 조금 더 멀티미디어의 프로세싱 비용이 낮은 HTML5가 보편적인 기술로 받아들여졌지만, 초기에는 애플의 이러한 선택에 불만스러워하는 사람들이 많았다. 때로는 사용자 만족을 위해 사용자가 원하는 것을 제공하지 않는 고집스러운 선택이 필요하다.

작은 수정 사항을 조금씩 개선해 제품 업데이트를 자주 하는 방법으로 설명되는 애자일 방법론은 애자일 선언문에서 볼 수 있듯이 고객이 중요하다고 느끼는 가치를 효과적으로 만들어내기 위한 방법일 뿐이다. 고객에게 가장 중요한 것을 먼저 전달하고 나면 고객의 생각이 바뀔 수도 있고, 그러는 사이에 기업이 처한 시장 상황이 바뀔 수도, 같은 일을 더 쉽게 할 수 있게 하는 기술이 개발될 수도 있다. 하지만 고객이 원하는 것이 분명하고 써야 할 기술도, 시장도 크게 변하지 않는 상황이라면 애자일 방법론을 사용해야 하는 이유를 다시 한 번 생각해볼 필요가 있다.

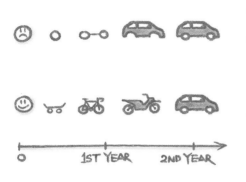

아이폰을 예로 애자일의 기본 정신을 설명하기는 했지만, 고객이 새 기능을 제공받기 위해 1년씩 기다려야 하는 프로세스라면 애자일의 반대편에 서 있을 확률이 크다. 요즘 애자일의 제품 업데이트 주기Delivery cycle는 1~2주이며, 매일 이루어지는 경우도 있다. 이와 같은 빠른 제품 업데이트 주기는 고객이 요청한 사항을 바로 다음 주에 만들어준다는 뜻이 아니다. 고객과 자주 대화하는 것은 사실이지만, 원하는 기능을 최종적으로 전달하는 데는 워터폴 모델보다 더 오래 걸릴 수도 있다. 위의 그림을 보면서 생각해보자.

그림에서처럼 최종 제품인 자동차를 만들기 위해 자동차 부품들을 차례대로 만들어 인도하고, 마지막에 조립해 완성품을 인도했다면 이는 애자일 프로세스가 아니다. 어쨌든 이렇게 만든 자동차를 '자동차 A'라고 하자. 스케이트보드는 자동차와 어찌 보면 무관하지만, 고객이 타고 이동할 수 있는 최소기능제품MVP: Minimum Viable Product이다. 최소기능제품인 스케이트보드에서 자전거, 모터사이클, 자동차로 점차 발전된 제품을 고객에게 제공하는 것이 애자일 프로세스에 가깝다. 이렇게 전달된 자동차를 '자동차 B'라고 하자. MVP의 전달이라는 면에서 자동차 A의 인도는 한 번에 이루어졌지만 자동차 B는 네 차례에 걸쳐 이루어졌다.

고객이 쓸 수 있는 최소한의 제품을 먼저 출시하고 나서 점차 발전시켜나간다는 점에서 애자일은 비효율적으로 보일 수 있다. 만약 고객이 구체적으로 원한 기능과 디자인만 만족시키는 자동차를 만드는 일이었다면, 스케이트보드와 자전거, 모터사이클을 제공한 회사보다 처음부터 자동차를 조립하기 시작한 회사가 먼저 제품을 인도했을 수 있기 때문이다.

그렇다면 왜 애자일 방법론이 좋다고 하는 것일까? 100년이 넘는 역사를 자랑하는 자동차의 경우, 정말 많은 시행착오를 거쳐 오늘날과 같은 모습을 가지게 되었다. 그런데 지구와 동떨어진 어떤 행성에서 고객이 아무도 본 적 없는 자동차를 요구했다고 하자. 이때껏 자동차를 써본 적이 없는 고객이 주문을 넣고 2년을 기다려 인도받아 처음 운전해본 뒤의 경험은 어떠할까? 반면 첫 납품으로 복잡하지 않은 스케이트보드를 사용해본 고객은 어떤 생각을 할까? 아마도 필요할 때 빠르게 정지하는 기능을 필수 기능으로 인지했을 것이다. 자전거를 사용해본 고객은 속도가 빨라질수록 조향 안정성이 중요하다는 점을 인지했을 것이다. 모터사이클을 사용해본 고객은 엔진의 신뢰도가 높고 관리가 편해야 한다는 점을 인지했을 것이다. 이런 과정을 통해 만들어진 자동차 B는 고객이 요구한 'A에서 B로 갈 수 있다'는 사항을 만족시키는 자동차 A에 비해 더 안전할 뿐 아니라 운전하기 즐겁고 운용 비용도 적게 들 가능성이 크다.

애자일 프로세스는 값싸고 빠른 프로세스가 아니다. 최종 제품만 비교한다면 오히려 비싸고 느린 프로세스가 될 수도 있다. 하지만 추가된 비용과 시간은 고객을 만족시키지 못할 가능성에 대한 리스크를 줄임으로써 얻는 가치에 비해 상대적으로 적은 지출일 수 있다.

조직 문화와 개발 프로세스

워터폴과 애자일 프로세스는 각각 위계 조직과 역할 조직 중 어떤 조직 문화에 더 적합할까?

워터폴 모델이 적용되는 프로젝트를 먼저 보면, 요구 사항이 분명하기 때문에 이를 만족시키는 경쟁사 간 입찰을 통해 프로젝트 주관사가 결정된다. 이렇다 보니 요구 사항, 가격, 기한이 정해져 있기 마련이고 남은 변수는 품질이 된다.

요구 사항을 만족시키는 제품을 기한 내에 납품해야 하는데 비용을 더 들이지 않고 품질을 높이려면 체계적인 관리 기법이 필요하다. 조금이라도 예상에 어긋나는 일이 생길 때마다 그 손실을 보상하기 위한 추가적인 노력도 들여야 한다. 관리자는 각 직원이 중복 작업을 하지 않도록 효율적인 업무 배분을 하며, 필요한 만큼의 정보를 나누어주는 일을 해야 한다. 아무래도 이러한 프로세스를 수행하는 데는 모든 직원이 회사 미션을 이해하고 고객에게 가치를 전달하기 위한 결정을 각자가 내리는 역할 조직보다 체계적으로 일을 분배하고 관리하는 위계 조직이 적합할 것이다.

애자일 프로세스는 고객을 만족시키기 위해 필요한 것을 탐색하는 과정이 포함돼 있기 때문에 비용과 시간, 그리고 요구 사항이 묶여 있는 경우에 쓰기 어렵다. 비용과 시간이 묶여 있는 경우라도, 고객이 만족할 수 있는 MVP가 인도되도록 최선을 다한다는 데는 변함이 없다. 정해진 기한 내에 자동차 B를 만들어 인도하는 데 실패하더라도 고객은 이미 조향 성능이 훌륭하고 신뢰도가 높은 모터사이클 B를 만족스럽게 운용하고 있을 것이기 때문이다. 애자일 프로세스를 통해 프로젝트를 진행하는 팀은 고객 만족을 위한 가치를 만들어내기 위해 다양한 전문성을 가진 팀원들이 협업과 잦은 반복iteration을 통해 제품을 개발하고 있을 것이다. 명령 체계가 분명하지만 방향을 유연하게 바꾸기 어려운 위계 조직보다는, 각 팀원이 전체의 방향을 이해하고 자신이 해야 할 일에 대한 해결책을 끊임없이 모색하는 역할 조직이 적합하다.

고객이 요구 사항을 구체적으로 문서화하고 싶어 한다면 어떨까? 모터사이클 B를 받고 난 뒤 자동차 B를 제때 받지 못했다며 고객사가 프로젝트 대금을 지불하지 않겠다고 하면, 애자일 방법론을 사용하는 데 문제가 있을 것이다. 애자일 방법론을 사용하기 위해서는 제품을 만들어 제공하는 회사뿐 아니라 고객사도 같이 참여하는 기업 문화가 우선되어야 한다.

> 앨리스는 고양이에게 다가가 물었다. "여기서 나가는 길을 알려주지 않을래?"
> "네가 어디로 가고 싶은지에 달렸지." 체셔 고양이가 대답했다.
>
> -루이스 캐럴, 『이상한 나라의 앨리스』

---

* 워터폴이나 애자일 같은 관점의 차이에 관계없이 프로젝트 관리에 유용한 도구들을 배우고 싶다면 엘리 골드렛과 제프 콕스가 쓴 『더 골(The Goal)』을 추천한다.

데드라인 없이
좋은 소프트웨어를 개발한다

Aiden 송창걸

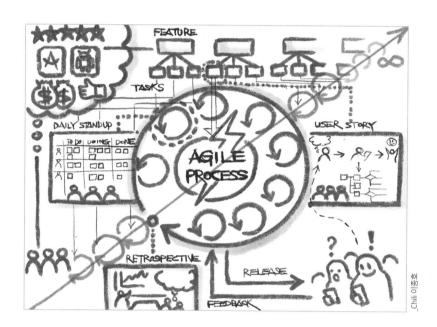

_Chili 이종호

애자일 방법론은 제조업에서 주로 활용되는 큰 호흡의 워터폴 방식과는 다르게
작은 사이클을 반복하여 최소기능제품을 진화시켜나가는 과정이다.

애자일 방법론으로 프로젝트 진행하기

애자일 방법론을 활용하면 고객은 최소기능제품을 일찍 받아볼 수 있고, 회사는 고객의 피드백을 통해 다음 제품을 더 훌륭하게 만들 수 있다. 그렇지만 프로덕트 사이클이 매우 짧고 계속 진화하기 때문에 무엇이 완성이고, 언제 완성품이 되는지를 정확하게 정의하기 힘들다.

가령 윈도우 7, 윈도우 8, 윈도우 10 등 몇 년에 한 번씩 업데이트되는 소프트웨어는 워터폴 방식으로 진행되어 정확히 단계별 시작과 끝을 알 수 있다. 하지만 페이스북 앱은 계속 진화하기 때문에 어느 것이 완성된 버전인지 알 수 없다.

워터폴 방식에서는 프로덕트를 만드는 팀이 마케팅이나 세일즈 팀에 "몇월 며칠까지 이번 버전의 프로덕트가 완성될 것입니다."라고 말할 수 있지만 애자일 방식에서는 그런 약속을 하기가 매우 어렵다.

워터폴 방식과 애자일 방식의 프로젝트 진행 방식 특성을 정리하면 다음과 같다.

워터폴 vs. 애자일 프로젝트 진행 방식

데드라인

- 워터폴: 정해진 데드라인에 맞춰 자원을 투입하거나 있는 자원을 최대한 활용한다.
- 애자일: 계속 진화하므로 데드라인이 별 의미가 없다. 팀의 프로젝트 진행 속도throughput를 측정한다.

외부 요청에 반응

- 워터폴: 이미 계획을 세웠기 때문에 다음 버전까지 반영할 수 없다. 만일 변경해야 하더라도 큰 비용이 발생하므로 반영을 최소화한다.
- 애자일: 프로덕트 사이클이 짧으므로 프로덕트 매니저가 엔지니어링 매니저와 협력하여 빠르게 반영한다.

프로덕트 매니저의 역할

- 워터폴: 프로덕트 매니저가 필요 없다. 처음에 기획자가 기획안을 만들어서 넘기면 개발 팀에서 데드라인에 맞춰 구현한다.
- 애자일: 팀의 프로젝트 진행 속도를 측정하여 이대로라면 언제쯤 완성될지를 측정한다. 끊임없이 외부 팀과 소통하여 그들의 요구를 반영하고 프로덕트 완성 시점과 우선순위를 업데이트한다.

엔지니어링 매니저의 역할

- 워터폴: 프로젝트가 데드라인에 맞춰 끝나도록 관리한다. 데드라인을 못 맞출 것 같으면 외주를 주거나 팀원들에게 지속적인 동기부여(또는 위협)를 한다.
- 애자일: 팀이 매 스프린트마다 일정한 속도로 프로덕트를 만들도록 관리한다. 버그 등을 관리하여 기능이 퇴화되지 않도록 한다.

일의 단위

- 워터폴: 구현해야 할 기능을 기준으로 정한다. 예) "레스토랑 메뉴 선택 화면을 구현한다."

- 애자일: 사용자 경험을 기준으로 스토리를 정한다. 예) "식당 손님으로서, 레스토랑에서 주문을 하기 위해, 메뉴에서 음식을 선택할 수 있다."

프로젝트 도구

- 워터폴: 데드라인에 맞춰 기능을 구현하고 인력을 투입할 관리 도구가 필요하다.
- 애자일: 스프린트당 프로젝트의 속도를 측정하고 다음 스프린트에서 할 수 있는 일들을 예상할 수 있는 진행 도구가 필요하다.

데드라인과 애자일 속도

워터폴 방식에서는 각 버전별 데드라인을 정해놓고 마케팅 팀이나 세일즈 팀과 소통한다. 프로덕트 팀에서 "이번 애플 행사에는 아이폰 X를 완성해서 내놓을 거예요."라고 이야기하면 마케팅, 세일즈 팀은 그 데드라인에 맞춰 마케팅 캠페인과 판매 계획을 수립한다. 프로덕트 팀에서 데드라인을 못 맞추면 다른 팀들의 계획에 차질이 생겨 많은 문제가 발생한다. 그래서 항상 데드라인에 쫓기면서 '그때까지 못 하면 큰일 난다'는 마음가짐으로 야근을 불사한다. 그리고 계획이 이미 데드라인에 맞추어 꽉 짜여 있기 때문에 엄청나게 중요한 문제가 아니면 외부의 요청을 반영해 프로젝트의 계획을 변경할 수 없다.

프로덕트로 꾸준히 진화하는 애자일 방식에서는 데드라인이 없다. 그렇지만 애자일 방식에서도 마케팅이나 세일즈 팀이 언제 새 프로덕트가 나와서 홍보나 판매를 할 수 있는지 알 수 있어야 한다. 그래서 프로덕트 매니저는 지속적으로 발전해나가는 제품에 몇 단계의 랜드마크를 만들어 고객과 대화한다. "다음 달 말까지는 다음 버전의 페이스북이 나올 거예요."가 아닌 "다음 달 말까지는 타임라인의 동영상 기능이 추가될 거예요." 정도의 약속을 한다. 그리고 데드라인이 없기 때문에 유동적으로 외부 요청을 반영한다. 그 경우 프로덕트 매니저는 홍보 및 판매 팀과 계속적으로 의사소통을 해야 하며, 홍보 및 판매 팀도 최대한 유연하게 계획을 세워야 한다.

애자일은 데드라인을 정해놓고 일하지 않기 때문에 각 사이클마다 얼마나 일이 진행되는지를 알 수 있는 '애자일 속도'Agile velocity가 필요하다. 즉 다음 달 말까지 완성하기 위해 모든 자원을 투입하고 야근하고 해서 완성하는 것이 아니라 "계속 이 속도로 가면 다음 달 말까지 완성할 수 있겠다."라고 예측하는 것이다.

애자일 스크럼에서의 개발 사이클을 '스프린트'Sprint 라고 한다. 장거리 달리기가 아닌 여러 번의 단거리 전력 질주로 프로덕트를 완성해나가는 것이다. 스프린트는 대부분 1~2주로 잡는다.

개발 팀의 리더를 맡은 엔지니어링 매니저는 계속해서 팀의 역량을 키움으로써 각 스프린트를 통해 보다 많은 긍정적인 변화를 제품에 반영하고, 기존에 있던 기능이 퇴화하지 않도록 노력한다. 이렇게 해서 발전을 거듭하는 조직과 발전하지 못하는 조직이 만들어내는 제품의 시장 경쟁력은 몇 달이 지나고 몇 해가 지나면서 분명하게 드러나기 마련이다.

워터폴 방식에서는 프로젝트 진행에 있어 데드라인이 제일 중요한 반면, 애자일 방식에서는 각 스프린트별 프로젝트 진행 속도, 즉 애자일 속도가 제일 중요하다.

애자일에서 태스크(Task)의 단위: 테마(Theme)>에픽(Epic)>스토리(Story)

Theme: "태블릿과 클라우드 서비스를 통한 레스토랑 주문 시스템."
Epic: "고객으로서, 테이블의 태블릿을 통해 음식과 관련된 일을 처리할 수 있다."
Story: "고객으로서, 음식을 주문하기 위해, 메뉴를 볼 수 있다."
Task: "음식 사진이 배열된 메뉴 화면을 구현한다."

애자일에서 일, 즉 태스크Task 의 기본 단위는 스토리Story다. 스토리는 '어떤 사용자가, 어떤 목적을 위해, 어떤 행동을 할 수 있다.'라는 식으로 표현된다. 예를 들어 레스토랑 주문 시스템을 만든다고 할 때 "메뉴를 만든다."라고 하지 않고 "고객으로서, 음식을 주문하기 위해, 메뉴를 볼 수 있다."라고 한다. "메뉴를 만든다."라고 하는 앞의 문장은, 그림과 음식 설명, 가격으로 구성된 메뉴 데이터베이스를 만들고 적당한 페이지를 만드는 일로 종료될 수 있다. 하지만 고객이 메뉴를 보기 위해 어떤 과정을 거치는지, 메뉴를 보면서 음식을 쉽게 주문할 수 있는지에 대한 내용이 같이 고려되어야 한다는 것을 표현하기에는 뒤의 문장이 더 적절하다. 즉 태스크의 단위는 기능이 아닌 사용자 경험을 정의한다.

이러한 스토리들이 모여 고객을 만족시키는 큰 스토리가 되는데, 이를 에픽Epic 이라고 부른다. "고객으로서, 메뉴에서 고른 내용을 주문할 수 있다.", "고객으로서, 주문한 음식의 금액을 편리하게 지불할 수 있다.", "고객으로서, 주문한 음식이 언제 나오는지 알 수 있다." 등의 스토리는 전체적으로 다음과 같은 에픽에 포함될 수 있다. "고객으로서, 테이블의 태블릿을 통해 음식과 관련된 일을 처리할 수 있다."

레스토랑 주문 시스템은 고객과 주방, 그리고 그 사이에 음식을 서빙하는 종업원 모두를 돕기 위한 것이므로, 다음과 같은 에픽들을 포함할 것 같다. "셰프로서, 음식을 주문이 들어온 순서대로 만들고 종업원에게 준비된 음식을 알릴 수 있다.", "종업원으로서, 준비된 음식을 주문자의 좌석으로 전달하고 추가 사항을 주방에 전달할 수 있다." 이 시스템이 발전하면 "레스토랑 주인으로서, 자주 찾는 고객에게 더 큰 만족을 줄 수 있다."와 같은 에픽이 추가될지도 모르겠다.

이와 같은 에픽들이 모이면 "태블릿과 클라우드 서비스를 통한 레스토랑 시스템"이라는 테마Theme가 완성된다.

스토리를 더 작은 단위의 일로 나누면 태스크, 더 세분하면 서브 태스크가 된다. 실제 애자일 팀에서 매일 아침에 모여 하는 스탠드업 미팅에서 다루는 일의 단위는 태스크나 서브 태스크인 경우가 대부분이다.

관리 도구 vs. 진행 도구

애자일 프로젝트의 진행 상황을 모니터하고 팀이 효율적으로 일할 수 있도록 하는 애자일 방법이 많이 개발되어왔다. 이 중 가장 흔하게 쓰이는 방법으로 '스크럼'과 '칸반'이 있는데, 서로 상충된 개념이 아니어서 둘을 섞어 쓰는 개발 팀도 종종 볼 수 있다. 이직이 잦은 실리콘밸리 스타트업의 특성상 개발 방법론이나 사용되는 도구가 대개 몇 가지로 정해지기 마련이다. 회사를 옮기더라도 개발 방법론이나 사용하는 기술, 그리고 조직 내 세분화된 역할이 거의 정해져 있어서 2~4주 안에 정상 속도로 프로젝트에 참여할 수 있다.

데드라인에 맞추어 프로젝트를 진행하는 워터폴 방식에서는 관리자가 주어진 일을 개별 팀원에게 나눠주고 주어진 시간과 비용 안에서 해결하기 위해 개발된 '관리 도구'가 필요하다. 반면 애자일 방식의 도구들은 팀 전체가 일정한 속도로 제품을 생산하여 고객에게 효율적으로 가치를 전달하는 데 필요한 '진행 도구'로서 개발되어왔다.

　스마트 워치는 그저 오늘의 운동량을 보여줌으로써 우리에게 점심 식사 후 '조금 걸어볼까?' 하고 생각하게 만든다. 실적이나 성과를 개선하는 것은 상황을 숫자로 표현하는 것에서 출발한다. 스크럼이든 칸반이든, 애자일 도구에서의 성과 측정은 개인의 성과보다 '고객에게 전달될 가치를 전체 팀이 전달하고 있는 속도'를 표현하는 데 초점이 맞추어져 있다. 어떤 팀원의 '소극적 참여'로 팀 전체의 성과가 영향을 받을 때 매니저의 압박보다는 같이 일하는 팀원들의 압박이 긍정적인 결과를 가져오는 경우가 많다.

스크럼

애자일 스크럼 팀의 일상을 들여다보면 "스크럼을 짜서 움직이는 운동선수들처럼 여럿이 같이 움직이는 팀워크가 힘차고 역동적이다."라고 말하기가 조금 쑥스럽다. 스크럼 팀원들은 자신에게 할당된 태스크를 혼자서 묵묵히 해나간다.

　애자일 보드에서 티켓을 하나 골라서 자신에게 할당하거나 이미 자신에게 할당된 티켓을 '진행 중'In Progress으로 옮겨놓고 일을 진행한다. 자신의 일을 마치고 나면 '리뷰'Review로 옮겨놓고, 리뷰가 끝나면 '완료'Done로 옮긴다. 2주에 한 번 정도 스프린트를 반복하며 스프린트 단위의 미팅, 그리고 매일 한 번씩 있는 스탠드업 미팅에 참여하는 것 외에는 혼자서 일한다.

기본적으로 다른 팀원의 진행 상황과 상관이 없어 남들과 같은 시간에 일할 필요가 없다. 그래서 출퇴근 시간도 자유롭고, 집에서 일해도 되며, 휴가도 마음대로 갈 수 있는 시스템이 가능하다.

이렇게 차분한 개발 조직이지만, 애자일 정신에 따라 고객에게 가치를 전달하는 최소 단위인 스토리를 팀이 함께 만들어낸다는 의미를 담기 위해 '스크럼'이라는 표현을 사용한다. 풋볼 경기에서 달리기를 잘하는 한 사람이 아무리 빨리 달려도 공을 던지는 사람과 호흡이 맞지 않아 점수를 내지 못하면 아무 소용없는 것처럼 엔지니어와 매니저와 UX 디자이너 등 모든 팀원이 각자의 역할을 잘 수행하여 고객이 사용할 수 있는 완결된 스토리를 만들어내지 못하면 스프린트는 아무 성과가 없는 것이나 마찬가지이기 때문이다.

애자일 팀이 한 스프린트를 마쳤을 때 보통 몇 개 이상의 스토리를 전달하기 마련이다. 스프린트가 지나가는 동안 하나의 스토리도 전달하지 못하는 일이 반복된다면, 스토리의 크기에 비해 팀이 너무 작거나 스프린트 길이를 너무 짧게 잡았기 때문일 것이다. 팀의 크기를 갑자기 키우기는 어려울 테니 스프린트 길이를 키우거나 더 작은 스토리로 쪼개는 수밖에 없다. 따라서 스토리의 크기가 과연 어느 정도인지를 팀의 입장에서 이해하는 일은 스프린트 계획 미팅에서 일어나야 하는 중요한 일 중 하나다.

스토리포인트 예측 미팅

스크럼을 진지하게 사용하는 팀에서는 예측 미팅을 따로 가지기도 한다. 팀 전체가 모여서 스토리들을 늘어놓고 각 스토리마다 '스토리포인트'Story-point라고 하는 단위로 일의 크기를 매기는 자리다.

각 스토리가 얼마나 시간이 걸리는지를 예측하기 위해 포커와 비슷한 게임을 한다. 각 팀원은 1, 2, 3, 5, 8, 13, 20, 40, 100과 같은 피보나치수열과 비슷한 단위의 숫자가 적힌 카드를 가진다. 그리고 한 스토리의 사이즈에 대한 카드를 제시한다. 5명이 모여 투표했는데 3명이 2라고 하고, 1명이 8, 1명이 1이라고 했다면 8이라고 한 사람, 1이라고 한 사람의 의견을 들어보고 다시 한 번 투표한다. 이렇게 해서 수렴된 숫자로 스토리포인트를 매긴다.

만약 팀 전체가 최근 진행된 스프린트에서 50스토리포인트를 한 스프린트에 전달할 수 있었다면, 그 팀의 애자일 속도는 50이 된다. 다음 스프린트에 그만큼의 스토리를 전달할 수 있도록 노력하자고 약속하는 것이다.

스프린트 계획 미팅

1~2주에 한 번, 한 시간 정도 스프린트 계획 미팅을 갖는다. 스프린트 계획 미팅에서는 앞의 스토리포인트 예측 미팅에서 점수를 할당한 스토리들을 가지고 다음 스프린트 동안 어떤 스토리들을 처리할지 계획한다.

스토리보다 큰 그림인 에픽을 생각하면서 스토리의 우선순위를 정하는 것이 가장 이상적이다. 그렇지만 기존 프로젝트의 버그 해결이나 유지·보수 등 에픽에 해당하지는 않지만 꼭 필요한 일도 있으므로 우선순위는 그때그때 변할 수밖에 없다.

스프린트 계획 미팅에서 누가 각 스토리 티켓을 수행할지 정하는 경우도 있고, 아니면 지금까지의 팀 속도(스프린트당 수행한 스토리포인트의 합)를 고려하여 스토리만 추가해놓고 스프린트 진행 중에 자신이 원하는 스토리 티켓을 선택하여 수행하기도 한다.

스탠드업 미팅

스탠드업 미팅은 각자가 선택한 태스크의 상황을 팀에게 이야기하고, 진행이 더딘 경우에는 어떠한 도움이 필요한지 설명하는 자리다. 이때 프로젝트 매니저나 팀원들 중 하나가 스크럼 마스터 역할을 맡아 회의를 진행한다. 스크럼 마스터 역할은 보통 돌아가면서 맡는다.

전통적인 생산관리 담당자처럼 '어제 하기로 한 것을 하지 못했으니 오늘 저녁은 늦게까지 일해야 할 것'과 같은 압력을 넣는 방식이 절대 아니다. 제품을 사용하는 고객의 문제를 우선적으로 해결하느라 개발 태스크를 소화 못 하는 일도 흔하기 때문에, 어느 정도 예측에 어긋나는 것은 이미 팀의 애자일 속도에 포함되어 있어야 한다. 다만 다른 팀의 누군가(보통 DBA와 같은 제한된 리소스)의 도움이 필요하다든지 등의 일은 프로젝트 매니지먼트 팀을 통해 신속히 해결해야 한다.

스탠드업 미팅은 다음과 같은 특징을 가진다.

1. 보통 아침에 한다. 너무 늦을 경우 하루가 짧아지거나 학교에 다니는 아이가 있는 팀원들이 손해를 보고, 너무 이를 경우 참석률이 좋지 않다. 매니저급일수록 아이가 있을 확률이 높다는 것이 함정이다.
2. 어제 한 일, 오늘 할 일을 말하고, 진행을 막는 일이 있다면 누구의 도움이 필요한지 이야기한다.
3. 10분을 넘기지 않는 것이 원칙이다. 이를 위해 서서 진행한다. 20분 이상 진행될 경우, 다른 사람들 태스크 이야기를 듣다가 하루에 써야 할 에너지를 다 소진하게 되므로 스크럼 마스터는 이를 가장 신경 써야 한다.

4. 중간중간 소멸 차트Burndown Chart를 보며 서로 약속한 스토리들을 이번 스프린트가 끝날 때 전달할 수 있을지 체크한다.

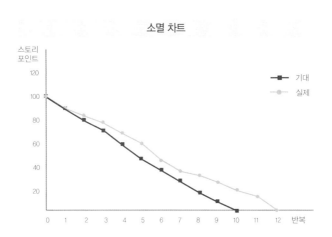

스프린트 리뷰 미팅

스프린트 리뷰 미팅은 지속적인 개선이라는 관점에서 매우 중요하다. 이 미팅을 통해 스토리가 전달된 과정을 점검하고, 만약 전달되지 않은 스토리가 있다면 다음 스프린트에서 어떻게 약속을 더 잘 지킬 수 있을지 검토한다. 만약 팀의 애자일 속도가 점점 빨라진다면 아마도 스프린트 리뷰 미팅을 팀원들이 정직하고 성실하게 했기 때문일 것이다. 각각의 부품을 만들어낸 팀원들이 완성된 스토리들의 데모를 보며, 지난 스프린트에서 열심히 일한 결과를 축하하는 자리이기도 하다.

스프린트 리뷰에서는 간단히 공유 문서를 열어 잘된 점, 잘못된 점, 개선책을 적는다. 잘된 점은 함께 기뻐하고 축하하며, 잘못된 점은 함께 개선책을 논의한다. 그리고 개선책을 정리해서 다음 스프린트는 더 효율적이고 좋은 업무 경험이 될 수 있도록 노력한다.

칸반

일본어인 '칸반'에 해당하는 우리말은 '간판'이지만, 뜻은 '게시판'에 가깝다. 도요타에서 생산 운영의 효율화를 위해 게시판을 활용해서 만들어낸 기법이다. 왼쪽은 원재료, 오른쪽은 모든 공정이 끝난 제품을 표시함으로써, 그 사이에 일어나는 공정들에 재료가 얼마나 투입되고 있는지를 쉽게 표현할 수 있다.

칸반 방식에서는 스프린트를 나누지 않는다. 일이 새로 들어오면 백로그Backlog에 쌓고, 맡은 일을 다 한 사람이 백로그에 있는 일 중 하나를 선택해서 수행한다.

도요타의 유명한 '저스트인타임Just-in-Time 운영 방법'에 따라 현재 진행 중인 티켓 수를 제한하는 것이 칸반의 핵심 개념이다. 1일 생산량이 1만 대가 넘는 도요타의 경우, 원재료가 공장에 들어와 완제품이 될 때까지 시간을 소요할수록 더 많은 비용이 들기 때문에 이에 대해 고심하다 만든 방법이다. 동시에 진행할 수 있는 일의 수를 제한해버리면 전체 효율이 올라간다는 것이 핵심이다. '군더더기를 뺀다'는 의미로 린Lean 방법이라고도 부른다.

소프트웨어 개발에서 동시에 진행 중인 태스크의 숫자를 제한하면 팀이 적은 수의 일에 집중하도록 유도할 수 있다. 애자일 팀에서 동시에 처리하는 태스크가 너무 많으면 결과적으로 완료하는 시간이 점점 늦어져 고객에게 빠르게 가치를 전달하는 애자일 개념에 어긋나게 된다. 스크럼에서 애자일 속도에 따라 스프린트를 통해 약속할 수 있는 스토리포인트를 제한하

칸반 : 수영장 레인 차트

	백로그	할 일 (2)	개발 (3) 진행 중	완료	개발 (2) 진행 중	완료	개발 (1)	완료
스토리 A	D3 D4 D5		D2 PB		D1 BL PZ			
스토리 B	D F G H	B E	A JG MN		? DA	C		
스토리 C	Y		X WZ					

는 것도 이와 같은 맥락에서다.

스크럼에서 스프린트가 진행 중인 상황에서 어떤 엔지니어가 자신의 태스크를 일찍 끝냈다면 다른 엔지니어가 맡은 일을 도와주는 등 약속한 스토리를 고객에게 전달하는 데 최선을 다할 것이다. 칸반에서는 일을 끝냈을 때 다른 사람의 일을 도와주기보다는, 프로젝트 매니저와 상의해 백로그에 있는 다른 태스크를 맡는 것이 자연스럽다.

칸반에서는 사이클 안에 정해진 스토리포인트를 태우는 소멸 차트보다는, 태스크들이 백로그에서 완료Closed 상태가 될 때까지 걸리는 시간에 대한 콘트롤 차트Control Chart를 사용해 팀 개발 프로세스의 이상 징후나 문제가 있었던 태스크에 대한 대응책을 마련할 수 있도록 한다.

소프트웨어 프로젝트 관리

스크럼이나 칸반 모두 애자일 프로젝트의 진행 방법으로 자리를 잡아가면서 많은 소프트웨어 도구들이 만들어지고 있지만, 어떤 도구와 어떤 방법론을 언제 사용해야 하는지는 팀 스스로가 결정해야 한다.

스크럼은 '이미 익숙한 일들을 해내는 전문가들'이 모여 고객에게 의미 있는 분량의 제품 업데이트를 제공하기에 적합하다. 사용하는 프로그래밍 언어와 라이브러리가 이미 친숙한 상태에서 프로덕트 매니저가 정리해둔 스토리를 하나씩 태스크로 나누어 만들어가는 과정이라면, 각 태스크의 스토리포인트에 대해 크게 의견이 갈리지 않을 것이다. 제품 시험 과정을 자동화하는 것을 포함한 모든 태스크를 한 스프린트로 마치는 것은 상당한 팀워크를 요한다.

잠재 고객은 있지만, 상당한 리서치를 요하는 제품을 개발할 때는 상황이 조금 다르다. 제품을 만들 때 쓸 기술 자체를 함께 개발해야 하는 경우에는 스프린트를 통해 고객에게 전달할 수 있는 의미 있는 분량의 스토리를 만들기가 힘들기 때문이다. 이때는 연구 과제를 포함한 태스크들을 세분화하고, 이들의 진척 상황을 꾸준히 관찰할 수 있는 칸반이 적합하다.

스토리포인트로 업무 부담이 정확히 관리되는 환경에서, 개개인은 자신만의 업무 속도를 쉽게 알 수 있다. 어떤 사람은 빠르고 어떤 사람은 느릴 것이다. 스크럼 마스터의 역할은 각자가 일하는 속도를 반영하여 계획을 세우고 프로젝트를 수행하는 것이다. 어떤 팀원이 일하는 속도가 너무 느리다고 해서 혼내거나 벌을 주는 경우는 없다. 다만 팀원의 업무가 전체 속도에 지장을 주는 일이 반복될 경우 3개월여의 공식적인 절차인 업무 개선 프로그램Performance Improvement Program을 거치게 된다. 그리고 이 기간 동안 업무 속도가 팀에서 필요한 만큼 개선되지 않으면 해고된다.

실리콘밸리로 가기 전에
생각할 것

실리콘밸리에서의
1년

초대 작가 **김진영**

그림 이종훈

아침 9시 40분, 출근길에 덜컹거리는 캘트레인의 2층 객차에서 이 글을 쓴다. 9시 훨씬 넘어 출근하는 이유는 9시 이전에 샌프란시스코 방향 기차가 너무 붐비기 때문이다. 자동차로 출퇴근하면 1시간이 넘게 걸리기 때문에 많은 직장인들이 기차를 이용한다. 회사에는 10시 반쯤 도착하겠지만 기차 안에서도 일할 수 있고, 사실 내가 언제 출근하든 누구도 크게 신경 쓰지 않는다.

이렇게 실리콘밸리에서의 삶은 출근길이 만만치 않지만, 많은 회사들이 어떻게든 직원들이 일에 집중할 수 있도록 최대한의 자유를 부여한다. 내가 미국에 온 지는 벌써 11년이 지났고, 아내와 함께 실리콘밸리에 온 지는 갓 1년이 넘었다. 그동안 전직, 이사, 첫 아이 출산 등으로 바쁜 한 해를 보내면서 실리콘밸리 문화를 어렴풋하게나마 경험했다. 상대적으로 작은 도시인 시애틀에서 온 내가 샌프란시스코에 와서 받은 인상은 전반적으로 바쁘고 경쟁적인 도시였지만, 모든 사람이 그렇게 느끼는 것은 아니었다. 또한 기업 문화와 근무 환경 역시 회사마다 다르다.

일하기

나는 한국에서 대학을 마치고 미국에서 대학원을 졸업한 후 시애틀에 있는 마이크로소프트 본사에서 검색 관련 연구자로 일했다. 2016년 말, 마이크로소프트 근무 5년을 며칠 앞두고 돌아본 삶은 참으로 편안했다. 회사 업무 이외에도 '창발'이라는 한인 IT 종사자들의 비영리단체를 만들고, 아내도 나도 각각 책을 한 권씩 출간했다. 익숙한 환경에서 연구자로서 보람 있는 일을 하면서 논문도 쓰고, 남는 시간에 시애틀 주변의 아름다운 자연을 즐기며 편안하게 사는 인생을 계속 누려보는 것도 나쁘지 않았을 것이다.

하지만 더 늦기 전에 새로운 도전을 찾아 작년 초에 스냅으로 자리를 옮겼다. 생긴 지 5년도 안 되었지만, 항상 화제의 중심에 있는 젊은 회사에서 일하니 롤러코스터를 타고 있는 듯했다. 입사 직후였지만 주식 상장의 흥분도 맛보았고, 곧이어 경쟁사의 압박과 회사를 전통적인 SNS의 잣대로 평가하는 언론의 영향으로 회사 평판이 바닥까지 떨어지는 것도 경험했다. 이 와중에 첫아이가 태어났고, 시애틀에서 로스앤젤레스로, 그리고 다시 샌프란시스코로 이사하게 된 것은 덤이었다.

스냅은 실리콘밸리를 대표한다기보다 실리콘밸리의 이단아에 가까운 회사다. 스냅의 최고경영자인 에번 스피걸은 제품디자인 전공으로, 엔지니어가 중심이 되는 실리콘밸리의 문화를 탈피하기 위해 로스앤젤레스에 본사를 세운 것으로 알려져 있다. 하지만 회사가 성장하면서 데이터와 엔지니어링의 중요성이 부각되고 있어, 2016년부터는 실리콘밸리 오피스를 공격적으로 확장하고 있다. 현재는 100명이 넘는 직원들이 검색 및 추천 등 데이터가 중심이 되는 기능을 개발하고 있다.

스냅처럼 젊은 회사에서 데이터 과학자로 일하려면 정말 바쁘다. 업무 영역도 넓고, 제품 자체도 끊임없이 진화하기 때문이다. 하지만 SF오피스의 동료들은 스냅챗 사용자들만큼이나 열정적이다. 이처럼 열정적인 사람들 곁에서 일하다 보면 자연스럽게 열심히 일하게 된다. 그리고 서두에서 밝혔듯이 회사 문화가 매우 자유로운 편이라 언제 어디서 일하든 별로 신경 쓰지 않는다. 출퇴근 거리가 긴 내 경우, 일주일에 하루나 이틀은 집에서 일하고 있다.

스냅의 SF오피스는 만들어진 지 2년이 채 안 되었고 검색 및 추천 등 스냅의 핵심 데이터 프로덕트를 담당하는 만큼 구글, 페이스북 등 더 크고 안정적인 회사에서 새로운 도전을 찾아 합류한 엔지니어들이 많다. 다른 회사에서 이직한 동료들의 이야기를 종합해보면, 스냅만큼은 아니더라도 실리콘밸리의 많은 회사에서 성과를 내기 위해 오랜 시간일하는 것은 드물지 않은 모양이다. 단 모든 직원이 그러는 것은 아니고, 본인의 선택으로 열심히 일하는 것에 대해서 큰 불만은 없어 보였다.

아시아계 엔지니어들의 유입으로 백인이 오히려 소수가 되는 현상은 테크 회사에서는 이미 흔한 일이다. 한국인은 어디를 가나 소수니 별 상관없을 수도 있지만, 끼리끼리 어울리는 경향이 강한 중국계 직원이 주류를 차지하는 분위기는 비주류 입장에서 그리 편안하지만은 않다. 10년 전 미국에 와서 이미 다양한 환경을 경험한 입장에서는 미국 문화의 근간인 다양성의 존중과 장려가 왜 중요한지 다시 깨닫게 되는 요즘이다.

실리콘밸리의 장점으로 흔히 말하는 수평적이고 자유롭고 다양성을 존중하는 문화는 일반론이며, 실제로는 회사 및 일하는 팀에 따라 좌우된다. 오히려 다양성 측면에서는 아시아계 이민자가 다수가 되면서 실리콘밸리의 문화 전체가 아시아화되는 것은 아닌가 하는 우려도 든다. 또한 이런 개인에 대한 존중은 필연적으로 그에 상응하는 책임을 수반하며, 미국 회사들은 성과를 내지 못하는 개인이나 팀에게 책임을 분명하게 묻는다. 넷플릭스는 직원들이 '프로스포츠 플레이어'처럼 생각하기를 바란다는데, 그들에게 주어지는 명예와 돈만큼이나 성과에 대한 압박도 크다.

살아가기

교외의 넓은 집에 살면서, 일은 업무 시간에 끝내고 나머지는 가족과 함께 여유 있게 여가를 즐기는 미국적인 삶을 꿈꾸는 사람들에게 실리콘밸리는 호락호락한 동네가 아니다. 우선 앞에서 언급한 대로 낮이건 밤이건 가리지 않고 열심히 일하는 분위기에서 꾸준히 성과를 내기가 만만치 않다. 미국은 고용계약이 자유로운 까닭에 불필요하다고 여겨지는 개인이나 팀은 가차 없이 정리된다. 그런 상황에서 미국 시민이나 영주권자가 아니라면 바로 미국을 떠나야 할 수도 있다.

급여가 상당한 수준이더라도 집값을 비롯한 물가가 너무 비싼 탓에 다른 지역에 비해 여유 있게 살기가 힘들다. 실리콘밸리에서 이른바 억대 연봉을 받더라도 연방세와 캘리포니아주의 주세를 내고, 집값(월세)을 내고 나면 생활비가 빠듯하다. 물가를 떠나서 교통, 학교, 여가 시설 등 모든 사회 인프라가 부족한 상황이다. 내 경우, 아이를 맡길 보육원을 구하려고 수십 군데 연락해서 겨우 자리를 찾을 수 있었다. 하지만 이런 상황은 사람이 몰리는 지역은 어디나 비슷하지 않을까 한다.

실리콘밸리에서는 동종 분야 사람들과 만나 교류할 수 있는 테크 관련 대규모 콘퍼런스 및 소규모 행사가 끊임없이 열린다. 일 외의 자기계발을 하고 싶은 사람에게는 좋은 기회다. 그렇지만 내 경우 작년에 첫아이가 태어나면서 업무 시간 이외에 모임을 갖기가 쉽지 않아졌고, 반면에 아이가 뛰놀 공간이 있는 집과 보육원을 구하는 데 많은 노력을 쏟아야 했다. 가족이 없어 시간 활용이 자유로운 사람이라면 다양한 모임에 참석하거나, 개인적인 프로젝트에 시간을 더 쏟을 수 있을 것이다.

실리콘밸리로 가는 길

실리콘밸리에 사는 것은 모든 사람들을 위한 선택은 아니다. 다른 지역보다 조건이 월등한 직장을 구할 수 있거나, 혹은 스타트업에 취직하거나 창업을 위해 팀을 꾸리려는 사람에게는 좋은 선택일 수 있다. 하지만 대기업에서 일하고자 하거나 적당히 일하면서 삶을 즐기려는 사람이 실리콘밸리에 온다면 치러야 할 비용이 지나치게 클 수도 있다. 또 한국 사람이 미국의 스타트업에 취업하고자 하는 경우에는 비자 문제 때문에 쉽지 않을 수 있다.

게다가 많은 테크 회사들이 자신들의 기술을 오픈소스 및 논문 형태로 공개하는 등 기술 확산 속도가 점점 빨라지는 추세여서, 실리콘밸리에서 만들어진 기술이 거의 실시간으로 전 세계로 퍼져나가고 있다. 또한 한국에도 딥러닝이나 블록체인 등 많은 분야에서 실리콘밸리만큼이나 활발한 온라인 및 오프라인 커뮤니티가 존재한다. 굳이 실리콘밸리에 혹은 미국에 있지 않더라도 첨단 기술을 접하는 데 그리 지장이 없는 것이다. 막연히 '실리콘밸리에 가면 뭔가 되겠지.'라는 식의 접근은 점점 실효성이 떨어지고 있다. 결론적으로 막연한 환상으로 미국, 특히 실리콘밸리로의 이주를 생각하는 사람이라면 다시 한 번 고민해보고 실증적인 해답을 얻기 위해 관련 커뮤니티나 책 등 자료도 찾아보자. 실리콘밸리는 과연 내가 하려는 일과 삶을 위한 최선의 환경인가? 내가 현재 처한 환경에서 이런 가치를 얻을 수 있는 방법은 없는가? 실제로 이주하기 전에 이를 검증해 볼 수 있는 방법은 무엇일까? 이주를 위해 거쳐야 하는 과정과 대가는 무엇인가?

초대 작가 김진영

스냅의 데이터 과학자이자 『헬로 데이터 과학』의 저자

5장

나는 오늘도 실리콘밸리로 출근한다

실리콘밸리의 일상

실리콘밸리의
선샤인 달러

Erin 김혜진

_Chili 이정우

어느 여름 날. 트위터가 있는 샌프란시스코의 온도계는 화씨 62도(섭씨 16도),
구글이 있는 마운틴뷰의 온도계는 76도(섭씨 24도), 애플이 있는 쿠퍼티노의
온도계는 95도(섭씨 35도)를 가리킨다. 차로 그 길을 가다 보면 30분에 10도씩
온도가 올라가 초봄에서 한여름까지를 다 경험할 수 있다.

실리콘밸리의 날씨

실리콘밸리에서는 첫 연봉 협상을 할 때 리쿠르터들이 농담 반, 진담 반으로 "선샤인 달러"Sunshine Dollar라고 말하곤 한다. 실리콘밸리에 오면 1년 내내 좋은 날씨에서 살 수 있으니 연봉 외 수입이나 다름없다는 뜻이다. 따뜻한 지중해성 기후 덕분에 이 지역에는 샌프란시스코를 비롯한 아름다운 도시들이 생기고, 스탠퍼드대학과 실리콘밸리 기업들도 자리하게 되었다.

샌프란시스코 지역은 바다가 육지로 들어온 만Bay의 형태로 되어 있어 '샌프란시스코베이 지역'이라고 불린다. 그렇지만 실리콘밸리의 날씨가 무조건 좋다고 하기는 어렵다. 샌프란시스코에서 산호세까지는 차로 1시간 정도 걸리는데, 그 짧은 시간 동안 이동하면서 경험할 수 있는 기후가 상당히 다양하다. 예를 들어 1년 내내 섭씨 15도 안팎을 유지하는 샌프란시스코는 여름에는 미국에서 가장 추운 지역이고 겨울에는 따뜻하다. 사계절의 차이를 거의 느낄 수 없다. 그에 비해 남쪽에 자리한 산호세는 여름에는 섭씨 40도를 넘나들고 겨울에는 10도 안팎을 유지하는 대륙성 고온 건조 기후를 보여준다.

1시간 동안 사계절을 경험하다

다음 이미지(이 책 264쪽)는 2017년 8월 23일 오후 3시 반경, 날씨 앱에서 본 지역별 날씨 스크린샷이다. 차이가 극단적으로 심한 날이 아니었는데도 샌프란시스코, 샌프란시스코에서 30분 정도 내려가면 나오는 샌마테오, 그리고 샌마테오에서 30분 정도 더 내려가면 나오는 산호세 간 온도 차가 상

당한 것을 알 수 있다.

 샌프란시스코와 산호세의 온도 차이가 거의 섭씨 10도다. 체감온도 차이는 더 크다. 온도 차가 심한 어느 여름날에는 샌프란시스코가 섭씨 15도 정도 일 때 산호세가 35도까지 올라가기도 한다. 샌프란시스코에서 안개와 찬바람에 대비해 재킷을 입고 있다가, 1시간 정도 운전하며 내려가면 더워서 에어컨을 켜는 신기한 동네다. 이해를 돕기 위해 이곳에서 몇 년 동안 경험한 내용을 토대로 단순화시켜 기후를 구분해보았다.

 샌프란시스코베이에는 크게 네 가지 지역별 기후가 분포한다.

 지도에서 ①번 지역은 안개 지역이다. 서쪽에는 금문교와 금문공원이 있고, 남서쪽에는 샌프란시스코 주립대학이 있으며, 그 아래에는 댈리시티, 퍼시피카, 하프문베이 등의 도시가 자리하고 있다. 이 지역은 겨울을 제외하고 7개월 이상 안개에 덮여 있다고 봐도 무방하다. 안개가 심할 때는 자동차 안개등을 켜도 앞차가 간신히 보일 정도고, 서쪽으로 보이는 태평양의 아름다운 풍경 역시 자취도 없이 사라진다. 안개가 내려앉으면 한여름에도 온도가

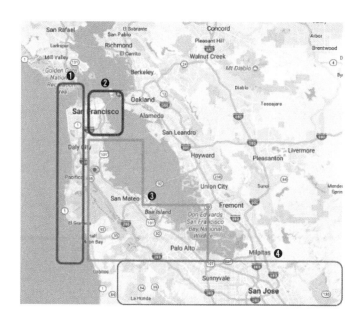

섭씨 5도까지 떨어져 정말 춥다. 안개는 동쪽의 대륙과 서쪽의 태평양 간 온도 차가 커질수록 더 짙어진다. 안개 때문에 다른 곳보다 집값이 싸다. 1년에 3분의 2 정도는 맑은 하늘과 따뜻한 해를 보기 어렵기 때문이다.

②번 지역은 샌프란시스코의 동쪽 지역으로 늘 하늘이 맑고 선선하다. 여름에도 엄청나게 더운 날이 많지 않아서 대부분의 집에 에어컨이 없다. 샌프란시스코에서도 비싼 땅값을 자랑하는 샌프란시스코 다운타운, 높은 빌딩과 기업이 밀집된 파이낸셜 디스트릭트, AT&T 야구장이 있는 미션베이 등이 있으며, 여름에는 서쪽으로 금문교와 어우러진 안개를 감상할 수 있다. 안개 안에서 사람들은 차가운 날씨와 싸우고 있겠지만, 낮게 낀 안개가 도시를 덮고 있는 모습은 더할 나위 없는 장관이다.

③번 지역은 반도 지역이라고 하는데, 가장 살기 좋은 곳이자 미국에서

가장 집값이 비싼 동네다. 페이스북, 구글, 스탠퍼드대학 등이 위치해 있다.

마지막으로 ④번 지역은 산호세를 중심으로 한 사우스베이 지역이다. 실리콘밸리에서 가장 큰 한인타운이 있는 산타클라라, 넷플릭스가 있는 로스가토스, 애플이 있는 쿠퍼티노 등의 도시가 자리하고 있다. 이 지역은 대륙성 기후의 영향으로 여름에는 섭씨 40도를 넘나들 만큼 덥지만 겨울에는 6도까지 떨어지는 아주 추운 곳이다. 샌프란시스코베이 지역 중 사계절이 가장 명확한 곳이기도 하다.

샌프란시스코의 추운 여름

"내가 보낸 가장 추운 겨울은 샌프란시스코의 여름이었다."

The coldest winter I ever spent was a summer in San Francisco.

샌프란시스코의 여름을 가장 잘 설명해주는 이 명언은 『톰 소여의 모험』을 쓴 작가 마크 트웨인이 한 말로 알려져 있다. 하지만 정작 마크 트웨인이 이 말을 했다는 증거는 없다.

샌프란시스코는 1년 내내 섭씨 15도 전후의 기온에 바람이 불면 춥고, 해가 나면 따뜻한 날씨의 반복이다. 그렇다 보니 반팔에 반바지 차림인 사람과 패딩을 입은 사람이 같이 다니는 것을 흔히 볼 수 있다.

여름 휴가철이 되면 전 세계에서 많은 관광객이 찾아오는데, 로스앤젤레스와 샌디에이고 같은 따뜻한 날씨를 기대하고 반팔, 반바지를 입고 샌들을 신고 온다. 수영복을 입고 가을 단풍 구경을 가는 것처럼, 이렇게 입은 관광객에게 시원한 샌프란시스코의 날씨는 더 춥게 느껴진다. 그래서 샌프란시

스코에서는 여름에 긴팔 후드 티가 불티나게 팔린다. 기념으로 사는 사람도 있겠지만, 추워서 사는 사람이 훨씬 많지 않을까 생각한다.

샌프란시스코의 서쪽, 즉 안개 지역(지도에서 다소 어둡게 명암 처리된 곳)에 위치한 대표적인 관광지가 금문교와 금문공원이다. 구글에서 금문교를 검색하면 안개 낀 금문교 사진이 많이 나온다. 이러한 금문교 모습은 여름 내내 볼 수 있는데, 금문교를 건너 호크힐에 올라가서 안개 위로 살짝 솟은 금문교 꼭대기를 감상하면 정말 장관이다. 하지만 안개 속에 서서 위를 올려다보면 바로 눈앞에 보이는 빨간 구조물의 일부분밖에 볼 수 없어 내가 금문교에 있는 것인지도 알 길이 없다. 금문교에서 페리빌딩과 AT&T 야구장이 있는 동쪽으로 이동하면 구름이 서서히 사라지고 맑은 하늘이 나타난다. 기온은 여전히 15도 안팎이지만 햇빛과 파란 하늘 덕분에 서쪽 지역보다 훨씬 따뜻하게 느껴진다.

가장 이상적인 날씨를 가진 반도 지역

사우스샌프란시스코부터 마운틴뷰까지의 지역을 반도 지역이라고 하는데, 샌프란시스코 바로 아래 댈리시티, 사우스샌프란시스코, 퍼시피카 같은 지역에는 안개가 많이 끼지만 그 남쪽인 샌브루노부터는 안개가 거의 없다. 이 지역은 낮 최고기온이 겨울에는 평균 15도, 여름에는 평균 25도 정도다. 비도 거의 안 와서 비가 오면 신기하고 반가울 정도다. 북쪽에서 남쪽으로 다음과 같은 주요 도시들이 있다.

- 샌브루노: 공항과 유튜브가 있다. 서쪽에서 이동해오던 안개가 멈추는 경계선 지역으로, 안개가 많은 날에는 서쪽 하늘은 검고 동쪽 하늘은 맑다. 이곳이 샌프란시스코에서 가장 가까운 안개가 없는 지역이라 샌프란시스코 공항이 자리 잡았다.
- 빌링게임, 샌마테오: 아름다운 다운타운이 있는 이 도시들은 1년 내내 온화하고 아름다운 날씨로 유명하며, 나이 지긋한 사람들이 많이 산다.
- 애서턴, 멘로파크: 미국에서 집값이 가장 비싼 곳이다. 어마어마하게 큰 저택들이 산과 언덕에 숨어 있다. 멘로파크의 동쪽 베이 지역에 페이스북이 있다.
- 팰로앨토: 스탠퍼드대학이 위치한 곳으로 실리콘밸리의 발원지다. 1년 내내 따뜻하고 여름에도 폭염까지 오지는 않는, 날씨가 이상적인 곳이다.
- 마운틴뷰: 구글 본사가 있는 아름다운 도시다. 마운틴뷰의 남쪽에는 애플이 위치한 쿠퍼티노가 있는데, 여기서부터는 사우스베이 지역에 들어간다.

실리콘밸리에서 집을 구할 때 고려해야 할 날씨

2012년 실리콘밸리에 직장을 잡고 12월 말에 이사를 왔다. 10층 건물에 태평양과 골프장이 보이는 전망이 아름다운 집이었다. 이 집은 원베드룸 아파트였는데(거실, 주방, 방 한 칸, 욕실 한 칸) 월세가 2,400달러였다. 당시 샌프란시스코의 스튜디오(욕실 외에 주방과 침실이 문 없이 한 공간에 있는 집) 월세가 이미 2,000달러가 넘은 상태였고, 원베드룸 아파트는 월세가 3,000달러 넘는 것이 흔했다.

나는 '이런 좋은 집이 어떻게 이렇게 쌀까?' 하는 의문이 잠시 들었지만, 바로 계약하고 들어가 살다가 1년 계약이 끝나자마자 이사를 나왔다. 한여름인 7월에도 아침에 길에 주차했던 차를 움직이려면 앞창에 낀 얼음을 녹이느라 10분 넘게 예열해야 했고, 저녁에 주차하고 나서 밖으로 나오면 사방이 안개라 바로 옆에 있는 차밖에 보이지 않았다. 앱에다 주차 장소를 저장해놓고 구글맵에 의지해 길을 찾은 적도 많다. 길에서 건물을 올려다보면 1층의 반 정도밖에 보이지 않아 몇 층짜리 건물인지도 알 수 없을 만큼 안개가 짙었다.

1년 내내 겨울 외투를 여미고 다니다가 산호세에 있는 친구 집에 놀러 갈 때면 박스에 넣어두었던 여름옷을 꺼내 들고 휴가 기분을 내곤 했다. 안개 속에 살면서 주말마다 안개가 끝나는 지점을 찾아 남쪽으로 달렸는데, 보통은 공항 근처에 있는 샌브루노나 밀브레에서 안개가 걷혔다. 아무리 안개가 심한 날도 샌마테오까지 내려가면 파란 하늘이 보였다.

그렇게 1년을 지내고 나자, 곰팡이와 안개가 가득한 지역을 피해 집을 찾는 것이 중요하다는 결론을 내렸다. 샌프란시스코로 출근한다면 샌프란시스코 동쪽의 집이 제일 좋다. 단 살인적인 집값을 감당할 수 있다면 말이다. 샌프란시스코에서 아주 가깝고 집값이 싼 지역은 댈리시티인데, 안개가 많이 낀다. 적당히 여유롭고 따뜻한 삶을 위해서는 밀브레에서 샌마테오까지의 지역을 추천한다.

실리콘밸리 방문 시 고려해야 할 날씨

실리콘밸리로 이사 오기 전 샌프란시스코를 두 번 방문했는데, 공교롭게도 두 번 다 여름이었다. 금문교를 보러 갔다가 짙은 안개에 머리와 옷이 다 젖어서 추위에 떨기만 하고 정작 금문교는 보지 못했다. 금문공원도 안개에 싸여 어둑어둑해서 아름다운 모습 따위 보지 못하고 실망만 했다.

샌프란시스코를 여름에 방문할 때는 재킷과 스카프를 챙기면 유용하다. 샌프란시스코보다 조금 위쪽에 있는 소살리토나 나파밸리, 남쪽에 있는 샌마테오나 산호세, 동쪽의 이스트베이에서 반팔 차림으로 다니다가 샌프란시스코로 들어올 때 재킷과 스카프를 걸치면 된다. 겨울에는 다른 지역보다 따뜻하고 화창해서 얇은 외투면 되고, 봄과 가을에는 아주 아름다운 날씨를 경험할 수 있다. 특히 3월과 9월은 안개도 없고, 날씨며 풍광이 가장 아름답다. 샌프란시스코에 놀러 오고 싶다면 9월부터 3월 사이에 일정을 잡으라고 권하고 싶다.

티도 안 나게
자연스러운 육아휴직

Erin 김혜진

미국에서는 출산이 가까워지면 태어날 아기를 축복하는 베이비샤워를
한다. 회사에서도 베이비샤워를 열어주고 팀에서 선물을 해주는 경우가
많다. 규모와 화려함에 상관없이 같이 일했던 동료들에게 축하받으며
휴직하는 것은 큰 힘이 된다.

육아휴직은 회사가 아닌 가족과 상의하세요

아이를 낳고 기를 수 있는 환경을 제공해주는 것은 개인의 행복과 국가의 미래를 위해서 정말 중요하다. 특히 세계에서 몰려드는 인재들과 경쟁하느라 늘 바쁜 생활 때문에 아이를 갖고 키우는 일이 쉽지 않은 실리콘밸리에서는 더욱 그렇다. 그렇다면 실리콘밸리 기업들, 미국 연방 정부, 캘리포니아주 정부는 아이를 낳고 기르는 것을 어떻게 지원하고 있을까?

미국에서 법으로 보장하는 유급 육아휴직은 0일

아이를 갖기 전까지는 몰랐다가 알고 나서 가장 놀랐던 사실은, 선진국이라고 알려진 미국의 유급 육아휴직이 0일이라는 점이었다.

〈허핑턴포스트〉에 따르면, 전 세계에서 유급 육아휴직이 법적으로 보장되지 않는 나라는 미국, 파푸아뉴기니, 남아프리카의 레소토왕국과 스와질란드뿐이라고 한다. 대신 미국 50개 주 가운데 캘리포니아를 포함한 3개 주는 주 정부 차원에서 일부 정규직 노동자에게 유급 육아휴직을 사용할 수 있도록 해주고, 나머지 주에서도 12주의 무급 육아휴직을 제공한다.

그러나 결국 법적인 보장이 없는 상태에서 각 사업체의 재량으로 육아휴직 제도가 운영되기 때문에, 같은 미국에 살더라도 어느 지역에 살고 어떤 회사에서 일하느냐에 따라 다른 육아휴직 경험을 할 수밖에 없다.

실리콘밸리의 출산과 육아휴직

연방 정부 차원에서는 의무 육아휴직이 보장되지 않지만, 실리콘밸리가 위치한 캘리포니아주 정부에서는 유급 육아휴직을 쓸 수 있는 자격 조건(자세한 자격 요건은 캘리포니아주 정부 홈페이지 참조)을 갖춘 노동자에게 출산 전 4주간과 출산 후 6주간 월급의 55%를 지급한다. 여기에 더해 인재를 유치하기 위해 복지에 신경을 많이 쓰는 테크 회사들이 유급과 무급을 합친 육아휴직을 짧게는 3개월에서 길게는 12개월까지 제공하는 경우가 많다. 얼마 전 아이를 출산한 페이스북의 마크 저커버그 같은 최고경영자는 육아휴직을 사용함으로써 아빠들의 육아휴직을 적극 독려하고 있다.

엄마와 아빠가 함께 육아하는 집이 많아지면서 한 사람이 일방적으로 커리어를 희생하지 않아도 되는 여건이 만들어지고 있으며, 퇴근 후 교대로 아이를 보고 집안일을 하는 것이 자연스러운 일상이 되어가고 있다. 여기에 더해 많은 부모들이 출퇴근 시간이 자유로워 일주일에 한두 번 정도는 집에서 일하기도 하며, 아이가 아프거나 비상 상황이 생겨 갑자기 퇴근하게 되더라도 서로 이해하는 분위기에서 일하고 있다.

정부가 보장해주지 않다 보니 각 회사마다 유급 육아휴직 기간이 다르고, 그것으로 직원 유치 경쟁을 하기도 한다. 넷플릭스는 엄마와 아빠 모두에게 무려 1년간 유급 육아휴직을 제공한다. 트위터는 20주, 페이스북과 구글, 우버는 최대 17주의 유급휴가를 제공하며, 에어비앤비는 12주를 제공한다. 모두 엄마, 아빠에게 동일하게 적용된다.

내가 없어도 잘 돌아가는 회사

실리콘밸리 회사들은 내가 없어도 잘 돌아간다. 그건 최고경영자를 포함해 직급을 막론하고 누구나 그렇다. 각자의 역할이 잘 정의되어 있어서 다른 사람으로 일시 대체하기 쉬운 데다 결정권이 배분되어 있어 나 대신 누구나 결정을 내릴 수 있기 때문이다. 또 매니저의 역할이 팀원 하나 없어도 업무가 탈 없이 잘 돌아가도록 만드는 것이기도 하고, 위에서 임의로 만든 데드라인이 없어서 전체 일에 문제가 안 된다면 개인의 자율과 책임에 의해 일정 조정이 가능한 것도 한몫한다. 그래서 내가 육아휴직 이야기를 꺼냈을 때도 회사 일에 대해 걱정하는 사람은 거의 없었고, 오히려 경제적인 측면이나 이사, 아기 돌봄 방법 등 육아에 대해 실제적으로 조언하고 같이 고민해주는 사람이 많았다.

'회사 일을 수월하게 마무리하고 육아휴직을 할 수 있었던 이유가 무엇일까'를 같이 이야기하다 다음과 같은 몇 가지 공통점을 찾을 수 있었다.

1. 육아휴직은 여러 휴가 중 하나

실리콘밸리에서 일하다 보면 육아휴직 외에 다른 이유로도 1년에 한 번쯤 1주에서 1달까지 긴 휴가를 쓰는 경우가 많다. 직원 중 이민자 비율이 상당해서 가족을 방문하거나 여행하느라 미국 밖으로 휴가를 가기 때문이다.

나를 비롯한 친구들의 경우에도 한국 방문을 위해 2~3주 정도 휴가를 낸다. 1년에 한 번, 가족과 친구들을 만날 수 있는 유일한 기회라는 것을 알기에 회사 사람들도 서로 자연스럽게 받아들인다. 무제한 휴가가 있는 회사에 근무하는 친구들은 1년 중 이런 긴 휴가를 서너 번씩 쓰기도 하고, 휴가가 무제한이 아니더라도 재택근무를 하거나 다른 나라에 가서 일하는 사람들도 많다. 직원과 회사 모두 이런 잦은 긴 휴가에 대처하는 노하우를 가지고 있고, 몇 개월간의 육아휴직도 길이만 조금 더 긴 휴가의 하나로 받아들인다.

2. 목표와 범위가 분명한 업무

실리콘밸리 회사들은 회사 전체 콘퍼런스나 워크숍 등 연중행사와 더불어 수시로 잡히는 미팅들을 통해서도 회사가 어떤 목표를 가지고 나아갈지 직원들과 공유하려고 노력한다. 같은 비전, 미션을 가지고 일하는 것이 중요하다고 생각하기 때문이다. 이렇게 늘 회사의 방향과 목표가 직원들에게 잘 공유되어 있기 때문에 팀의 세부 일정도 그에 맞춰 계획할 수 있고, 비상사태가 생기지 않는 이상 어떤 업무가 진행될지 예상이 가능하다. 이런 환경이다 보니 일을 얼마나 오래 하는가보다는 업무 결과가 중요하다. 할 일을 정확히 파악하고 있어 어디서 근무하든 상관없고, 주어진 시간보다 빨리 일을 끝냈을 때 나머지 시간을 자유롭게 사용할 수도 있다.

여기서 팀의 매니저는 회사가 가고 있는 방향 안에서 팀이 하고 있는 일이 어느 단계에 있는지 파악하고, 직원 개개인이 어떤 부분에서 기여할 수 있는지 조율하는 중요한 역할을 한다. 팀원의 휴가로 공백이 생겼을 경우 팀의 역량을 파악해서 업무 재분배, 새로운 인력 충원, 목표와 프로젝트 기간 재조정 등을 한다. 이 모든 것은 위에서 일방적으로 정하는 것이 아니라 팀원들과 매니저 간에 충분한 의사소통과 협의 하에 정한다. 덕분에 개발팀에서 일하던 한 친구는 동료가 육아휴직을 하고 돌아왔는지 잊어버릴 정도로 복직 과정이 매끄럽게 이루어졌다는 이야기를 전하기도 했다.

3. 인생의 큰 변화를 함께 축하하고 응원하는 회사

미국에서는 출산이 가까워지면 태어날 아기를 축복하는 베이비샤워를 한다. 회사에서도 베이비샤워를 열어주고 팀에서 선물을 해주는 경우를 많이 볼 수 있다. 규모와 화려함에 상관없이 같이 일했던 동료들에게 축하받으며 휴직하는 것은 큰 힘이 된다. 육아휴직으로 인해 다른 사람들이 불편해질까 봐 눈치 보는 일도 없고, 오히려 출산과 육아에 전념할 수 있도록 팀원들과 여러 부서에서 적극 돕는다. 특히 인사 팀에서는 휴직과 관련된 많은 일들을 처리해주는데, 월급이나 각종 혜택과 관련해서 문제가 없도록 방법도 알려주고, 궁금한 것은 언제든 질문하고 필요한 것을 요청할 수 있으니 큰 도움이 된다. 지인 중 하나는 회사에서 근무한 지 1년이 안 되어 주 정부의 혜택을 못 받을 상황이었는데, 인사 팀에서 다른 방법을 찾아주어 유급 휴직 혜택을 받기도 했다.

복직한 다음에도 아이를 키우면서 생기는 일들에 대해 서로 이해하고 배려하는 분위기가 육아에 많은 도움이 된다. 아기가 아파서 데이케어를 못 가거나 응급 상황이 벌어질 수 있는데, 이때 출퇴근 시간이 자유롭고, 일주일에 한두 번 정도는 집에서 재택근무를 할 수 있어서 스트레스가 훨씬 덜하다. 어떤 회사들은 복직 후 변화에 잘 적응할 수 있도록 몇 주간 주 3일만 출근하는 적응 기간을 제공하기도 한다.

아이의 교육에 부모가 참여하는 것도 매우 중요하게 여긴다. 학부모 상담만 하더라도 엄마만 가는 경우는 거의 없고 대부분 부모가 함께 간다. 그 외 학교 행사, 야구 게임이나 수영 수업 등 특별활동이 있을 때도 "아이가 오늘 야구 시합이 있어."라고 간단히 언급하고 팀 일정에 유급휴가PTO나 개인 일정을 표시해놓으면 다들 그 시간을 피해 미팅을 잡는다. 아이 때문에 죄책감을 갖거나 눈치를 보며 가족을 희생시키는 것이 오히려 이상하게 여겨진다. 야근을 너무 많이 하면 업무량이 과도한 것은 아닌지, 일과 생활의 균형을 잘 맞추지 못하는 것은 아닌지 걱정해준다.

4. 성과로 이루어지는 승진

임신과 육아에 따라 일을 덜 하게 될 경우, 일시적으로 회사에서의 기여도가 떨어지고 승진이 조금 미루어질 수는 있다. 그러나 일한 기간이 길다고 승진하는 제도가 아니기 때문에 몇 개월의 휴직이 미치는 영향은 전체적으로 봤을 때 미미하다. 육아휴직을 하고 왔다고 해서 갑자기 일을 잘하던 사람이 못하게 되거나 못하던 사람이 갑자기 잘하게 되는 것도 아니기 때문에 성과에도 그리 큰 영향을 미치지 않는다. 육아휴직을 썼다 하더라도 회사에 대한 기여가 많은 경우, 오히려 고속 승진을 하기도 한다. 매해 아이를 가지는 경우가 아니라면 몇 개월의 육아휴직이 승진이나 성과에 대한 보상에 영향을 주는 일은 거의 없다.

직급이나 취직에 나이 제한이 없기 때문에 능력만 있다면 몇 년간 휴직했다가 다시 취업하는 것도 가능하다. 나이와 경력이 승진과 비례하지 않는 실리콘밸리에서 늦은 승진은 연봉을 5~10% 정도 덜 받는다는 의미일 뿐 큰 차이를 만들지 않는다. 그래서 같은 경력을 가진 다른 사람들보다 뒤처졌다고 조바심을 낼 필요도 없고, 오히려 육아휴직을 통해 커리어의 방향을 점검해보는 좋은 기회를 가질 수도 있다.

5. 육아휴직은 가족과 상의하세요

육아휴직은 회사와 상의하는 것이 아니다. 육아휴직은 가족의 일이므로 가족을 최우선으로 놓고 결정하며, 회사는 최소로 관여하고 최대한 맞춰준다. 그래서 휴직 계획을 세울 때 휴가와 출퇴근 시간, 재택근무 날짜 등을 가족과 상의하고 나서 그것을 팀과 공유했고, 정말 급한 일이 아닌 이상 변경 없이 다 승인되었다.

"나 육아휴직 써도 될까?"라고 매니저에게 물어보면 실리콘밸리의 매니저 대부분은 아마 매우 당황할 것이다. 가족계획은 회사의 재량권 밖이고, 아기가 나온다는데 엄마든 아빠든 장기간의 육아휴직을 쓰지 않는 것은 상상해본 적도 없을 것이다.

실리콘밸리는 법적 보장도, 눈에 띄는 제도적 혜택도 많지 않지만 눈치 보지 않고 자연스럽게 육아휴직을 쓸 수 있다는 장점을 가지고 있다. 이 점 덕분에 나 역시 가장 중요한 시기에 육아에 집중할 수 있었다. 육아휴직은 가족을 위해 사회가 지원하고 배려하는 시간이고, 개인은 가족을 위해 커리어를 잠시 멈추는 시간이다. 새 생명을 맞이하고 기르는 것을 가치 있고 존중받을 만한 일로 여기는 사회적 분위기에 힘입어 오늘도 실리콘밸리에서는 많은 생명들이 태어난다.

내 육아휴직도 4개월만 유급이었고 나머지는 무급이었지만, 세상 무엇과도 바꿀 수 없는 정말 소중한 시간이었다. 남편도 육아휴직을 사용해 육아를 같이 경험하고, 저녁마다 일찍 와서 가족과 함께 시간을 보낼 수 있다는 것은 우리 부부에게 정말 큰 의미다.

워킹대디의
하루

Will 유호현

_Chili 이종혁

실리콘밸리에서 워킹대디와 워킹맘의 하루는 크게 다르지 않다.

아침 8시 15분, 집을 나선다

아침 8시 15분. 아내와 15개월 된 아이와 몰티즈 루루와 함께 집을 나선다. 운 좋게도 내 회사 가는 길에 아이의 데이케어(탁아소)와 아내의 직장이 있어서 차 한 대에 네 식구가 함께 출근한다. 아이는 뒷좌석에서 엄마랑 이런 저런 이야기를 하면서 논다. 루루는 언제나 그렇듯 조수석에 앉아서 간다.

8시 45분, 데이케어에 아이를 데려다준다

8시 45분에는 아이를 데이케어에 데려다준다. 늘 그렇듯 아이는 데이케어에 도착하면 울음을 터뜨린다. 처음에는 걱정도 되고 마음도 아팠지만 이제는 곧 그친다는 것을 알기 때문에 크게 걱정하지 않는다. 우리가 이용하는 데이케어는 총 아이 세 명을 돌보는데, 선생님이 종종 휴대폰으로 사진이나 동영상을 보내준다.

9시쯤에는 아내와 루루를 아내의 직장에 내려준다. 루루는 회사에서 꽤 사랑을 받고 있다. 많은 동료들이 루루를 보러 사무실에 찾아온다. 그리고 점심시간에는 아내를 따라 주변 바닷가 산책로를 걷는다.

9시 반, 회사에 도착해 업무를 시작한다

9시 반쯤에는 회사에 도착하여 아침을 먹는다. 메뉴는 주로 오트밀과 과일과 빵이다.

10시부터 앉아서 지라 애자일 보드를 점검하고, 이메일을 체크하고, 코딩을 한다. 열린 공간이지만 노이즈 캔슬링 이어폰을 쓰기에 집중은 꽤 잘 되는 편이다. 종종 다른 엔지니어나 매니저와 이야기하기도 한다. 주말에 뭐 했는지, 어제 뭐 했는지, 새로 나온 게임이나 넷플릭스 쇼는 뭐가 재미있는지, 애는 잘 크는지 등 일상적인 이야기를 나눈다. 물론 새 서비스의 설계 방향이나 서비스 구현 관련 의사 결정 같은 업무 이야기도 한다.

회의는 하루 한두 개 정도 있거나 없을 때도 있다. 필요할 때 급히 잡히는 미팅도 있지만 많지는 않다. 내가 가장 좋아하는 미팅은 금요일 아침 10시에 하는 스프린트 계획 미팅이다. 한 주간의 일을 돌아보고 다음 주에 할 일을 계획한다.

한 주간의 일을 돌아보는 시간에는 잘된 것, 잘못된 것을 구글독스에 입력한다. 잘된 것에 '프로젝트 론칭', '새로운 팀원 환영' 같은 내용이 들어가는데 농담이 반이다. '우리 아기가 밤에 깨지 않고 통잠을 잤다', '새 자전거를 샀는데 완전 멋지다' 등 시시콜콜한 이야기도 집어넣어 서로에게 웃음을 준다.

잘못된 일에는 '지난주에 계획한 목표를 채우지 못했다', '다른 팀과 싸웠다' 등등 다양한 이야기들을 써넣는다. 목표를 채우지 못한 경우에는 목표 포인트를 조정하여 팀의 속도가 목표에 제대로 반영되도록 한다. 목표와 데드라인에 맞추어 팀의 속도와 일의 양을 정하는 것이 아니라 일의 속도에 따라 목표와 타임라인을 수정한다. 팀의 속도가 예측 가능하도록 만들어야 급하게 일하지 않고 제대로 된 계획을 세울 수 있기 때문이다.

점심은 주로 파스타, 샐러드, 고기가 나오는데 아주 건강한 식단이다. 여섯 가지 옵션 중 다섯 가지가 샐러드이고, 심지어 수요일은 채식의 날이어서 고기가 아예 안 나오기 때문에 투덜거리는 사람도 많다.

오후에도 코딩과 미팅을 하고 5시에는 퇴근한다.

오후 5시, 퇴근해 아이를 픽업한다

5시 45분에는 무조건 아이를 데리러 간다. 그래서 5시 이후 미팅에는 참석을 못 한다. 5시 이후에 미팅을 잡는 일도 거의 없지만, 4시 미팅이 길어지는 경우에는 "미안합니다. 아이를 데리러 가야 해서요." 하고 자리에서 먼저 일어난다.

모든 기업이 다 그렇지 않을 수도 있겠지만, 실리콘밸리에서는 아이 픽업을 제시간에 하는 것이 회사 회의보다 중요하다. '가족이 우선'이라는 생각을 공유하고 있기 때문이기도 하고, 아이 픽업이 늦으면 데이케어에 벌금을 내야 한다. 데이케어 선생님들의 시간도 내 시간만큼 중요하다. 내 회사의 회의로 인해 데이케어 선생님들의 시간을 빼앗을 수는 없다.

아내와 루루를 태우고 아이를 태워서 집에 도착하면 6시 15분 정도가 된다. 월요일과 수요일은 내가 운동하는 날이고, 화요일과 목요일은 아내가 운동하는 날이다. 운동하는 사람은 우유 같은 걸 간단히 먹고 운동하러 나간다. 나는 자전거를 타고 아내는 요가, 발레, 필라테스를 합친 바Barre 운동을 한다. 집에 남은 사람은 아이에게 밥을 먹이고 아이와 함께 시간을 보낸다. 아이 보는 것은 힘들지만 꽤 의미 있고 즐거운 일이다.

오후 9시 이후, 나만의 시간을 갖는다

9시 이후는 아이가 자는 시간이자 나와 아내 중 한 사람이 운동을 마치고 돌아와 가족이 함께하는 시간이다. 아이는 9시쯤에 잠들어 이튿날 아침 8시까지 잔다. 아이가 잠든 이후에 아내와 함께 영화를 보거나, 책을 읽거나, 회사 일을 하거나, 글을 쓰거나, 게임을 한다. 아주 평화로운 시간이다.

처음에 아내를 도와준다는 생각으로 아이를 돌볼 때는 많이 힘들었다. 어떻게 하는 것이 잘하는 것인지 계속 물어봐야 했고, 아내의 방식에 비추어 잘못된 것은 없는지 늘 눈치를 봐야 했다. 그런데 내가 아내의 아이를 봐주는 것이 아니라 내 아이를 본다고 생각하니 많은 것이 달라졌다. 내가 주도적으로 아이를 돌보다 보니 내 육아 방식도 생겼고, 아내와도 서로의 육아 방식을 존중하게 되었다.

아이의 데이케어 일정에 맞추어 살아서 주중에 저녁 약속을 잡기는 정말 어렵다. 다른 친구들도 주중 저녁에는 가족과의 일정이 있어서 만나기가 쉽지 않다. 대신 주말에 친구의 가족들과 함께 놀곤 한다.

아빠가 되고부터 주중 저녁 모임이나 회사 팀에서 하는 게임나이트, 맥주 한잔하는 해피아워에 참석하기가 어려워졌다. 아내에게 양해를 구하고 갈 수는 있겠지만, 차 한 대로 움직이는 우리 가족은 픽업 일정 등 계획해야 할 것이 많아 번거롭다. 사회생활에 제약이 생기긴 했지만, 아이는 정말 좋다. 나를 닮은 아이가 있다는 것은 정말 신기하고 재미있고 즐거운 일이다.

회사로
출근하는 개

Erin 김혜진

_Chili 이종호

"몰티즈 루루와 함께 있는 나를 발견할 수 있을 거야.
와서 루루를 쓰다듬어주면 엄청 좋아할 거야."라고 루루를 소개했고,
개를 데리고 다니는 직원들의 모임에도 가입했다.

실리콘밸리의 출근견

실리콘밸리에서는 아침에 개와 함께 출근하는 사람들을 종종 볼 수 있다. 지하철에서도, 버스 정류장이나 지하철역에서 내려 회사까지 걸어가는 동안에도 공원이나 풀밭을 걸으며 주인과 함께 출근하는 개들을 많이 보았다. 나 역시 가끔 개를 데리고 회사에 가는데, 개와 함께 다니다 보면 출근견이 생각보다 상당히 많음을 발견하게 된다.

2008년에 APPA American Pet Products Association 에서 실시한 조사에 따르면, 미국에 있는 회사의 약 17%, 주로 서부에 위치한 테크 회사들이 개와 함께 일하는 업무 환경을 가지고 있다고 했는데, 10년이 지난 지금은 아마 그 수가 더 늘었을 것이다.

개 관련 복지에 관심이 높아지다 보니 개와 친밀한 회사 환경 조성에 관한 책들도 많이 출간됐고, 대학에서도 관련 연구가 이루어지고 있다. 센트럴미시간대학에서 2년에 걸쳐 연구한 결과, 개와 함께 업무하는 환경에서 서로를 더 신뢰하고 효과적으로 협력하는 긍정적인 분위기가 조성된다고 한다.

개와 함께 출근하는 주변 친구들과 이야기해보니 매일 같이 회사 가는 것이 행복하다고 했다. 또 집에 혼자 있을 개 걱정을 덜 수 있어서 오히려 회사에서 더 집중해 일할 수 있어 좋다며 이런 복지를 중요시했다. 또 개는 없지만 개를 사랑하는 친구들도 많아서, 회사에서 개들과 시간을 보내는 것이 행복하다는 이야기도 들었다.

"루루를 쓰다듬어주면 엄청 좋아할 거야"

나와 함께 출근하는 루루는 엘리베이터에서 내리면 늘 세 마리의 개들과 아침 인사를 한다. 코가 찌그러져 귀여운 벨라, 허리가 길고 윤기 나는 털을 가진 제이크, 에너지 넘치는 아기 푸들 비쉬마. 건물 끝에 자리한 내 책상까지 걸어가는 동안 지나가는 직원들마다 강아지에게 인사하고 뽀뽀하고 쓰다듬어주니 사랑이 가득한 행복한 출근길이다. 날씨가 좋은 날에는 점심식사 후 루루를 데리고 샌프란시스코베이를 따라 길게 뻗은 길을 20분 정도 산책하곤 한다. 그런 날은 오후 근무 시간이 더욱 활기차다.

개인적으로 개와 함께하는 회사 생활의 가장 큰 장점을 꼽는다면 사람들과 친해질 기회를 더 쉽게 가질 수 있다는 것이다. 갓 입사했을 때 다소 형식적으로 환영 인사를 주고받을 수도 있는데, 개와 함께 있으니 사람들이 더 쉽게 말을 걸고 대화가 자연스럽게 이어져서 많은 도움이 되었다. 나는 회사의 직원 페이지에

> **❝** 몰티즈 루루와 함께 있는 나를 발견할 수 있을 거야. 와서 루루를 쓰다듬어주면 엄청 좋아할 거야. **❞**

라고 루루를 소개했고, 개를 데리고 다니는 다른 직원들의 모임에도 가입했다. 영어와 영미권 문화에 익숙하지 않아 대화 소재가 제한되어 있는 외국인이어서 어색할 수 있는 상황에서도 루루 덕분에 쉽게 사람들에게 다가갈 수 있었다. 회사 면접을 할 때 '이 회사에 꼭 들어오고 싶다'고 생각하게 된 이유 중 하나가 바로 개와 함께 출근할 수 있다는 점이었고, 실제로 회사

에서도 사람을 뽑을 때 이를 자랑스럽게 생각하는 직원 복지 중 하나로 소개했다.

한국에서 입양해온 우리 가족 루루

5년 전, 우리 가족은 한국의 유기견 보호소에서 오랫동안 입양되지 않아 안락사 위기에 있었던 개 루루를 미국에서 입양했다. 어릴 때부터 주인에게 학대당하다가 간신히 경찰에게 구조된 루루는 한국의 보호소에서는 입양이 되지 않았다. 다행히 미국의 유기견 구조 단체에서 도움의 손길을 내밀어 미국으로 데려왔고 시애틀에서 임시 보호 중이던 루루를 소개받아 우리 가족으로 입양한 것이다.

비행기 화물칸에 실려 홀로 미국으로 건너온 루루는 이제 아빠와 엄마의 회사를 오가며 많은 사람들의 사랑을 받고 있다. 덕분에 학대에 대한 트라우마도, 다른 개에 대한 두려움도 많이 극복하고 쉽게 마음을 여는 명랑한 개가 되었다. 루루가 이렇게 좋아진 데에는 우리가 하루의 대부분을 보내는 회사에서 받은 동료들의 사랑이 정말 큰 역할을 했다. 루루 덕분에 우리도 좋은 친구들을 사귈 수 있었고, 회사 생활이 더 즐겁고 행복해졌다.

개는 소중한 가족이자 가장 친한 친구라는 인식을 바탕으로, 개의 행복을 중시하는 문화가 실리콘밸리 곳곳에 배어 있다. 개가 아파서 집에서 일하게 되었을 때 회사에 이메일을 보내면, 가족이 아픈 것처럼 함께 걱정해주고 진심으로 걱정하는 이메일이 돌아온다. 개를 주인을 위해 일방적으로 봉사하는 종이나 귀여운 인형으로 보지 않고 친구로 대하면서 가족의 일원으로 그들의 행복을 존중하는 것이다.

미국에서는 개의 생명을 소중히 하고 개가 개답게 행복한 생활을 할 수 있도록 돕는 데 관심이 많다. 회사 동료들이나 친구들이 키우는 개들은 거의 대부분 유기견 센터에서 입양된 개들이고, 개를 예쁘게 꾸미는 것이 아닌 개가 좋아하고 행복할 수 있는 환경을 만들어주는 제품들이 많다. 또 여러 여행 사이트들에는 개와 함께 여행하는 사람들을 위한 정보가 따로 올라와 있고, 에어비앤비 호스트들은 우리가 개와 함께 간다고 이야기하면 대부분 개를 위한 간식과 물을 따로 준비해놓고 환영 메시지를 써주었다.

실리콘밸리의 개

길을 가다 보면 어떤 곳에는 문에 '안내견만 출입 가능'Service Dogs Only 이라는 표지가 있는데, 이는 다른 개들은 출입할 수 없지만 몸이 불편하거나 정서적 지원이 필요한 사람들을 위해 특수한 훈련을 받은 안내견은 예외적으로 출입을 허용한다는 뜻이다. 자원봉사자들이 안내견을 훈련하고 정식 등록해서 필요한 사람에게 보내면, 이 개들은 안내견 조끼를 입고 주인과 함께 거의 출입 제한 없이 어디든 다닐 수 있다.

길거리 상점 곳곳에는 개를 위한 물그릇과 간식 통이 놓여 있어 환영의 분위기가 조성되어 있고, 2세 이하가 다니는 데이케어에도 개가 있는 곳이 있어 아이들과 함께 뒹굴며 논다. 동네마다 도그 파크Dog Park 가 있어 목줄 없이 개들이 뛰노는 공간도 있고, 태평양 해변에 위치한 포트 펀스톤Fort Funston 처럼 개들이 목줄 없이 마음껏 뛰놀고 수영하는 해변도 있다.

이런 환경을 유지하기 위해 사람들은 개 목줄을 풀어놓아도 되는 'Off-leash Area' 표지가 없는 곳에서는 항상 목줄을 하고, 개들이 사람이나 다른 개를 공격하지 않도록 훈련시키며, 개가 머문 곳은 잘 치워서 다른 사람들에게 피해가 가지 않도록 배려한다. 레스토랑에서는 야외 테이블에서 식사하고, 훈련이 아직 덜 되어 예상치 못한 행동을 할 수 있는 개들은 입마개를 하고 다른 사람들이 지나갈 때 먼저 길을 비켜준다.

미국에 처음 와서 친구의 개를 보고 귀여워서 '퍼피'puppy라고 했더니 친구가 어리지 않다면서 '도그'dog라고 정정해주었다. 우리나라에서는 '개'라는 말에 안 좋은 의미도 있어서 '강아지', '애견', '반려견'이라는 대체 단어를 쓰는 것과 달리 미국에서는 퍼피는 '어린 강아지', 도그는 '보통의 개'라는 의미로 사용하며, 부정적 느낌도 찾을 수 없었다.

무엇보다 실리콘밸리에서 개는 회사도 같이 다니고 거의 모든 생활을 함께하는 정말 좋은 친구이자 가족이다.

워킹걸, 워킹맘을 위한
'여성 지원 모임'

Erin 김혜진

_Chill 이혜송

여성의 사회생활은 남성의 그것과 확연히 다르다. 가정이 있는 여성의 경우에는
더욱 그러하다. 요즈음에는 이러한 여성들을 지원하기 위한 모임과 제도가
회사뿐 아니라 회사 밖에도 있어서 많은 도움이 되고 있다.

행복은 개인의 노력만으로 오지 않는다

우리나라 워킹맘들에게 가장 부담스러운 말은 "직장인으로, 엄마로, 아내로, 딸 또는 며느리로서 본분을 다해야 하고, 그 성공을 결정짓는 요인이 개인의 노력에 달려 있다."고 하는 것이다. 소위 사회적, 가정적으로 성공한 사람들로부터 직간접적으로 모든 성공 여부는 오직 개인에게 달려 있다는 이야기를 들으면, 자신이 걸어온 길을 돌아볼 때마다 죄책감이 느껴지는 한편 각오를 새로이 하여 잠을 줄이고 더 많이 공부하여 부족한 점을 채우고자 노력하게 된다.

그런데 요즈음 행복한 가정이 결코 여성 개인의 노력만으로 이루어지지 않는다는 전제 아래 사회의 인식과 구조를 바꾸고자 하는 시도들이 늘어나고 있다. 그중 하나가 실리콘밸리 회사들에서 흔히 볼 수 있는 '회사 내 여성 지원 모임'Women's Employee Resource Group 이다. 많은 회사들이 다양한 이름을 내걸고 이와 유사한 취지의 모임을 가지고 있다. 대표적으로 여성 리더들을 양성하고 지원하기 위한 워터마크 컨퍼런스Watermark Conference 에 가보면, 다른 기업들이 어떻게 여성 지원 활동을 하는지 알 수 있다.

남녀가 모두 참여하는 여성 지원 모임

여성 지원 모임은 회사에서 일하는 여성 직원들이 모여 어려운 일이 있을 때 도움을 줌으로써 회사를 떠나지 않고 여성 리더로 성장하기를 바라는 취지에서 회사별로 시작되었다. 여기서 도움이란, 개인적인 도움을 넘어 회사의 정책과 구조를 개선하거나 새로 만들어가며 더 많은 사람들에게 영향력을 끼치는 것을 의미한다. 여성 직원이 남성 직원에게 부당한 대우를 받았으니 똑같은 방식으로 되돌려주자는 것이 아니다. 불평등을 바로잡기 위해 여성의 관점에서 필요한 지원 시스템을 구축하자는 전제가 깔려 있다.

이는 한정된 자원을 누가 가져갈 것인가를 다루는 제로섬 게임이 아니다. 따라서 남성 직원들도 여성 지원 모임에 편하게 참여할 수 있고 그들의 목소리 또한 중요하다. 누군가의 아빠이고 남편이고 자식인 남성 직원들은, 이러한 활동이 자신의 가족은 물론 궁극적으로는 자기 자신에게 영향을 미친다고 생각하며 적극적으로 동참한다.

여성들 안에서도 다양성 존중이 중요하다

회사 내 여성 지원 모임을 통해 '다양성 존중'을 새롭게 배운다. 다양성 존중이란 어려운 것도, 거창한 것도 아니다. 같은 여성들 안에서도 다양성이 존재함을 알고, 이를 종합적으로 고려해 지원 체제를 만드는 것도 다양성 존중이다. 기혼 여성과 미혼 여성 사이에도 이해가 필요하고, 임신했거나 이미 자녀가 있는 여성과 그렇지 않은 여성 간에도 서로 모르는 부분이 많아 이해가 필요하다. 멀리 떨어진 지사에서 일하는 직원과 본사에서 일하는 직원도 서로 처한 상황이 다르고, 연구팀의 직원과 엔지니어팀 직원도 일하는 방법이나 고민하는 지점에서 차이가 난다. 또 각기 다른 언어와 문화권에서 온 이민 여성들 간에도 생각이나 행동, 생활 방식에 차이가 있다. 그래서 모임에서는 이들 모두를 '여성'이라는 하나의 범주로 묶기보다는 각자가 처한 상황에 따라 다각도로 상황을 바라보고 도움과 문제 해결점을 찾는다.

이것이 여성 지원 모임의 핵심 가치라고 나는 생각한다. 다양성을 전제하고 문제에 접근하면, 남자 대 여자로 단순화해서 갈등을 야기하는 일도 없고 틀에 맞춰 억지로 이론을 만들고 주장하지 않아도 되니, 더 실용적이고 도움이 되는 해결책이 나올 수 있다.

여성 지원을 넘어 회사 전체에 중요한 일을 하다

회사 내 여성 지원 모임의 정기 회의는 매달 한 번씩 열린다. 남녀 모두 참여하는 것은 물론 임원들도 참여한다. 임원들은 대개 30분 단위로 빼곡하게 일정이 잡혀 있지만, 이 회의 때만큼은 다른 일정을 잡지 않는다. 별도로 표시해놓을 정도다.

수십 명에서 수백 명을 보통으로 이끄는 조직의 장이 어떤 사안에 대해 지지 발언을 해주면 그 영향력은 확실히 크다. 임원이 말했다고 해서 더 따라야 하는 의무는 없지만, 그들의 공감이나 지지는 회의에 참석한 사람들에게 큰 의미를 준다. 회의 내에서뿐 아니라 평소에도 임원들은 매니저들과 일대일 미팅을 통해 여성 지원 모임의 회의 내용을 공유하고 의사 표현을 한다. 그러면 향후 새로운 정책이 수립될 때 사내에 훨씬 빨리 자리 잡을 수 있고, 인식의 전환도 좀 더 수월하게 이루어진다.

지난 '국제 여성의 날'에는 임원 한 사람, 한 사람이 여성들이 사회생활을 하면서 겪을 수 있는 어려움에 공감을 표하며 여성을 지지하는 메시지를 쓰고 응원의 말을 하는 장면을 동영상으로 띄었는데, '내가 저런 사람들이랑 함께 일하고 있구나.' 하는 생각에 가슴이 벅차고 뿌듯했다.

직원들이 서로 소통하고 정보를 제공받을 수 있도록 목소리를 내주는 것 또한 여성 지원 모임의 중요한 활동이다. 얼마 전에는 회사에 문제가 되는 일이 있었는데, 여성 지원 모임의 리더들이 나서서 임원들에게 "전 직원 회의를 열어 직원들과 소통해야 한다.”고 요청했다. 문제 상황에 대해 누구도 자세히 알지 못했던 터라 회의를 열기가 쉽지 않았고, 임원들은 상황 파악에 바빠서 서로 묻고 답할 경향이 없었다. 그런 와중에 여성 지원 모임의 리더들은 “상황 파악이 확실히 안 되었으면 아직 모르겠다고 대답하더라도 직원들을 위해 회의를 빨리 여는 것이 모두에게 도움이 된다.”며 임원들을 설득했다. 이후 전 직원 회의가 열려서 의사소통이 원활해지니 상황이 훨씬 나아졌다. 또한 여성 지원 모임의 리더들이 따로 티타임, 해피아워 같은 미팅들을 열어 사람들이 목소리를 낼 창구를 만들어주었다. 만약 전 직원 회의가 열리지 않았다면 각자 자신의 생각과 추측만으로 불만을 키우고, 루머가 돌고, 잘못된 판단을 하는 일이 많아졌을 것이다. 모임을 대표하는 여성 리더들이 나서서 이야기를 해주니 직원들은 안심하고 자유롭게 목소리를 낼 수 있었고, 회사도 어려운 상황을 건강하게 타개할 수 있었다.

리더십을 연습하고 키워나가다

우리 회사의 여성 지원 모임은 4개의 소위원회를 가지고 있는데, 교육위원회, 지원위원회, 영향력위원회, 외부봉사위원회가 그것이다. 각 소위원회에는 위원장과 팀원들이 있고 모임 회장직에 지원하는 것도, 팀을 고르는 것도 직원들에게 자유롭게 열려 있다. 회사에서 높은 직위에 있지 않더라도 이 모임에서 리더로 활동할 수 있다. 이 모임의 리더는 매달 한 번씩 열리는 정기 회의를 이끌고, 필요하면 주도적으로 전 직원을 대상으로 미팅도 잡는다.

　나는 지원위원회를 대표해 여성 지원 모임에 속해 있는 모든 사람들에게 매달 뉴스레터를 보내는 역할에 지원했다. 이때까지 내가 속한 팀 혹은 같이 일하는 사람들에게만 업무 메일을 보내는 것이 일상이었는데, 회사 전체에 정기적으로 메일을 보낼 기회를 갖는다는 것이 개인적으로 정말 기쁘고 뿌듯했다. 영어를 모국어로 쓰지 않기 때문에 나의 뉴스레터 초고를 동료가 항상 봐주는데, 더 멋지고 자연스러운 표현으로 만들어준다. 그리고 뉴스레터가 발송될 때는 항상 내 이름이 들어가기 때문에 사람들이 자연스럽게 나의 존재를 알게 되는 데 도움이 되었다.

한번은 전 직원 회의에서 이제껏 한 번도 말을 섞지 않았던 다른 팀의 직원이 내 이름을 듣고 먼저 말을 건 적도 있다. 내가 보낸 뉴스레터를 보고 이름을 기억했다며 반갑다고 했다. 별것 아니라면 별것 아닌, 그러나 소중한 그 경험을 통해 사내에 넓은 네트워크가 구축되고 동료 의식이 생기는 것을 체감할 수 있었다.

누구든지 원하면 직접 주제를 잡고 자료를 찾아 토론 모임이나 회의를 열 수 있고, 학회에 다녀온 뒤 공공의 자리를 만들어 발표를 하고 핵심 정보를 공유한다. 게다가 여성 지원 모임 자체가 눈치 보지 않고 어떤 의견이든 자유롭게 제시하고 수용하는 분위기여서, 영어가 서툰 나도 토론에 활발히 참여함으로써 자신감을 많이 키울 수 있었다.

사회 구조와 인식의 변화를 꾀하다

여성 지원 모임을 통해 유리천장이나 승진 문제, 월급 차이, 차별, 그리고 여성의 고민이 단순히 개인의 문제가 아니라 사회 전반에 걸쳐 있는 문제라는 것을 계속 배우고 있다. 개인의 문제로 치부해서 자책했던 일이 사실 다른 여성들도 똑같이 겪고 있는 문제라는 것을 알고 나면 큰 위로가 될 뿐 아니라, 문제 해결 접근 방식이 달라진다.

얼마 전, 여성 지원 모임에서 인사 평가와 관련해 『하버드 비즈니스 리뷰』에 실린 기사를 읽고 토론을 한 적이 있다. 그 기사에 실린 연구 조사 자료는 "여성 리더와 남성 리더를 묘사할 때 각기 다른 단어들이 쓰이고, 여성을 평가할 때 부정적인 단어가 더 많이 사용된다."는 결과를 보여주었다. 토론을 하면서 우리는 여자가 스스로를 평가할 때 남자가 스스로를 평가할 때보다 훨씬 엄격하고, 성취에 대해서는 더 축소해서 말한다는 것에 동의했다.

또 지난주에는 자신이 가진 지위와 능력이 다 거품이라고 생각하며 언젠가 사람들이 자신의 무능력을 알아챌까 봐 불안해하는 '가면 증후군'에 대해 북클럽 모임을 가졌다. 발레리 영Valerie Young의 『성공하는 여성의 생각 비법 The Secret Thoughts of Successful Women』에서는 여성은 자신의 능력에 대한 확신을 덜 갖고 있어서 첫 번째 오퍼를 수락할 확률이 93%이고, 반대로 남성은 능력과 조건에 관계없이 무조건 협상에 임하기 때문에 자신과 학력이나 경력이 동일한 여성에 비해 평균 임금이 더 높다는 자료를 보여주었다. 책과 함께 가면 증후군 관련 유튜브 동영상과 기사도 보았다. 여성들이 위험 감수를 덜 하게 되는 이유, 가면 증후군이 더 심한 경향, 자신의 성취에 대해 충분히 인지하지 않거나 어필하지 않는 현상 등을 다룬 연구 자료들도 보았다. 그러면서 우리는 여성의 문제가 단순히 여성 개인의 문제가 아니라는 사실에 공감했다.

미국의 유명한 변호사이자 외교 분석가인 앤 마리 슬로터Anne-Marie Slaughter의 관점이 많은 여성들에게 큰 울림을 주었던 이유는 그녀가 목소리를 냈기 때문이다. 성공한 여자로서 다른 사람들과 똑같이 갈등과 어려움을 겪고 그것을 극복해나가면서 개인의 노력의 중요성을 이야기한 것이 아니라, 모두 함께 협력해서 사회적으로 개선해나가자고 목소리를 냈기 때문이다.

그런가 하면 지난해 여름에는 회사 전 직원을 대상으로 '무의식적인 편견에 대한 교육'Unconscious bias training을 실시했는데, 인종이나 성별, 국적, 학력, 경력 등에 대해 우리가 갖고 있는 편견을 의식적으로 깨닫고 개선하려고 노력하는 것이 중요하다는 것을 배웠다. 특히 트레이닝 시간을 통해 남녀를 불문하고 우리도 모르게 가지고 있는 편견들을 발견할 수 있어 놀라웠다. 그와 함께 여성이 가지고 있는 내면의 생각들이 개인의 성격 문제도 아니고, 다른 이들보다 능력이 떨어지거나 노력이 부족해서도 아니며, 사회적인 고정관념, 기대치, 같은 행동에도 다르게 오는 반응 등이 내재된 결과물이라는 것을 알게 되었다.

실리콘밸리로 가는
가장 확실한 방법: 취업 & 비자

취업

초대 작가 **서준용**

그림 이종호

우리나라 기업 대부분이 위계 조직 형태이기에, 위에서 시키는 일을 묻지 않고 눈치껏 잘해내는 사람을 선호한다. 사람을 뽑을 때는 출신 학교와 성적을 따져서, 어떤 곳은 정말로 상위 몇 등까지 딱 자른 다음에 면접을 통해 말 잘 듣고 똑똑한 사람을 가려낸다.

반면 각 역할의 전문성을 중요시하는 실리콘밸리 기업들은 세계 최고 전문가를 고용하고 싶어 한다. 최고의 경영자, 최고의 디자이너, 최고의 시니어 엔지니어, 최고의 주니어 엔지니어, 최고의 인턴을 뽑기 위해 국적, 성별, 나이, 학교를 가리지 않는다. 단 회사가 추구하는 가치에 맞는 사람인지는 중요하게 고려한다.

대학을 갓 졸업한 엔지니어도 사람마다 잘하는 것이 다르고, 일하는 방식이 다르다. 그들 중에서 회사의 각 자리에 맞는 사람을 찾기란 쉬운 일이 아니다. 인재 한 명을 찾기 위한 과정은 수개월에서 수년까지 걸리며 리쿠르터에서 면접관들까지 많은 인력이 투입된다. 실리콘밸리에서 인재 선발은 대부분 서류 심사, 전화 면접, 초청 면접, 오퍼레터의 단계를 거친다.

회사와의 첫 만남, 리쿠르터

회사 면접 과정에서 가장 처음 만나는 사람이 리쿠르터다. 우리나라에서는 헤드헌터라는 이름으로 알려진 이 리쿠르터들은 주로 계약직으로 회사에 고용된다. 그들은 회사에 일자리가 생기면 다양한 방법을 통해 그 자리에 맞는 사람을 찾아서 연락하고, 면접 자리를 마련하고, 입사 지원자가 최종 합격해서 오퍼레터에 사인하면 상여금을 받는다.
리쿠르터는 자신이 찾은 입사 지원자가 그 자리에 얼마나 적합한지 꼼꼼히 서류 심사를 한 뒤 승산이 있다고 생각되면 지원자의 든든한 지원군이 되어 면접을 잘 볼 수 있도록 돕고, 회사가 이 지원자에게 더 좋은 연봉(및 주식)을 제시하도록 설득한다. 그들이 가장 바라는 것은 지원자가 최종 합격하여 고용계약서에 사인하는 것이다.
회사들이 인재를 찾고 인재들이 회사를 찾는 방법은 크게 네 가지다.

1. 서류 지원

미국 회사들은 대부분 수시 채용이기 때문에 언제나 지원이 가능하다. 다만 IT 기업 대부분이 한 번 떨어지면 1년 내에 재지원을 받지 않기 때문에 전략적으로 접근해야 한다. 작은 회사는 다를 수 있지만, 구글이나 페이스북, 에어비앤비 등은 이력서가 하루에도 수십만 통 도착한다. 서류 지원을 통해 전화 면접의 기회를 얻을 확률이 극히 낮다. 그럼에도 서류 지원은 모든 사람들에게 열려 있는 선택지다.

2. 캠퍼스 리쿠르팅

우리나라와 마찬가지로 실리콘밸리의 많은 기업들이 매년 1~2회 열리는 캠퍼스 리쿠르팅에 참여하기 위해 평소 관심 있게 지켜본 대학을 방문한다.

캠퍼스 리쿠르팅은 서류 지원에 비해 훨씬 쉽게 전화 면접으로 연결된다. 학교로 리쿠르팅을 오는 사람들은 기본적으로 열린 마음으로 지원자들을 만난다. 특히 면접관으로 오는 사람들은 그 학교 출신인 경우가 많다. 공통점이 많으니 훨씬 우호적인 분위기에서 면접이 진행된다. 면접을 잘 보면 이후 전화 면접 대신 캠퍼스 면접 (On-campus Interview)을 볼 수 있다. 캠퍼스 면접을 잘 보면 바로 본사에 초대되어 면접을 볼 수 있다. 가난한 유학생일 때는 비행기와 렌터카, 숙소, 식사 등을 제공해주는 면접이 즐거운 여행의 기회가 되기도 한다. 또 세계적으로 유명한 회사에 가서 면접을 치르는 것은 설레는 일이다. 그렇지만 몇 번 해보면 너무 힘들어서 다시는 하기 싫은 경험이 되기도 한다.

학교의 취업지원 팀도 이력서 작성법, 면접 복장, 나눠야 할 대화 내용 등 다양한 면접 교육을 제공한다. 내 경우, 재학 시절 학과에서 케이터링으로 식사를 제공하고 면접관들을 만나는 자리에 갔는데, 이때 친구들과 모의 면접을 한 경험이 큰 도움이 되었다.

3. 링크드인 검색

링크드인은 이력서와 유사한 프로필을 올릴 수 있는 소셜네트워크다. 리쿠르터들은 링크드인 검색을 통해 현재 회사에서 일하고 있거나 인턴십 경험이 있거나 석사 이상의 전문성을 갖춘 학생에게 구인 메시지를 보낸다. 이 경우 대부분 바로 전화 면접으로 이어진다. 링크드인에 프로필만 잘 써놓아도 여러 회사에서 계속 연락이 온다. 대학을 졸업하면 링크드인 프로필 점검은 필수다.

4. 직원들의 추천

실리콘밸리 기업에 취업할 때 인맥이 미치는 영향은 상당히 크다. 가령 구글에서 엔지니어를 뽑을 때 구글 직원이 그 자리에 맞을 것 같은 엔지니어를 리쿠르터에게 추천하면, 리쿠르터는 소개받은 사람을 최우선으로 검토한다. 물론 지인 추천이라고 해서 면접 과정이 쉬워지지는 않지만, 어쨌든 면접 볼 기회를 더 쉽게 얻을 수 있다.

전화 면접

입사 지원자가 서류 심사를 통과하면, 회사에서는 한 번이나 두 번의 전화 면접 (Phone

Interview)을 통해 본사로 초청해 면접할지를 결정한다. 엔지니어의 경우, 전화 면접 시 면접관과 면접 대상자가 함께 볼 수 있는 온라인 코딩 툴을 사용한다. 코더패드(CoderPad.io), 콜라베딧(Collabedit), 해커랭크(HackerRank) 등을 이용하면 전화로 대화하면서 지원자가 작성한 코드를 면접관이 실시간으로 볼 수 있다. 데이터 구조와 알고리즘 문제를 주로 물어보며, 지원자의 배경에 따라 머신러닝이나 데이터 과학에 대해 물어보기도 한다.

전화 면접은 안 그래도 영어가 짧은데 얼굴 표정이나 몸짓을 읽을 수 없어서 확실히 어렵다. 만약 면접관의 발음이 알아듣기 어렵거나 억양이 세거나 또는 통화 품질이 엉망이면, 그 면접은 그냥 날아간 것이다. 직접 만나서 면접을 볼 때는 의사가 잘 전달되지 않으면 종이에 쓰고 그림을 그릴 수도 있는데, 전화 면접은 그렇게 하기 어려운 데다 서로 긴장감이 덜해서 조금 피상적인 면접이 되기 쉽다.

초청 면접

초청 면접(On-site Interview)에서는 일대일 면접을 5번 정도 본다. 한 번에 1시간 정도 소요되니 하루에 5시간 동안 면접을 보는 셈이며, 보통은 면접관이 만장일치로 승인해야 오퍼가 나온다.

지난 5년 동안 나 역시 면접관으로 20번 정도 면접을 진행했는데, 대개 면접관별로 면접 주제가 주어진다. 즉 지원자의 다양한 측면을 파악해야 하므로, 면접관에 따라 어떤 부분을 중심적으로 살펴볼지를 정하는 것이다.

나는 주로 백엔드 소프트웨어 엔지니어 면접에 참여했는데, 면접 주제는 다음과 같았다.

1. Coding Test / Technical Challenge

코딩 문제를 주고 풀게 한다. 문제의 난이도에 따라 실제로 푸는 것 자체를 중요시하는 경우도 있지만, 면접관과의 소통 능력, 문제 파악 능력, 그리고 문제에 접근하는 방법과 사고 과정을 보는 경우가 많다. 이때 면접관의 취향이 반영되기도 하는데, 나는 정말 쉬운 문제가 아닌 이상 푸는 것보다는 어떤 식으로 문제에 접근하는지, 어떻게 소통하고 풀어나가는지를 많이 봤다. 실제로 일할 때 어떻게 할지를 미리 살펴보면서 성격을 가늠해보기도 했다.

2. Architecture / Design Tests

신입보다는 경력자에게 주어지는 면접 주제다. 규모가 큰 시스템을 다룰 때 부딪칠 수 있는 문제, 지난 회사에서 경험해봤을 법한 문제나 새로운 시스템을 디자인할 때 고려해야 하는 점 등을 물어본다. 딱히 정답이 하나는 아니지만, 이제껏 한 번도 고민해보지 않았으면 오답으로 가기 쉬운 문제들이다. 이 과정에서도 얼마나 컴퓨터 공학적으로 사고하는지, 어떤 문제들을 생각하면서 일을 계획하고 코드를 짜는지, 그러한 생각의 근거는 어디에서 오는지, 숫자들을 어느 정도까지 머릿속에서 계산하고 예측해서 의사소통하는지를 본다.

3. Algorithm Test

알고리즘에 특화된 코딩 문제를 내고 풀게 한다. 해당 업무를 이미 해봤거나 앞으로 하려는 경우에 '이 정도는 꼭 숙지하고 있어야 한다'는 수준의 문제다. 왜 이런 방법을 선택했는지, 다른 방법으로는 뭐가 있는지, 각각의 장단점은 무엇이고 어떤 상황에서 어떤 것이 좋은지 등의 답변을 기대한다.

4. Team fit / Cultural

개인의 뛰어난 기술력보다는 우리 회사와 팀에 잘 맞는 인재인지를 확인하는 면접 주제다. 대부분 실제로 같이 일하게 될 팀의 매니저가 이 주제로 면접을 진행한다. 다른 일대일 면접에 비해 조금 더 편안한 분위기에서 진행된다. 회사에 얼마나 관심이 많은지, 팀이 하는 일과 잘 맞을지, 오퍼(합격 통지)를 주면 진짜로 입사할 생각이 있는지 등을 확인한다.

오퍼레터와 연봉 협상

초청 면접에서 합격점을 받으면 리쿠르터가 전화로 합격 소식을 알린다. 이를 '구두 오퍼'라고 한다. 이때 리쿠르터는 고용 조건 등을 자세히 알려주지 않고 합격 사실과 함께 다른 회사 면접 현황 등을 묻는다.

구두 오퍼를 받은 순간, 연봉 협상이 시작된다. 연봉 협상을 잘하려면 당연히 카드를 가지고 있어야 한다. 그리고 회사 및 자신의 전문 분야에 대한 정보를 충분히 가지고 있어서 리쿠르터보다 많이 알거나 최소한 비슷하게는 알고 있어야 한다. 즉 회사 상황, 자신이 갈 자리의 역할과 책임, 회사 소재 지역의 생활 여건(물가와 세금) 등 자신과 경력이 비슷한 사람이 받는 연봉과 주식, 보험 등의 정보를 미리 알고 있으면 좋다.

예를 들어 시애틀이 소재한 워싱턴주에서는 주 소득세가 없다. 연방 소득세만 내면 된다. 샌프란시스코가 소재한 캘리포니아주에서는 연방 소득세에 주 소득세가 10% 가까이 된다. 단순 비교를 하기는 어렵지만, 시애틀에 있는 직장인의 연봉보다 10% 정도 높아야 같은 연봉이라고 할 수 있다. 다음으로 지역 물가는 제일 먼저 집값을 고려해야 한다. 시애틀과 샌프란시스코의 월세는 집 상태나 크기, 교통 등의 조건이 비슷할 때 시애틀이 15% 이상 낮다. 소득세와 집 월세만 고려해도 시애틀에서 연봉 8만 달러를 받는 것이 샌프란시스코에서 연봉 10만 달러를 받는 것보다 경제적으로 이득이다. 물론 그 외에 개인이 선호하는 삶의 조건도 고려해야 한다.

자신과 경력이 비슷한 사람이 받는 연봉은 직장 평가 사이트인 글래스도어 등에서 확인할 수 있다. 주변 사람들에게 물어보는 것도 방법이다. 연봉에 대한 정보는 원래 공유하면 안 되는 개인 정보다. 그래서 인간관계를 잘 만들어놓으면 도움이 많이 된다.

소프트웨어 엔지니어 기준으로 보수(Compensation Package)는 보통 '연봉 + 성과급 + 주식'으로 이루어진다. 연봉에 연간 성과급이 몇 %인지, 주식을 얼마나 받게 되는지에 따라 동급이라도 전체 보수 차이가 두 배나 날 수도 있다.

다만 합격한 회사가 하나뿐이면 협상의 여지가 거의 없다. 가진 카드가 없는 거니까. 그러므로 비슷한 시기에 여러 회사에서 오퍼를 받는 것이 중요하다. 일단 오퍼를 받으면 짧게는 사흘, 길어도 2주 내에 입사 결정을 내려야 하기에 그 기간 중에 오퍼를 두 군데 이상 받으면 연봉 협상에 유리하다.

연봉 협상을 할 때는 협상 가능한 선이 어디인지, 상대가 제시하는 안의 근거는 무엇인지, 자신이 용납할 수 있는 범위와 상대에게 무리가 될 수 있는 범위는 어디인지를 미리 생각해두어야 한다. 그리고 상대의 입장에서 생각할 수 있을 만큼 정보가 많으면 여러 번에 걸쳐 충분히 이야기를 나눌 수 있다. 영화에서처럼 두 사람이 마주 앉아서 '빠바박 협상, 쾅쾅!' 하는 경우도 있겠지만, 대개는 몇 번씩 통화하면서 서로의 요구 사항과 수준을 조율해나간다.

당신의 카드가 훌륭하다면, 이런 협상의 전문가인 상대가 "이건 회사 내규(방침)상 불가능합니다."라고 했던 부분도 어느 순간 언제 그랬냐는 듯이 가능해지는 마법도 경험하게 될 것이다.

그리고 드디어 이 모든 과정이 끝나면 PDF 파일 형태로 오퍼레터가 날아온다. 정말 짜릿하고 신나는 순간이다. 오퍼레터가 두 개 이상이면 비교해가면서 가장 좋은 회사를 선택해서 서명해서 보낸다.

이제부터 새로운 회사에서의 여정이 시작된다.

비자

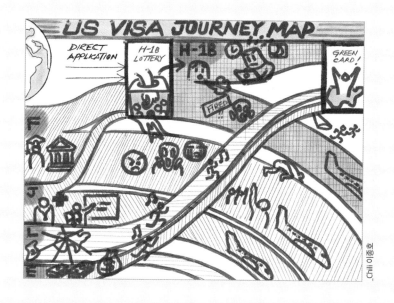

미국 시민권자나 영주권자가 아닌 외국인에게는 미국 생활에서 족쇄처럼 항상 따라다니는 것이 있으니 바로 비자다. 우리나라 시민의 경우, 미국 방문 기간이 90일 이내일 때는 비자 면제 프로그램을 통해 ESTA(미국 여행 허가 전자 시스템)만 신청하면 쉽게 여

행할 수 있지만, 직장을 잡거나 공부해야 하는 경우에는 상황이 달라진다. 비자 신청, 만료, 연장 등은 외국인으로서 신경 쓰고 체크해야 하는 가장 중요한 문제이며, 만약 비자에 문제가 생기면 아무리 좋은 직장을 구하고 학교를 다녀도 본국으로 돌아와야 하는 상황이 벌어진다.

최근 4~5년간 실리콘밸리 회사들이 수많은 외국인 직원을 고용하면서 일할 수 있는 비자(대표적으로 H-1B라고 알려진 비자)의 신청자 수도 급증했다. 하지만 매년 발급하는 H-1B비자 수는 정해져 있어, 실리콘밸리에 직장을 구했는데 비자를 받지 못해 본국으로 돌아가야 하는 경우가 많이 생겼다. 영주권이나 시민권을 받아 신분이 안정되기 전까지는 실력보다 더 중요한 것이 비자를 받는 일이라고 생각될 정도로 외국인 근로자의 삶에서 큰 부분을 차지하는 요소다.

비자에 문제가 생기면 불법 체류자가 될 가능성이 커지고, 한 번이라도 수상한 일이 생기면 비록 그것이 실수였을지라도 되돌릴 수 없는 치명적인 조치가 취해지곤 한다. 체류 한도 기간을 넘겼다가 다음에 미국 방문 시 비자를 못 받는 상황이 생기거나, 미국 체류 중 비자가 만료되어 불법 체류자 신분으로 강제 추방을 당하는 경우도 있기 때문에 항상 자신이 가진 비자의 조건과 준수해야 하는 사항들을 미리 검토하고 숙지해놓는 것을 추천한다.

비이민 비자와 이민 비자

비이민 비자는 미국에 일시적으로 체류하기 위해 발급받는 비자다. 일정 기간 이후에는 미국을 떠나는 것을 원칙으로 한다.

B비자는 관광·사업용 비자로 비자 면제 프로그램(Visa Waiver Program)이 없을 때 활용되었지만, 이제는 한국이 비자 면제국이 되어서 잘 발급되지 않는다.

취업 비자는 E투자 비자, H단기 취업, L주재원, O특수 재능 소유자, P예술가, I언론사·기자, 멕시코와 캐나다인을 위한 NAFTA TN/TD 비자 등이 있다.

학생비자로는 F학생비자, M직업학교 비자가 있다. J비자는 교환 비자로 학생, 교수, 의사, 교사 등의 교환 활동을 위해 활용된다.

이 중 한국에서 와서 유학하고 취업하기 위해 가장 중요한 비자가 F비자와 H비자다. 그리고 J, L, O비자도 활용할 수 있다.

이민 비자는 그린카드, 영주권이라 불리는 비자이며, 미국에 살 의도가 있는 사람들에게 준다. 가족이 미국 시민권자거나 미국 기업들이 필요로 하는 경우 등에 까다로운 심사를 거쳐 발급한다. 이 글에서는 실리콘밸리의 외국인 노동자가 알아야 할 비이민 비자의 종류에 대해서 살펴본다.

F1비자(학생비자)

비자 신청

유학을 나온다면 일단 학생비자를 신청하게 된다. 예를 들어 2년짜리 석사 과정에 들어간다면 2년 동안의 학비, 생활비, 병원비, 비행기값 등 모든 것을 지불할 재정 능력이 있음을 비자 신청 시 미리 증명해야 한다. 통장 잔고 증명서를 포함해 다양한 서류가 필요한데, 기본적으로 미국 이민국은 합법 신분을 가정하고 확인 차원에서 서류를 심사하는 것이 아니라 최대한 보수적으로 접근하고 불법 신분을 가정하고 보기 때문에 불친절하기도 하고 다양한 방법으로 떠보고 의심하고 확인한다. F1비자는 보통 5년짜리가 나오는데 이는 미국 입국 시에 필요한 것이고, 미국 체류를 위해서는 I-20라는 서류의 유효기간이 더 중요하다. I-20는 실제로 공부하는 기간만큼의 유효기간만 주어지는 서류다. 5년짜리 F1비자를 받았어도 학위가 2년 과정이면 I-20는 2년짜리를 받게 된다. 그리고 F1 신청자 중 이미 결혼해서 가족이 있으면 배우자와 자녀(dependent)들은 F2비자(dependents of F1)를 신청할 수 있다. 일은 못 하지만 미국에 체류할 수 있으며, 유효기간은 F1비자 소지자의 I-20 유효기간과 동일하다.

F1비자가 없으면 미국에 못 들어오지만, F1을 가지고 합법적으로 들어왔어도 미국 체류 중 I-20의 유효기간이 만료되면 불법 체류자가 된다. 그리고 학업 중간에 캐나다 여행같이 국경을 넘을 일이 있으면 미리 학교에 신고하고, 여행증명 스탬프도 꼭 받아놔야 한다. 안 그러면 캐나다 국경에서 미국으로 못 넘어오는 경우가 생긴다.

학생비자와 일

학생비자를 가진 경우에는 방학 때 하는 직장 인턴십을 제외하고는 학교 안에서만 취업 활동이 가능하다. 본인이 재학 중인 학교의 교내 근로를 신청해서 일할 수 있는데, 주당 20시간 정도로 근로시간 제한이 있다. F1의 기본 조건이 주당 40시간 이상 공부 하는 학생이기 때문에, 이 시간을 제외하고 20시간 정도까지 파트타임으로 교내 근로를 할 수 있는 것이다. 교내 근로의 기회가 있다면 하는 것을 적극 추천한다. 그 이유는 일할 경우 한국의 주민등록번호와 같은 사회보장번호, 즉 SSN (Social Security Number)을 받을 수 있기 때문이다.

SSN이 없으면 안 그래도 험난한 미국 생활이 더 험난해진다. 미국 은행 계좌를 열려고 해도 SSN이 필요하고, 인터넷을 설치하려고 해도 SSN이 필요하고, 핸드폰을 개통하려고 해도 SSN이 필요하다. 없으면 다른 방법을 찾아 신분과 신용을 증명해야 하는데 굉장히 피곤하다.

가끔 F1비자로 들어와 있는 학생이 식당이나 바에서 일하는 경우도 볼 수 있는데, 대부분 현금으로 일당을 받는 것이라 이론적으로는 불법이다. 비자 심사나 입국할 때 수다를 떨다가 무심코 "제가 스타벅스에서 알바를 하는데요…."라는 이야기를 하면 바로 골로 가는 거다. 비자 끝, I-20 끝, 그리고 추방 기록이 남아서 아마 두 번 다시 미국 들어올 생각 안 하는 게 좋을 수도 있다. 꼭 들어와야 할 경우라면 이민법 전문 변호사와 상담이 필요하다.

CPT

학교에서 공식적으로 지원해주는 인턴십 같은 경우에는 F1비자 상태에서 CPT (Curricular Practical Training) 라는 신분으로 일할 수가 있다. 학기 중 듣는 여러 수업 중에서 한 과목을 직장에서 일하는 것으로 대체할 수 있기 때문에 회사에서 파트타임으로 일할 수 있다. 학위 과정 중에 사용한 CPT의 기간이 총 11개월을 넘지 않아야 졸업 후 1년 동안 사용할 수 있는 OPT (Optional Practical Training) 가 나오므로 다 쓰지 않도록 신경 써야 한다. 방학 중 인턴십의 경우도 CPT가 꼭 필요하니 잘 알아봐야 한다. 미국에서 학사, 석사, 박사 등의 학위를 취득하면 전공과 국적에 상관없이 F1 학생비자의 연장으로 OPT라는 신분으로 일할 수가 있다.

OPT

OPT는 학위를 마치고 1년 동안 비자 없이도 일할 수 있는 신분이다. STEM (Science, Technology, Engineering and Math) 전공인 경우는 두 번 연장해서 3년까지 일할 수 있다. STEM은 미국에서 열심히 키우는 분야로 외국인들에게도 열려 있다. 본인 전공이 STEM에 속하는지는 유학 준비 과정에서 미리 알아보고 학과 사무실에 문의해보기를 추천한다. 전공 이름에 STEM이 들어간다고 다 STEM이라는 보장이 없기 때문이다.

OPT 상태로 직업이 없는 기간이 총 3개월을 넘어가면 OPT는 효력을 상실한다. 그래서 OPT 시작 날짜를 졸업 후 3개월 이내에 정할 수 있게 하니, 잘 정해야 한다. '외국인도 일할 수 있는 분야가 아니거나, 비자 스폰서가 안 되는 분야에 취업하면 이 OPT를 1년 쓰고 보통 본국으로 돌아가게 된다. 비자가 없으면 어쩔 수 없다. 소프트웨어 엔지니어를 포함한 직종에서는 이 1년의 OPT 기간이 뒤에 이어갈 H-1B라는 고숙련 외국인 노동자 비자로 넘어가는 징검다리로 쓰인다.

H-1B비자

비자 신청

H-1B비자는 고숙련 외국인 노동자 비자다. 많은 외국인 노동자들이 유학을 와서 진행하는 비자 단계가 'F1→OPT→H-1B→영주권'인데, 이 중 가장 큰 관문 중 하나가 H-1B다. 요즘 트럼프 정권이 H-1B비자 발급 조건을 강화하는 방향으로 기조를 잡고 있어서 앞으로 더 어려워질 수 있다. 일단 받게 되면 3년짜리 비자가 나오고, 한 번 연장할 수 있다. 3년 발급에 3년을 연장해서 최대 6년까지 가능하며, 그 이후에는 특수 조건 하에서만 1년씩 연장할 수 있고(예를 들면 영주권이 진행 중인 경우), H-1B비자 재신청은 가능하다.

H-1B비자는 매해 4월에 일괄적으로 신청을 받고, 합격자들은 그해 10월부터 일할 수 있다. 그러니까 4월 이전에(적어도 2월 이전에는) 해당 회사에 합격해서 비자 서류를 준비해야 그해 10월부터 일할 수 있다. 서류를 신청하는 4월부터 H-1B의 효력이 발생하는 10월 사이에 시간이 비는데 이때 OPT가 이 기간을 메워주는 역할을 하고, 그래서 유학을 오면 이 과정을 이어가기가 수월하다고 이야기하기도 한다.

H-1B비자는 발급 제한이 있어서 매해 약 8만 5,000개가 발급된다. 즉 8만 5,000명 이상이 신청하면 그때는 추첨한다. 말 그대로 랜덤 추첨이다. 최근 몇 년간 IT 호황으로 지원자가 계속 늘어나 2017년에는 23만 6,000명이 지원해서 약 15만 명이 떨어지는 상황이 벌어지기도 했다. 이 8만 5,000개의 쿼터 중에서 2만 개 정도는 석사 이상 학위 소지자를 위한 별도 쿼터다. 그래서 석사 학위 이상 소지자들만 따로 이 2만 개의 쿼터 내에서 추첨을 돌리고(지원자 2만 명이 안 되면 다 받고), 거기서 떨어진 사람들은 학사 학위자들과 함께 나머지 6만 5,000개에서 돌린다. 학부 졸업자보다 석사 이상 졸업자가 비자 받을 확률이 조금 더 높은 이유다.

H-1B Fiscal Year	Cap Reached Date	H-1B Cap Reached (YES or NO)	H-1B Cap Open Days	H-1B Petitions Received by USCIS
2004	Oct 1, 2003	YES		
2005	Oct 1, 2004	YES		
2006	Aug 10, 2005	YES		
2007	May 26, 2006	YES	55 Days	No H-1B Lottery
2008	April 3, 2007	YES	2 Days	150,000(No H-1B Lottery)
2009	April 7, 2008	YES	5 Days	163,000(No H-1B Lottery)
2010	Dec 21, 2009	YES	264 Days	No H-1B Lottery
2011	Jan 26th, 2011	YES	300 Days	No H-1B Lottery
2012	Nov 22nd, 2011	YES	235 Days	No H-1B Lottery
2013	June 11th, 2012	YES	71 Days	No H-1B Lottery
2014	April 5th, 2013	YES	5 Days	124,000(No H-1B Lottery)
2015	April 7th, 2014	YES	5 Days	172,500(No H-1B Lottery)
2016	April 7th, 2015	YES	5 Days	233,000(No H-1B Lottery)
2017	April 7th, 2016	YES	5 Days	236,000(No H-1B Lottery)
2018	April 7th, 2017	YES	5 Days	199,000(No H-1B Lottery)

위 표는 매해 H-1B 신청자들에 관한 것으로, 두 번째 칸의 'Cap Reached Date'는 8만 5,000명이 채워진 날짜를 가리킨다. 예를 들어 2016년의 경우 4월 7일에 8만 5,000명이 이미 지원을 마감했고, 지원할 수 있는 닷새 동안 총 23만 3,000명이 지원했다. 2010년부터 2013년까지는 추첨이 없을 정도로 지원자가 별로 없어서 300일까지 지원자를 받은 해도 있고, 지원한 사람들은 특별한 문제가 없는 한 모두 H-1B비자를 발급받았다.

추첨에서 떨어지면? 답이 없다. OPT가 끝나는 순간에 본국으로 귀환해야 한다. 물론 급히 학교를 등록해서 F1비자를 신청하는 등 여러 가지 우회 경로로 체류할 수는 있지만, F1은 일을 못 하는 비자기 때문에 다시 한 번 이민법 변호사와 상담해야 한다. STEM 전공자들은 H-1B비자를 받지 못하면 OPT를 꽉 채워 두 번 연장해서 3년까지 있을 수 있으므로 그 기간 동안 매해 추첨에 지원할 수 있다. 세 번 한다고 된다는 보장은 없지만 확률은 더 높다.

운 좋게 다른 나라에 지사가 있는 회사에 들어간 경우에는 다음 해 H-1B를 받을 수 있을 때까지 지사에서 일하기도 한다. 그러나 지사가 없는 경우에는 회사도 비자 없는 직원에게 일을 시킬 수 없다. 결국 본국으로 돌아가 다른 직장을 알아보거나 학교에 들어가서 학생비자를 가지고 미국에 체류하다가 H-1B에 다시 지원해야 한다. 단 포스트 닥터나 교수직으로 학계에 취업하는 경우에는 H-1B 쿼터에서 제외되므로 훨씬 더 쉽게 비자를 받을 수 있다.

이직과 비자 연장

이렇게 해서 H-1B비자를 받으면 그래도 한숨을 돌릴 수 있으나, H-1B비자는 현재 속한 회사에 묶이는(노비) 비자라 회사를 그만두는 순간(혹은 잘리는 순간) 바로 본국으로 돌아가야 한다. 고로 쉴 수가 없다. 다만 이직하는 경우는 새로운 H-1B비자를 받을 필요 없이 H-1B 트랜스퍼(Transfer)라고 해서 이미 발급받은 비자를 새로운 고용주 밑으로 옮기기만 하면 된다. 그렇다고 H-1B비자를 받자마자 이직하면 그 사이에 어떤 문제가 생길 수 있을지 모르니, 안전하게 몇 달 정도는 더 현재 직장에 머무는 것이 좋다.

그리고 처음 H-1B비자를 받은 지 3년이 지나면 비자 연장이 가능하며, 그다음 3년까지 총 6년을 쓰면 더 이상 연장이 불가하다. 영주권이 어느 정도 진행된 경우에만 조건부로 1년씩 연장해주기는 한다. 영주권을 못 받고 H-1B비자 6년이 끝나면 다시 처음으로 돌아가서 H-1B비자 재신청을 해야 한다. H-1B비자의 경우, 비이민 비자지만 듀얼 인텐트(Dual-intent), 즉 이민하고자 하는 의도를 인정하는 비자라 H-1B비자를 받은 상태에서 영주권 신청이 가능하다. 듀얼 인텐트는 비자 발급 외 목적으로 체류하는 것을 의미하는데, 예를 들어 일하기 위해 H-1B를 받았지만 더 오래 미국에 머물고 싶어서 따로 영주권을 신청하는 경우에 듀얼 인텐트가 있다고 한다. F1비자와 다음에 설명할 J-1비자는 비자 만료 후 본국으로 돌아가는 것을 전제로 하기 때문에, 취업이나 포스트 닥터 과정 등을 해서 다른 비자를 받지 않는 이상 단지 미국에 남아 있고 싶어서 영주권을 신청하는 것은 불가능하다. 물론 이 비자들을 소지한 동안에 시민권자나 영주권자와 결혼하면 영주권 신청이 가능하지만, F-1, J-1 소지 중 자력으로 영주권 신청은 불가능하다.

H-1B비자의 경우 결혼해서 가족이 있으면 가족들에게 H4비자가 나온다. 원래는 체류만 가능하고 일은 못 하는 비자였는데, 2015년 5월부터 영주권 신청에 들어가서 I-140을 통과한 H-1B비자 소유자의 배우자는 일할 수 있게 되었다.

L-1비자

L-1비자는 주재원 비자인데 많은 글로벌 기업들이 H-1B비자에서 떨어진 직원들의 고용을 유지하기 위해서 활용한다. 외국 지사에 1년 이상 근무한 직원은 미국의 지사 또는 본사에서 일할 수 있는 비자를 받을 수 있다.

H-1B비자에 떨어진 직원들을 구글은 캐나다 지사로, 페이스북은 영국 런던 오피스 등으로 보내 일할 수 있도록 하고 있다. 이렇게 외국 지사에서 일하다 L-1비자를 받고 오는 경우, 배우자나 21세 이하 자녀는 L-2비자를 받아서 함께 머물 수 있다. 특히 L-2비자는 일할 수 있는 비자이기 때문에 미국에서 맞벌이를 할 수도 있다. 구글 코리아 등에 1년 이상 근무한 직원들 중 미국 본사로 옮기고 싶어 하는 사람들을 위해 L-1비자가 활용되기도 한다.

J-1비자

J-1비자는 기본적으로 본국과 미국의 교류를 위해 만들어진 비자다. 교환 학생, 교환 교수, 박사 후 과정 등이 여기에 해당된다. 문화 교류 등의 명목으로 해외 인턴십을 할 때도 쓰인다. 짧게는 1개월에서 3개월, 연장하면 6개월에서 1년도 가능하고 두 번에 걸쳐 2년을 받은 경우도 주변에서 보았다. J-1비자 역시 스폰서를 해주는 기관에 딸려 있는 비자라 DS-2019(교환 방문 프로그램 참가자로 인정하는 서류)의 유효기간에 따라 체류할 수 있다. F-1비자와 마찬가지로 J-1비자도 입국에 필요한 비자이고, 합법 체류 신분은 DS-2019의 유효기간에 달렸다.

J-1비자의 좋은 점은 일할 수 있는 비자라는 것이다. 다만 비자의 원래 목적이 본국과 미국의 교류를 위해서라 기본적으로 미국에 체류한 기간만큼 J-1비자가 완료된 뒤에는 본국으로 돌아가 머물 것을 요구받는다. 즉 J-1비자로 1년간 미국에 있었으면 그다음 1년 동안은 미국으로 들어올 수가 없다. 이 역시 J-1비자 웨이버(Waiver)라는 제도가 있어서, 특정 조건을 만족시키면 이 제약을 면제해주기도 한다. 자세한 내용은 검색 혹은 이민법 변호사와 상담하길 바란다.

또한 유학을 나올 때 외부 장학금 중 풀브라이트 장학금을 받는 경우, J-1비자로 학업을 해야 한다고 알고 있다. 해당 장학금의 목적이 J-1비자의 목적과 동일하다고 알고 있는데, 이런 이유로 풀브라이트 장학금 수혜자로 2년간 석사를 마쳤다면 뒤에 2년은 본국으로 돌아가서 있어야 한다. 즉 바로 박사로 학업을 진행하려면 별도로 알아봐야 한다. J-1의 경우도 듀얼 인텐트가 인정되지 않는 비이민 비자로, 해당 비자 상태에서는 자력으로 영주권 신청이 불가능하다. J-1비자 역시 가족이 있는 경우 J-2비자가 배우자와 자녀들에게 나오고, J-2비자 소지자는 일할 수는 없으나 체류는 가능하다. J-1비자는 내가 여기저기서 들은 이야기를 종합한 것이라 F-1비자와 H-1B비자에 비해 신뢰도가 '더' 떨어지니 잘 알아보고 준비하고, 애매하면 이민법 변호사와 꼭 상담하길 바란다.

O비자

O비자는 주변에서 신청하는 사람들이 드물다. 주로 예체능 분야와 관련된 비자로 알려져 있지만 꼭 그렇지만도 않다 . 일반적인 예술 분야, 영화 · TV 산업 분야, 그리고 과학, 교육, 사업, 체육 분야에 종사하는 사람들 모두 신청 가능하다. 국제 수상 경력이나 전시, 저명한 저널에 실린 과학 연구, 세계적으로 유명한 제품 론칭 등을 통해 본인이 미국에 기여할 수 있음을 입증하면 체류와 취업이 가능한 O비자가 나온다. 하지만 개인의 능력 입증이 꽤나 주관적이라 상황에 따라 다르기 때문에 여러 명의 변호사로부터 비자 발급 가능성을 상담해보고 나서 신청하는 것이 안전하다. O비자의 신청 요건은 미국 이민국의 O비자 페이지에서 볼 수 있다.

비자는 한 번에 최대 3년까지 받을 수 있고, 연장할 수 있는 조건을 갖추면 한 번 더 3년짜리 비자를 받을 수 있다. 실리콘밸리의 디자이너들 가운데 H-1B비자 추첨에서 떨어져서 O비자를 받아 일하는 경우를 꽤 볼 수 있었는데, 쿼터가 빡빡하지 않아서 자격 요건만 갖추면 H-1B비자보다 발급될 확률이 훨씬 높다고 한다.

모든 문제를 한 번에 해결하는 그린카드

미국에서 비자의 힘든 바다를 거치는 이유는 신분이 외국인이기 때문이다. 영주권을 받게 되면 이 모든 비자 문제에서 해방된다.

그리고 이 모든 것이 있어도 한 방에 미국 생활을 골로 보내는 것이 바로 음주 운전이다. 미국에서는 대리 운전도 없고 한밤에 이용할 대중교통도 없다 보니, 음주 운전을 하는 경우가 많다. 음주 단속도 없어서 걸릴 일도 별로 없다. 그렇지만 한 번 걸리면 엄청난 벌금과 징역형까지 받을 수 있다. 외국인의 경우, 가벼운 음주 운전만으로도 비자가 취소되고 추방되는 경우가 많다. 미국에서 쌓아 올린 노력이 한 번에 물거품이 될 수도 있다.

초대 작가 서준용

디지털 노마드 작가, 개발자
(brunch.co.kr/@zechery)

'실리콘밸리를 그리다'의
여정을 마치며

우리가 보고 이해하고 살아가고 있는 실리콘밸리를 어떻게 있는 그대로 전할 수 있을까를 고민하고 토론하며 글을 쓰고 그림을 그려왔다. 우리 다섯 명의 직업과 경험이 다 다른 만큼, 다양한 측면에서 실리콘밸리를 바라보고 근본적 차이와 혁신의 동력을 찾으려 노력했다.

그렇게 지난 1년간 함께 그려본 실리콘밸리는 정말 매력적이고 역동적인 곳이었다. 실리콘밸리는 세계 어디서 온 누구든, 혁신적인 제품과 서비스를 통해 세상을 바꾸고 싶은 사람들에게 기회를 줄 준비가 되어 있다.

이제 실리콘밸리의 여정을 마치며, 우리는 각자가 이 여정 동안 했던 생각을 다음과 같이 정리해본다.

우리는 왜 지금 기업 문화에 주목해야 하는가

Aiden 송창렬

아주 먼 옛날, 인류가 이웃 부족을 사냥감으로 보고 공격하던 시절이 있었다. 그 뒤 인류가 목축과 농경을 해 영토가 중요해지면서부터는 전쟁을 통해 땅과 거기에 축적된 부를 취했다. 아주 최근까지도 전쟁에서 이길 수 있는 최첨단 무기와 훌륭한 전략, 전술을 가지지 못한 나라가 잘사는 나라가 되기는 무척 힘들어 보였다. 그러다 국가 간 교역이 국가 경제 활동에 큰 영향을 주기 시작하면서 전쟁의 모습이 조금씩 바뀌었다. 이때 주목할 것이 산업스파이로, 유럽이 중국으로부터 도자기 기술을 빼낸 것이 그 최초의 사례라고 한다.

그리고 이제 인류는 국가 간 전쟁보다는 수많은 기업들 간 무한 경쟁을 통해 보이지 않는 전쟁을 계속하고 있다. 이 전쟁에서 가장 중요한 자원은 최첨단 무기도, 전략, 전술도 아닌 인력이다. 부가가치가 지난 세기에는 최첨단 기술에 의존한 제조업에서 생성됐다면, 이번 세기에는 소프트웨어를 중심으로 생성된다. 특이하게도 소프트웨어 산업에서는 기술과 업무 과정이 표준화되고, 인력이 여러 회사를 이동하는 일이 비교적 자유로워졌다.

이와 함께 기업이 경쟁력을 갖추기 위해서는 훌륭한 인력들이 일하고 싶은 환경을 조성하는 것이 가장 중요해졌다. 어떤 기업은 상하 질서가 분명하고 윗사람의 마음에 들도록 일해야 좋은 평가를 받는가 하면, 또 어떤 기업은 회사가 추구하는 목적을 달성하기 위해 직원들을 얼마만큼 잘 도와줬는가에 따라 좋은 평가를 받는다. 창의적인 아이디어가 빠르게 전파되고, 실수를 통해 모두가 같이 배우며, 오늘보다 나은 내일을 만들기 위해 항상 노력하는 기업을 만드는 중심에는 그러한 일에 가치를 두는 기업 문화가 있다.

우리는 역사라는 시험대를 통해 한 사람, 한 사람의 인권과 목소리를 존중하는 민주주의가 군주제를 밀어내고, 자본주의가 공산주의에 비해 큰 우위를 점하는 것을 목격했다. 이 승자들의 공통점은, 경쟁 우위에 있는 아이디어나 상품이 빨리 퍼질 수 있도록 돕는다는 데 있다.

기업 문화는 시대와 산업군에 따라 크게 다르지만, 지난 몇 년간 주식시장을 돌아보았을 때 승자가 되어 다음 시대를 이끌어갈 기업들의 기업 문화는 권위적인 것과는 거리가 먼 것 같다. 그리고 이제 우리는 이 점에 주목하지 않으면 안 되는 때를 맞이했다.

미래 기술보다 중요한 것은 제품을 만드는 모든 노력

Chili 이종호

실리콘밸리에서 6년간 UX 디자이너로 일해오면서, 그리고 지난 1년간 '실리콘밸리를 그리다' 프로젝트를 해오면서 정말 많은 것을 배웠다. 자율주행차, 인공지능, 가상현실, 가상화폐 등 실리콘밸리 혁신의 상징으로 알려진 이런 기술들이 사람들의 일상적인 문제를 해결하고 삶의 질을 높이기 위해서는, 먼저 사람들이 쉽게 이해하고 사용할 수 있는 제품으로 승화되어야 한다는 것을 배웠다. 그리고 제품화 과정에서의 기획, 직군 간 협업, 분업, 테스트와 업데이트 등이 어떻게 보면 원천 기술 개발보다도 더 어렵고 엄청난 노력이 소요된다는 것을 배웠다. 다행히 오랜 세월에 거쳐 확립된 실리콘밸리의 시스템은 이 과정을 세계에서 가장 효율적으로 수행할 수 있게 해준다는 것도 알게 되었다.

이 시스템이 존재하는 한, 지난 수십 년간 컴퓨터, 인터넷, 스마트폰 등의 플랫폼과 제품을 선보이며 세상을 바꿔온 실리콘밸리의 영광은 지속되리라 믿는다. 세상을 다시 한 번 바꿀 제품 개발에 전력을 다해 동참하기 위해 오늘도 힘차게 필즈Philz 커피를 원샷한다.

일과 삶의 경계를 분명히 하는 게 일을 잘하는 것이다

Erin 김혜진

실리콘밸리에 처음 왔을 때, 겉으로 드러난 문화와 삶의 방식을 보며 신기해했고, 이해되지 않는 것들은 나만의 틀 안에서 어떻게든 해석하려고 노력했다. 하지만 너무 다른 문화권에서 살아왔기 때문에 도저히 이해할 수 없는 현상들이 많았는데, '실리콘밸리를 그리다' 프로젝트를 통해 많은 사람들과 생각을 공유하고, 해석의 틀을 깨고, 새로운 관점으로 이곳을 바라볼 수 있게 되었다. 우선 가깝게는 내 직업인 Executive Assistant에 대해 갖고 있던 편견을 버리고자 의식적으로 노력하기 시작했는데, 이것이 실제로 일하는 데 큰 도움이 되고 있다. 실리콘밸리에 대해 글을 쓰면서 그 내용을 함께 일하는 임원들과 동료들에게 소개하고 나눴던 이야기들을 몇 가지 소개하자면 다음과 같다.

- 임원 J의 조언: 을의 자세로 임원들에게 다가가지 않아야 한다. 임원들은 나를 '다른 직업을 가진 한 사람의 동료'로 존중하고 대하는데, 내가 그들을 갑으로 여겨 숙이고 들어가면 관계가 불편해진다.
- 임원 R의 조언: 쓸데없는 일을 줄이기 위해 의사소통은 자주, 구체적으로 해야 한다. 임원의 모호한 한마디를 기반으로 요구 사항을 추측하여 여러 안을 만들어내는 것은 시간 낭비다. 어떤 요청인지를 확실히 알기까지 구체적으로 질문해야 한다.
- 동료 Z의 조언: 형식과 예의를 차리느라 의사소통(이메일, 대화, 회의)에 쓸데없이 시간을 쓰지 않는다. 요점에서 벗어나는 인사, 안부, 지나친 예의 표현은 상대의 시간을 낭비하고, 메시지의 집중도를 떨어뜨린다.
- 임원 E의 조언: 아주 급한 일이 아니라면 나와 남의 개인 시간을 방해하며 밤낮없이 일하지 않는다. 내가 밤 10시에 이메일을 보내면 다른 사람도 답해야 한다는 압박감을 느끼고, 이런 업무 문화가 자리 잡으면 일과 삶의 경계가 모호해진다. 특히 임원들의 경우, 밤낮없이 일하기 쉬우므로 급한 일이 아니라면 개인 생활에 방해되지 않도록 업무 시간에만 연락한다.
- 임원 J의 조언: '일하는 과정에서 문제가 생겼을 때 누구도 나를 비난하거나 내 능력을 비하하지 않는다'는 것을 믿는다. 일을 해결하기 위해

서는 눈치 보고 마음 졸이는 것이 아니라, 솔직한 의사소통을 통해 더 나은 대안을 만드는 것이 중요하다. A와 B가 부딪치면 둘 중 하나를 고르는 것이 아니라, 보완할 C를 만들어낸다.

눈치 보지 않고 전문가로서의 자신감을 갖고 일하는 개인, 그리고 유연한 조직 구조와 다양성으로 포용해주는 문화가 만나니 시너지가 생긴다. 윗사람의 명령을 수행하는 수동적 보좌관이 아니라, 적극적으로 프로젝트를 관리하며 팀에서 역량을 쌓는 이곳에서의 하루하루가 기대되고 설렌다.

실리콘밸리는 세계에서 가장 우수한 스타트업 플랫폼이다

우리나라는 우수한 인재들이 많아 훌륭한 시스템만 있으면 금방 선진국으로 도약할 거라는 이야기를 많이 듣고 자랐다. 지난 7년간 실리콘밸리에서 돈이 굴러가는 시스템을 보면서 가장 크게 느낀 점은, 훌륭한 시스템은 절대 하늘에서 떨어지는 것이 아니며, 한두 사람의 힘으로 만들어지는 것도 아니고, 운영 및 유지, 보수에 돈이 엄청나게 든다는 것이다.

실리콘밸리는 하나의 플랫폼이다. 플랫폼의 위력을 일찍이 알아챈 사람들이 스타트업을 키우는 우수 플랫폼으로서 실리콘밸리를 만들어냈으며, 그 경쟁력을 유지하기 위해 엄청난 시간과 자원을 투자하고 있다.

그리고 스타트업을 키우는 플랫폼으로서 실리콘밸리가 자랑하는 기능 중 하나가 인재를 유치하는 데 효과적인 주식보상제도다. 지식 노동자를 지식 자본가로 변화시켜줄 수 있는 마법 같은 기능이다. 이 외에도 훌륭한 제품을 가져오는 전 세계의 인재들에게, 원한다면 주식공개 상장을 하기까지 자본, 법률, 회계 등 제품 이외의 모든 지원을 원스톱으로 제공하는 기능도 있다. 돈으로 치면 엄청나게 비싼 기능이다. 스타트업에 많은 비용을 들임으로써 아이디어와 지식으로 창출한 부를 더 많은 사람들과 나누고 플랫폼에 재투자되도록 하고 있는 것이다.

이 플랫폼의 일부이기도 한 실리콘밸리 사람들은 플랫폼에 훌륭한 퍼포먼스를 제공하고, 자유롭게 이직하고, 스스로 연구, 개발을 지속해 실리콘밸리 플랫폼의 기능들을 발전시켜나갈 수 있다.

실리콘밸리의 힘은 다양성이다

1년 전 '실리콘밸리를 그리다' 프로젝트를 시작할 때 나는 '다양성'이라는 말을 잘 이해하지 못했다. 여성과 흑인, 히스패닉계 사람들, 성 소수자들에게 더 많은 기회를 주는 것 정도로 생각했고, "다양성이 실리콘밸리의 힘"이라는 말을 그냥 듣기 좋은 소리쯤으로 여겼다. 그즈음 나는 역할 조직과 위계 조직의 차이에 집중하고 있었고, 그것이 실리콘밸리의 근본적인 차이라고 믿고 있었다.

그러나 지난 1년 동안 많은 생각을 하고 의견을 나누면서 알게 된 것은 실리콘밸리의 핵심 원동력이 바로 다양성이라는 것이다. 슈퍼맨의 크립토나이트나 아이언맨의 아크 리액터처럼, 실리콘밸리의 핵심 원동력은 다양성이다.

실리콘밸리의 다양성은 실리콘밸리를 이루는 모든 부분의 역량에 중대한 영향을 미친다.

미션

실리콘밸리 기업들이 여느 기업들과 다른 점 중 가장 핵심이 되는 것이 바로 '미션'이다. 실리콘밸리 기업들은 저마다 미션을 통해 어떤 문제를 해결하는지 명확하게 설명한다. 일론 머스크는 지구의 에너지 문제를 해결하고, 우버는 교통 문제를 해결하고, 에어비앤비는 세계 어느 곳에서도 자기 집처럼 느낄 수 있는 시설과 환경을 조성하기 위해 노력한다. 또 구글은 정보를 조직해서 누구나 접근하기 쉽도록 하는 데, 페이스북은 사람들을 연결하는 데 집중한다.

실리콘밸리 기업들의 미션은 특정 시장이나 나라나 문화의 문제가 아니라 전 세계 사람들의 문제를 해결한다. 전 세계 사람들의 문제를 해결하려면 지구의 문제를 이해할 수 있어야 한다. 이는 한국인들끼리만, 중국인들끼리만, 독일인들끼리만, 남성끼리만 또는 여성끼리만 있어서는 절대로 할 수 없는 일이다.

우리나라에서 혁신을 만들어내는 기업들이 세계로 뻗어나가기 어려웠던 이유도 여기에 있다. 우리는 우리의 문제 외에 다른 많은 나라 사람들의 문제를 고민해볼 일이 별로 없었다. 제조업을 키우듯 우리의 문제를 해결하면 전 세계인의 문제도 해결되리라고 믿어왔다. 냉장고와 세탁기, 자동차는 그러한 문제를 어느 정도 해결했지만, 개인의 가치관과 사고방식이 직접 반영되는 소프트웨어에서는 기존의 문제 해결 방식이 잘 맞지 않는다. 이는 제조업을 키우는 한편으로 실리콘밸리 모델을 모방하는 중국 또한 머잖아 경제성장에 한계에 이르러 맞닥뜨릴 문제이기도 하다.

전 세계의 문제를 해결하려면 전 세계의 인재들이 모여야 한다.

인재

전 세계에서 실리콘밸리로 뛰어난 인재들이 몰려들고 있다. 그리고 그들 각각은 자신만의 가치관을 지켜나간다. 각자가 자신의 종교와 신념과 성 정체성을 유지하면서 자신이 가장 잘하는 것으로 공동의 미션에 기여한다.

누구나 자신의 정체성을 유지하면서 편하게 일할 수 없다면 그곳을 떠나기 마련이다. 우리나라에 세계적 인재들이 모이기 힘든 이유가 여기에 있다. 우리나라는 자신의 고유한 가치관을 어느 정도 버리고 그 문화에 동화되어야만 지내기 편한 곳이기 때문이다.

전 세계의 인재들을 모으려면 각자의 정체성을 있는 그대로 받아들여주어야 한다.

조직

다양한 사람들을 한 배에 태우려면 모두가 납득할 수 있는 공정하고 쉬운 규칙이 있어야 한다. 우리나라 기업에서는 적당히 눈치껏 기대되는 행동 양식이 있다. 아침이면 인사하고 의사 결정을 할 문제가 있으면 회의하거나 윗사람이 나서준다. 점심 식사 때는 직급이 낮은 사람이 식탁 세팅을 하고 컵에 물을 따른다. 이것은 규칙이 아니다. 문화적 코드다.

다양한 나라에서 온 사람들이 모여 있으면 이러한 것들을 전혀 기대할 수가 없다. 누군가는 포크를 쓰고 누군가는 젓가락을 쓰고 누군가는 손으로 음식을 먹을 것이다. 누군가는 윗사람이 의사 결정을 해줄 것이라 기대하고, 누군가는 토론을 통해 설득하려 할 것이다. 이러한 상황에서는 누구나 지킬 수 있는 간단한 규칙을 세우고 그 외에는 최대한 공통의 미션에 맞춰 자율적으로 행동할 수밖에 없다.

각자의 정체성을 유지하면서 한 방향으로 나아가려면, 조직에 간단하고 공정한 규칙과 함께 미션을 이루기 위해 필요한 창의성과 자율성이 최대한 보장되어야 한다.

생태계

실리콘밸리는 수많은 스타트업으로 이루어져 있다. 스타트업의 규모가 커져서 대기업이 되기도 하지만, 시장의 요구에 부응하지 못하고 망하는 회사도 많다. 개개인의 전문성과 뛰어난 아이디어를 소수의 대기업이 다 담을 수는 없다. 실리콘밸리의 인재들은 구글, 페이스북, 아마존, 트위터, 애플, 에어비앤비, 우버 등 큰 기업도 다 담을 수 없는 뛰어난 역량을 가지고 있다. 만약 그들이 새롭게 도전할 수 있는 생태계가 조성되는 대신 기존의 대기업 위주로만 실리콘밸리 경제가 흘러간다면 그들은 곧 실리콘밸리를 떠날 것이다.

실리콘밸리에서는 대기업과 스타트업과 학교와 금융기관과 법률 자문 등이 하나의 생태계로 묶여 있다. 실리콘밸리는 세상을 바꿀 제대로 된 미선과 스토리가 있는 사람이 자리를 잡을 수 있도록 도와준다. 각 전문가들이 최대한의 창의성과 자율성을 보장받기 위해서는 어떠한 아이디어와 도전도 도와줄 수 있는 스타트업 생태계가 필요하다.

＊ ＊ ＊

실리콘밸리 모델은 지금까지 인류가 해온 어떠한 기업 모델과도 다른 독특한 체제이다. 혁신에 최적화되어 있어서, 각 전문가가 자신의 능력을 최대한 발휘하여 미션을 이루어나간다. 그리고 그에 대해 엄청난 금전적 보상이 주어진다.

큰 보상을 받는 사람들이 모여 있다 보니 집값이 천정부지로 치솟고 빈부 격차도 심해지고 경쟁도 발생한다. 그러나 각자가 원하는 것이 다르고 추구하는 것이 다른 곳이다 보니, 일률적인 경쟁이 아닌 각자의 전문성을 살리는 경쟁이 이루어진다.

우리나라는 지금 제조업, 대기업, 수출 위주의 경제체제에서 변화를 모색하고 있다. 실리콘밸리라는 모델이 우리나라의 기업 문화 변화에 하나의 이정표가 되었으면 좋겠다.